이성택 교무의
0분의 1 인생

행복한 성직의 길을 걸어오면서 쌓은
진리의 응답서!

이성택 교무의
0분의 1 인생

초판 1쇄 발행 2015년 5월 26일
　　3쇄 발행 2016년 7월 28일

지은이 이성택
펴낸이 김영식
교정·교열 주성균 · 천지은
책임편집 최용정
본문사진 천지은 · 김형진 · 최용정

펴낸곳 도서출판 동남풍
출판등록 제66호(1991. 5. 18)
주소 익산시 익산대로 501
전화 (063) 854-0784
팩스 (063) 852-0784
홈페이지 www.wonbook.co.kr

인쇄 원광사

값 18,000원

ISBN 978-89-6288-026-7(03200)

낙장 및 파본은 교환하여 드립니다.

행복한 성직의 길을 걸어오면서 쌓은
진리의 응답서!

이성택 교무의
0분의 1 인생

이성택 지음

책 머리에

지성과 낭만이 흐르는 대학의 캠퍼스에서 나는 인생을 어떻게 살아야 할 것인가를 이미 결정하고 거기에 열중하였다. 비록 그 시절이 농경사회였지만 당시의 우리 사회 분위기는 수평문회단계로 접어들었고 나는 대학생들만의 긍지와 자부심을 가지고 세상의 흐름을 따라 즐기고 있었다. 대학 첫 수업시간 철학 교수가 우리들에게 화두처럼 던진 말 "여러분 대학생활은 두배 공부하고 두배 즐기라."라는 것이 마치 내 인생의 목표인양 생각하며 밤 10시까지 도서관에서 책과 씨름하면서 살았다. 학점을 따기 위해 정말 피 말리는 공부를 하였다. 그러다가 문득 서부 활극이 상영되는 영화관으로, 때론 대구 근교의 유적지로 훌쩍 떠나서 전통 문화에 관심을 갖는 등 젊음을 마음껏 발산하였다.

이런 나의 생활에 또 다른 길을 놓고 고뇌하게 만든 것은 종교였다. 내가 선택한 이 길을 계속 갈 것인가 아니면 종교의 문에 들어가 성직 생활을 할 것인가의 기로에서 고민했다. 그것은 내 인생의 새로운 전환점이 되었다. 이런 고뇌를 하면서도 수의사가 되어야 한다는 생각에는 변함이 없었고 국가고시에 응시하여 면허증까지 취득하였다.

지금 생각해 보아도 당시 내가 결심한 성직자의 길로의 대 전환은 참으로 현명한 결정이었다. 스스로 선택한 성직자의 생활은 세상을 등지는 한가함이 아니라 더욱 치열한 삶의 시작이었다. 수행의 과정도 치열하였지만 업무를 수행하는 과정도 세상사에 못지않게 복잡하고 어려운 일이었다.

그러나 나는 이런 두 가지 일을 모두 끝내고 업무를 놓을 때 떠오른 생각은 '한 일 없는 사람이 이제 다시 할 일 없는 곳으로 돌아간다'는 것이었다. 나의 성직 생활 수십 년은 아무 한 일이 없다. 그리고 지금도 할 일 없는 생활을 하고 있다. 성직 생활 일생을 한 일 없이 산다는 것은 잘하는 것 보다 더욱 어려운 일이다. 그래서 〈0분의 1 인생〉이라는 제목을 붙여 보았다.

〈0분의 1 인생〉은 내가 걸어온 성직 생활의 진정한 결산이다. 이 책의 내용 모두는 사실은 실제로 사실이 아니다. 그것은 0분의 1만이 참된 사실이기 때문이다. 성직 그것은 진정한 불능의 자리요 무아 봉공의 생활이며 최종 목표일 것이다.

끝으로 이 글들은 내가 교화에 임하는 동안, 주로 청탁에 의하여 썼던 칼럼과 법회 설교 내용을 다소 가감하고 윤문한 것이다. 이 책이 발간되기까지 도와준 동남풍 사장이신 소산 주성균 교무님과 천지은 작가님 그리고 책임을 맡아 정리해 온 준산 최용정 교무님께 감사를 드린다.

2015년(원기 100) 5월에
총부 한 모퉁이에서 이성택 합장

목차

005 **책머리에**

삶을 대하는 마음가짐

015 한국 21세기 신르네상스 국가가 된다
021 지식정보사회, 엑셀런스형 인간
026 다운사이징과 셀프사이징
030 시스템과 마음의 공정성
034 흙이 주는 선물
038 나이 세는 법
042 0분의 1 인생
046 앞만 보고 달리며 사는 사람들
050 50만 원이면 인생 역전
053 정기正氣와 사기邪氣
056 판단이 왜 중요한가?

가난한 마음의 출발

061 찻사발과 대화하는 즐거움
064 흘러가는 세월, 영원한 세월
067 공부인의 세 가지 편안함

072	아쉬움의 미학
075	청빈이 주는 풍요로움
078	교도 감동의 시대
082	신명나는 보은의 일터
086	가난한 출가자
090	고객이 부처님이다
094	학습 조직은 개벽시대 교화 틀
098	한강은 죄가 있다?
102	내가 값을 차례에 참아라

평범함 속에 비범

107	대각전의 종소리
110	삼밭재 마당바위 기도의 추억
113	최고의 피서법 '선禪'
116	프로정신과 취사공부
120	'감사'를 통한 새 세계 건설
124	부처님의 거래 능력 세 가지
127	개벽의 새 역사 이제부터다
130	열린 청계, 푸른 미래
134	교당 갑시다

목차

일심 정성의 신앙

- 139 　신앙, 어떻게 할 것인가
- 146 　일심 정성의 신앙
- 152 　믿으면 원하는 대로 된다
- 158 　일원상 부처님 어떻게 신앙하나
- 166 　닮아야 할 법신불 부처님
- 172 　인연걸기
- 178 　일원상 서원문
- 184 　일원상 서원문의 위력
- 188 　일원상 서원문과 천도재
- 194 　일원상과 팔조의 관계
- 200 　신심으로 경계를 이겨내자
- 206 　기도와 심고로 인생을 즐겁게
- 212 　상가 발전을 위한 기도

우리가 찾는 행복

- 219 　내가 찾은 우리의 행복
- 224 　행복의 조건
- 230 　감사생활로 세상을 사는 법
- 236 　큰 복을 준비하는 정성

242	인생에 있어 세 가지 즐거움
248	바른 선을 행하는 길
254	고난에 대처하는 법
260	나는 누구인가
266	일상성에서 벗어나는 삶
272	결실의 계절에 우리가 거둬야 할 것
278	콩나물국 맛

이 법을 누구에게 전할꼬

287	희망찬 인생의 새 출발
292	책임과 의무
296	원불교가 왜 이땅에 오셨을까
302	깨달음의 빛 나누는 기쁨
306	근원의 물줄기
310	등불을 밝히는 이유
314	구천에 사무치는 정성
318	무엇을 위해 살 것인가
324	바른 발원 나쁜 발원
330	선업을 짓는 법
336	어떻게 공을 들일 것인가

목차

342	염원(念願)을 갖고 살자
348	성지순례를 가는 세 가지 이유
352	선진이 가꾼 교당, 이어받는 후진들
356	교도 자녀 신앙 이어가기
362	나무토막이 되라

〈부록〉 삶의 도량에서

371	"문화엑기스 '종교' 대국 한국, 정신 지도국·도덕 부모국 될 것"
382	은혜와 감사가 넘치는 세상을 위해서

삶을 대하는 마음가짐

이 시대를 함께하는 사람들의 실상은
조금이라도 더 소유하며
자기의 행복을 추구하는 것이 일반적인 모습이다.
더 좋은 차, 더 빛나는 옷, 더 좋은 명품으로
행복을 추구한다.

한국 21세기 신르네상스 국가가 된다

"한국 21세기 신르네상스 국가가 된다."

이 말은 세계의 지성들이 한국을 지칭해서 한 말이다. 세계의 지성들은 지금 동이시이기 문화의 윤리 그리고 인간 삶의 원형을 제시하는 중심에 설 것이라는 예언들을 내놓고 있다. 이런 예견은 원불교 교단에서도 이미 교조께서 말씀해 주신 바 있다.

소태산 대종사께서는 일제 강점기 그 암울한 시기에 우리나라 국운을 예견하시기를 "세계정신의 지도국, 도덕의 부모국"이 된다고 하셨다. 또 정산 종사께서는 "우리나라가 세계의 일등 국가가 될 것이니 그대들의 책임이 무겁다."고 하셨다.

제목으로 정한 '한국 21세기 신르네상스 국가가 된다.'는 것은 세계의 지성들이 지금 한국의 미래를 보고 예견한 말들이다. 사실 르네상스는 중세의 종교 일변도의 사고와 생활양식에서 인간의 존엄성과 가치를 새롭게 인식한 운동이라고 할 수 있다. 그러나 오늘날은 물질문명의 찬란한 현실 속에서 인간 상실이라는 세계적 과제를 안고 있는 것이 사실이다. 그래서 여기서 인간을 다시 찾는 범세계적인 르네상스가 필요한 시점이다. 이런 새로운 시대적 르네상스가 우리 한국에서 일어난다는 것이다.

 소태산 대종사께서 말씀하신 "세계정신의 지도국, 도덕의 부모국"은 그 당시로써는 상상을 초월한 내용이다. 나라도 잃어버리고 우리글도 잃어버리고 우리의 씨족 사회의 근간이 되는 성씨마저도 잃어버린 그 시절에 하신 말씀이다. 그러나 21세기를 맞이하면시 우리 국운이 서서히 솟구치기 시작하고 있다. 국운이 솟구치는 현상은 여러 분야에서 나타난다. 이런 현상들을 보고 있노라면 '아, 참으로 우리나라가 대단하고 우리 민족이 대단하다. 그래서 소태산 대종사께서 이 땅 이 민족을 선택하여 오시고 우리 교단을 열어주셨구나!' 하는 생각이 든다.

 그 징조의 일단이 바로 지금 세계적으로 불고 있는 한류이다. 한류를 간단히 정리해 볼 필요가 있다. 먼저 한류는 문화 수입국에서 문화 수출국으로의 전환을 의미한다. 우리나라가 그동안 문화를 수입하다가 오히려 그 반대로 문화를 수출하는 나라가 되었다는 것이다. 그 실례가 드라마 대장금과 같은 대중문화이다. 대장금이 이란에서 방영되어 폭발적인 인기를 얻었고 그 후 지금은 세계 50여 개국에서 방영되고 있다. 우리가 제작한 드라마는 한류라는 바람을 타고 지금 세계로 번져 가고 있다.

다음으로 한류는 역수직 문화에서 건져 올린 가장 한국적인 것을 말한다. 이것을 이해하기 위해서는 역수직 문화가 무엇인지 알아야 하겠다. 문화가 발달하는 데는 세 가지 단계를 거친다. 처음은 수직 문화 단계이다. 이것은 말 그대로 수직으로 내려받는 문화를 말한다. 자기전통만 고집하는 그런 문화를 말하는 것은 갇힌 문화가 되어서 문화의 꽃이 피지 않는다. 수직 문화 단계 이후에는 수평 문화 단계를 거쳐야 한다. 이 문화 단계는 밖으로부터 문화를 받아들이는 것을 말한다. 자기 고유문화에 이질적인 문화를 받아들이는 것으로 이 단계에서도 문화의 꽃이 피지 않는다. 그 이유는 혼합문화이기 때문에 정체성이 없다는 것이다. 다음으로 오는 문화 단계가 역수직 문화 단계이다. 이 문화는 밖에서 문화를 받아들이다가 자기 본래 문화의 정체성을 찾는다는 것이다. 다시 말하면 자기문화란 이런 것이라는 것을 찾아서 내세운다는 것이다. 여기에서 문화는 새로운 문화로 꽃을 피운다는 것이다.

한류는 이런 문화이다. 수평 문화 과정을 거친 후 자기 전통문화를 다시 찾아서 건져 올린 그런 문화가 바로 한류이다. 즉 가장 한국적인 것을 건져 올린 문화가 지금 불고 있는 한류라는 것이다. 그러면 이런 한류를 만드는 토양은 무엇일까. 그것은 한국 사회가 안고 있는 종교 다원주의 현상이다. 종교는 문화의 엑기스이다. 문화의 엑기스인 종교들을 모두 받아들여 사상과 생활에 활용하는 지혜를 가진 나라가 바로 한국이라는 것이다.

다음으로 한류는 3세기 즉 300년을 주기로 나타난 역수직 문화의 결과이다. 우리나라는 3세기를 주기로 역수직 문화를 맞이하여 문화의 꽃을 피웠다. 그 처음이 12세기이다. 이때는 우리나라가 고려청자를 만들고 금속활자를 만드는 등 세계적인 문화 중흥기를 맞이한다. 청자를 만든 민족은 중국과 한국뿐이다. 거기에 상감 청자를 만든 유일한 민족이 바로 한국이다.

다음 3세기 후 15세기이다. 이 시기는 세종대왕이 우리 문자인 한글을 창조하는 세계적인 쾌거를 성취한다. 한글은 세계적인 언어학자들이 칭송하기를 인간이 만든 꿈의 문자라고 극찬한다. 그리고 한류를 타고 한글은 홍익 한글로 거듭나고 있다. 다음 3세기 후 18세기이다. 이때는 영조·정조시대로 판소리라는 우리 고유의 음악을 만들고, 진경산수화, 또 유학은 실학이라는 실용학문으로 거듭 태어난다. 그다음 3세기 후 그때가 바로 21세기 지금이다. 이처럼 한류는 우연히 생긴 것이 아니라 역사적인 순리에 따라서 생겨난 것이다.

마지막으로 한류는 대중문화이다. 미국의 CNN에서는 이런 보도를 하였다. "한류로 통칭되는 대중문화가 아시아와 세계를 휩쓸면서 한국이 동양의 할리우드로 올라섰다." 대단한 칭찬이다. 이제 가장 한국적인 대중문화는 가장 세계적인 문화로 나가고 있다. 가수 싸이가 '강남 스타일'로 세계를 제패하고 제2탄으로 '젠틀맨'을 내놓았다. 놀라운 일이다.

그러나 한류는 대중문화에 머물지 않는다. 제2차 한류는 한국의 고급문화이다. 즉 의식주로 불리는 인간생활의 보편적인 생활이 문화이며 이런 한국의 의식주를 비롯한 고급문화가 제1차 한류가 내놓은 고속도로를 타고 세계로 나간다는 것이다. 지금 이미 세계인은 한국의 음식을 주목하고 있다. 21세기 중반에 이런 한류가 다시 불 것이라 믿는다.

한류의 마지막은 사상과 이념이다. 즉 그동안 한민족이 키워온 이념과 사상이 세계적인 보편 사상이 된다는 것이다. 이와 같은 한류를 키워온 결정적인 역할은 종교 다원주의이다. 우리나라는 비옥한 종교적 토양을 가지고 있다. 어떤 종교이든 받아들여 이 토양 속에서 새로운 종교로 발전시켰고 그것이 세계의 모든 문화를 종합할 수 있는 바탕을 만든 것이다.

그러면 세계의 지성들이 한국을 어떻게 보는가 살펴보자. 독일의 언어학자 베르너(Verner) 4세는 "서양이 20세기에야 이룩

한 음운이론을 세종은 5세기나 앞서 체계화하였으며, 한글은 전통 철학과 과학 이론이 결합한 세계 최고의 글자"라고 극찬하였다. 또 녹색 운동 창시자 루돌프 스타이너(Rudolf Steiner) 박사는 "인류문명의 대전환기에는 새로운 삶의 원형을 결정할 원형을 제시하는 성배의 민족이 반드시 나타난다. 그 민족은 개인적으로나 사회적으로 깊은 영성, 거듭되는 외침과 폭정에 억압되고 그 이상은 쓰라린 내상을 간직한 민족, 지중해 중심 문명의 전환기에 나타난 민족이 이스라엘, 그러나 오늘날은 한국이다."라고 했으며, 또 미국의 예일대학 역사학 교수인 폴 케네디(Paul M. Kennedy) 교수는 일본 동경대학교 강의 후 "동아시아가 21세기 세계의 중심이 된다고 하는데 과연 동아시아에서 어떤 나라인가?"라는 질문에 "네버 제팬(never Japan) 네버 차이나(never China), 메이비 코리아(maybe Korea)"라고 대답하였다.

세계의 지성들은 이처럼 한국을 주목하고 있다. 소태산 대종사께서 말씀하신 '도덕의 부모국, 정신의 지도국'이 바로 지금 이처럼 준비되고 있는 것이다. 원불교 교단은 지금 일어나고 있는 국운을 따라서 멀지 않은 장래에 인류의 보편 문화와 윤리로 자리 잡을 것이다. 그러기 위해서는 긍지와 자부심을 가지고 교화대불공을 하여 원불교 100년을 맞이하자.

지식정보사회, 엑셀런스형 인간

우리는 농경사회, 산업사회를 거쳐서 빠르게 지식정보사회로 진입했다. 소태산 대종사께서 '물질이 개벽되니 정신을 개벽하자'고 외친 개교표어를 생각해 보면 정말 감회가 새롭다. 지금 우리가 사는 사회 현상때문이다. 농경사회는 농경사회대로 거기에 적합한 의식과 마인드가 필요하다. 산업사회도 마찬가지다. 이처럼 지식정보사회도 거기에 적합한 마인드가 필요하다.

지식정보사회란 정보를 잘 통합 관리하여 새로운 신지식을 만들어 내는 사회를 말한다. 산업사회는 부동산이나 공장 등 우리 눈에 가시적인 부가 가치를 창출하고 수입을 만들어 부를 추구하는 것이었다. 그러나 지식정보사회는 부를 만들어내는 것이 부동산이나 공장 건물 같은 것이 아니라 한없이 쏟아지는 정보들을 잘 수집하고 그것을 통합 가공하여 새로운 지식을 만들어 낼 때 거기에서 자산이 생기고 부가 창출되는 사회이다.

국가나 단체를 운영하는 것을 보아도 어떤 마인드를 가지고 경영을 하는가를 보면 그 사람의 실상을 파악할 수 있다. 토목 공사, 건축 공사 이런 것들은 산업사회에서 추구하는 일들이었다. 지식정보사회를 살아가는 우리는 신지식을 창출하는데 온 힘을 경주하여야 한다.

그렇다면 지식정보사회가 추구하는 인간상은 어떤 것일까. 한때 우리는 아침형 인간, 저녁형 인간이란 단이가 회자되면서 격렬한 논쟁을 벌인 적이 있다. 그때의 결론은 결국 아침형 인간이어야 한다는데 많은 의견이 모아졌다. 그러나 아침형 인간이 지식정보사회에 적합한 인간형이라고는 말할 수 없다. 그래서 나는 미래학자들의 말을 빌려서 '엑셀런스형 인간'이라 주장하고 싶다. 엑셀런스형 인간이란 무엇을 말하는가. 사람들은 태어날 때부터 천부적인 재능을 품부 받아 태어난다. 인과 이치로 볼 때 전생에 많이 하였던 것이 그 사람의 천부적인 재능이라고 하겠다. 이런 천부적인 재능을 우리는 엑셀런스하다고 말한다. 우리 말로 번역하면 수월성이라고 말할 수 있다. 이런 수월성을 잘 발현시키고 사는 사회가 바로 지식정보사회이다.

엑셀런스형 인간이 되기 위해서는 필요한 마인드가 있다. 그것은 사고의 유연성이다. 경직된 사고를 하고는 엑셀런스형 인간이 될 수 없다. 유연한 사고를 해야 쏟아지는 정보를 읽을 수 있고 또 그에 적합한 정신적 주체를 가지고 신지식을 창출할 수 있다는 것이다. 사고가 경직되고 고집스러울수록 지식정보사회에서는 고정 관념에 사로잡혀 새 정보를 받아들일 수 없다.

이런 마인드를 가지기 위해서는 필요한 조직이 있다. 그것은 관료 조직인 위계질서를 분명히 하는 조직이 아니라 바로 망적 조직을 요구한다. 망적 조직이란 학습 조직이라고도 말하는데 이 학습 조직은 인간 상호 간에 원원하는 조직이 된다. 관료 조직은 승패의 조직이다. 위계질서가 분명하여서 위에 사람은 언제나 이기고 밑에 사람은 그 지시에 따라 일하는 그런 조직이다. 이런 조직 속에서는 엑셀런스형 인간이 탄생할 수 없다. 너도 이기고 나도 이기고 하는 조직에서 엑셀런스형 인간은 탄생된다. 그 이유는 서로간 엑셀런스한 면을 인정하고 그 사람을 본위로 해 주기 때문이다. 이 학습 조직이 어쩌면 원불교의 교화단 조직과 일맥상통하는 관계를 갖고 있다고 볼 수 있다.

인간 사회는 사람마다 가진 재능이 있는데 그것을 다 발휘하지 못하고 사장되는 경우를 얼마든지 볼 수 있다. 엑셀런스형 인간을 추구하면 이런 일이 일어나지 않는다. 저마다 갚아 있는 재능을 마음껏 발휘하여 사회와 단체 발전에 공헌하는 일이 될 것이다. 소태산 대종사께서는 이런 엑셀런스형 인간을 원불교 교리에서 이미 추구하였다. 그것이 곧 사요이다. 사요 실천으로 지식정보사회를 이끌어가는 주역이 되어야 한다.

엑셀런스형 인간이 되려면 사요 중 먼저 자력양성을 실천해야 한다. 자력양성은 정신의 정체성, 주체성을 확실하게 세우는 일이다. 지식정보의 홍수 속에서 정신의 정체성이 없으면 정보는 정보일 뿐 아무런 소용이 없다. 정보를 통합 가공하는 힘이 바로 이 정신의 주체성에서 나오는 것이다.

엑셀런스형 인간이 되는 두 번째는 지자본위이다. 인간과 인간 사이에 교류함에 있어서 나보다 너 지혜로운 사람을 본위해 주는 일은 엑셀런스 인간이 되는 첩경이다. 인간 사회에서 이 지자본위만 확실하게 실천되어도 엑셀런스형 인간은 자기의 역할을 신명나게 해 나가는 분위기가 형성될 것이다.

엑셀런스형 인간이 되는 세 번째 조건은 교육 즉 나보다 지혜가 부족한 사람을 가르치는 일이다. 사람들은 가르치기 위해서 많은 학습을 한다. 가르치기 위한 학습 그 자체가 엑셀런스형 인간이 되는 길이다. 또한, 자기의 엑셀런스한 면을 더 진행해 나가는 길이 바로 가르치는 일이다.

마지막으로 사요에서는 공도자 숭배를 말한다. 인간이 가진 사회적 역할 중에서 가장 가치 있는 일이 바로 공익성이다. 공익성이야말로 인간의 능력 중 가장 엑셀런스한 면이라고 할 수 있다. 인간이 공동체를 이루고 살아가는 것도 이 공익성을 추구하는 것이 궁극적인 목표라고 할 수 있다. 따라서 공익성은 인간이 가진 엑셀런스한 면의 구경이라 하겠다.

지식정보사회, 엑셀런스형 인간은 이처럼 원불교 교리의 사요와 직접 관계되고 그런 인간형을 추구하고 있다. 사요 실천 이것은 우리 사회를 선도해 나가는 길임을 알아야 하겠다.

다운사이징과 셀프사이징

　얼마 전 우리 사회에 숫자를 사용한 유행어가 번진 적이 있다. '사오정', '오륙도'라고 하더니 어느새 '삼팔선'이 나타나고 이어서 '이태백'이라는 말까지 생겨났다. 누가 이런 기발한 아이디어로 유행어를 만들어 내는지 모르겠지만, 그 신속성에 감탄하지 않을 수 없다.

　'사오정'은 중국 고대 소설 〈서유기〉에 나오는 인물이 아니라 45세에 정년을 마치면 정상이라는 뜻이요, '오륙도'는 부산의 유명한 섬이 아니라 56세까지 직장에 남아있으면 도둑놈이라는 것이다. 그러나 이런 말을 들은 지 얼마 되지 않아 금세 '삼팔선'이 무너졌다는 것이 아닌가? 나는 통일이 되는가 하고 기대와 희망을 품었더니 엉뚱하게도 38세도 무너져서 직장에서 도태될 수 있다는 것이다. 참으로 어처구니없는 말이 아닐 수 없다. 그런가 하면 한 걸음 더 나아가 '이태백'이 생겨났다. 20대도 태반이 백수라는 말을 풍자적으로 표현하고 있었다.

이런 일련의 유행어가 왜 생겼을까? 물론 사회적 문제인 실업과 결코 무관할 수 없다. 경기가 침체하면서 일자리가 줄어들고 산업 생산력이 둔화하여 사회 전체 활력이 떨어진 결과이다. 아직 직장에서 열심히 일할 나이에 무자비하게 내몰리는 퇴직이라는 사회적 현상을 풍자적으로 표현한 말일 것이다.

우리는 기업의 구조조정이라는 문제에 봉착했을 때 개개인의 능력이 판단의 근거가 된다는 것을 간과해서는 안 된다. 즉 개인이 가진 경쟁력에 의해서 좌우된다는 것이다. 따라서 지금 우리가 사는 시대는 경쟁력이 필요하다. 기업도, 국가도 경쟁력이 필요하다. 또 구멍가게 하나를 운영하는 데도 경쟁력이 필요하다. 경쟁력은 모든 분야에서 필수 조건의 하나이다. 이처럼 중요한 경쟁력은 어디에서 생길까? 경쟁력의 원천이 바로 다운사이징downsizing이요, 셀프사이징selfsizing이다.

다운사이징이란 무엇을 말하는가? 흔히 우리가 사용하는 구조 조정을 말한다. 경쟁력을 갖추기 위해서 기업이나 회사의 규모를 축소하는 것을 말한다. '셀프사이징'이란 자기 개인의 구조 조정을 말한다. 사람이란 성장하면서 인격 구조가 틀 잡힌다. 그러나 이 인격의 틀이라는 것은 고정된 것이 아니다. 시대와 사회의 상황에 따라서 유연하게 변화되어가야 한다. 즉 끊임없는 자기 개혁을 통해서 새로운 인성의 틀을 형성해 가야 한다는 것이다. 다운사이징이나 셀프사이징은 모든 경쟁력에 큰 영향을 미친다. 경쟁력을 가지기 위해서는 다운사이징은 물론 셀프사이징을 해야 한다. 여기에서 다운사이징은 산업사회 조건이요 셀프사이징은 디지털 지식사회 조건이다. 그러므로 우리는 끊임없는 자신의 셀프사이징을 통해서 경쟁력을 새롭게 해야 한다.

산업사회의 화두는 다운사이징이요, 지식정보사회의 화두는 셀프사이징이다. 지금 시대는 각 개인의 셀프사이징을 통해서 꾸준히 새로운 지식을 개발해 가야 한다. 시대가 요구하는 신 지식이란 끊임없는 셀프사이징이 아니면 불가능하다. 셀프사이징을 통해서 개인이 경쟁력을 갖출 때 기업이나 조직도 경쟁력이 확보되는 것이다.

정산 종사는 "공부의 기점은 자기의 마음공부에 두고 제도의 기점은 자신 제도에 둘지니라."고 하여 셀프사이징을 강조하고 있다. 끊임없는 자기 마음공부, 끊임없는 자신 제도에 정성을 쏟으라는 말씀이다. 공부와 제도의 기점을 셀프사이징으로 제시해 준 정산 종사의 법문이 이 시대 우리에게 싱그럽게 다가온다.

어떤 유혹의 손길에도
흔들리지 않는 정신의 자주력이 길러질 때
우리 사회는 건전하게 형성될 것이며,
그 사회를 움직이는 시스템도
정상적으로 가동하여 자기 임무를 수행할 것이다.

시스템과 마음의 공정성

유전 개발 사업이 매스컴의 중심에 떠돌더니 느닷없이 행담도 개발사업이 온 나라를 떠들썩하게 하였다. 또 군 초소에서 한 경계병이 동료 군인을 사살한 잔인한 사건이 일어나 우리 마음을 아프게 하였다. 유전과 행담도 사업은 정관계 로비 의혹으로 더욱 커졌으며 군 초소 사건은 은폐 축소의 진실 규명이 한창이다.

우리네 보통 사람들은 연일 터져나오는 매스컴에 정신을 차릴 여유가 없다. 이런 일련의 사건들 뒤에 언제나 숨어있는 검은 그림자가 있으니 그것이 바로 권력과 금력의 유혹이다. 인간의 물질에 대한 욕구는 그 한계를 측정할 수 없는 것이 고금을 통한 교훈이다. 그래서 권력이 있는 곳에는 그것을 이용하려는 무수한 무리가 유혹의 손길을 뻗어 마음과 정신을 온전하게 놓아두지 않는다. 이런 일은 국가 권력 주위에만 존재하는 것이 아니다. 어떤 종류의 권력이건 그 주위에는 그것을 이용하려는 유혹의 손길이 뻗치고 있다.

부산교구장 시절의 일이다. 원불교 부산교구장은 사회에서 볼 때 무슨 큰 권력이라고 할 수 없는 위치임이 분명하다. 그런데도 부산교구장이라는 위치를 이용하여 사업을 해보려는 의도적 접근을 경험하였다. 부산의 서면 롯데호텔 앞에 있는 부산원광한의원 자리가 재개발되니 신축 후에 교구장께서 병원 자리 전세 얻는 데 손을 써 달라는 부탁이었다. 그때는 구체적 계획이 없었고 의견을 수렴하는 단계에 있었다. 전세 하나 얻는데 무슨 교구장까지 동원하느냐고 반문할 수 있으나 롯데호텔 주변은 병원 천국이고 특히 주위에 성형외과 병원들이 많다. 일본인들이 롯데호텔에 머물면서 우리나라 최신 의료기술에 의한 온갖 혜택을 받고 휴식을 취하며 체류하여도 일본에서보다 저렴한 가격이라는 이점 때문이다. 이런 붐은 바로 주위에 영향을 미쳐 병원 자리 구하려고 치열한 경쟁을 벌였다.

사람들이 왜 이렇게 권력이 있는 곳에 로비를 하고 유혹의 손길을 보내는 것일까? 그것은 권력을 가진 사람은 결정권이 있기 때문이다. 또한, 권력을 가진 사람은 주위의 분위기와 의견을 조정할 힘을 가지고 있기 때문이다. 인간사 모든 일은 그것이 결정되기까지 과정이 필요하다. 또 사회제도는 그것을 결정하기까지 과정을 만들어 놓았다. 즉 결정권자에게 절대 권력을 주지 않고 적당한 견제 장치를 만들어 놓았다. 우리는 이것을 시스템이라고 한다. 이런 시스템이 만들어져 있지만 오늘날 세태는 이런 제도와 과정을 무시하여 권력형 대형 사건들이 계속 터지고 있다.

이런 시점에서 강조하고자 하는 것은 시스템과 마음의 공정성이다. 사회적 부정, 권력형 비리의 근절은 시스템이 살아나야 하며, 권력 가진 자의 마음이 공정성을 견지해야 한다는 것이다. 시스템이 살아서 움직이면 개인의 판단과 이에 따른 물질에 의한 권력욕이 일정 부분 정화될 수 있으며, 또한 결정권자의 마음이 공정할 때 한쪽에 기울이지는 판단을 방지할 수 있다는 것이다.

원불교에서는 정신의 자주력을 강조한다. 사람들 모두가 정신의 자주력을 갖추어야 한다. 그러나 특히 정신의 자주력이 필요한 것은 지도자의 위치에 있는 사람이다. 다시 말해, 결정권을 가진 사람일수록 필요한 것이 정신의 자주력이다. 어떤 유혹의 손길에도 흔들리지 않는 정신의 자주력이 길러질 때 우리 사회는 건전하게 형성될 것이며, 그 사회를 움직이는 시스템도 정상적으로 가동하여 자기 임무를 수행할 것이다. 시스템과 마음의 공정성! 이것이 이 시대의 화두이다.

흙이란 모든 생명체를 유지하는 기본 바탕이다.

흙이 주는 선물

지식정보시대를 사는 우리는 흙을 밟거나 만지는 시간이 거의 없다. 하루를 보내는 일과에서 아무리 흙을 밟고 만지고 싶어도 그럴 수 있는 공간과 시간이 별로 없다. 그러면서 우리는 현대 문명의 편리함을 마음껏 누린다고 생각한다. 또 흙을 만지지 않는 것을 오히려 잘 사는 삶이라고 생각하기까지 한다.

이런 현대인의 모습에 내가 반기를 들고 부정하고 싶지는 않다. 그러나 최소한 흙이 우리에게 주는 것을 생각해 보는 기회를 가져보자는 것이다.

나는 흙이 모든 생명체의 생명을 살려 주는 바탕이라 여긴다. 나무가 자라고 동물이 사는 곳은 시멘트나 돌 위가 아니라 바로 흙이다. 기암절벽 바위에 자란 나무도 결국은 바위 틈새에 흙이 있어서 가능한 것이다.

내가 사는 주위 길도 시멘트 포장이 되어있다. 그런데 비가 온 후 길을 걷다 보면 가끔 지렁이가 시멘트 바닥에서 말라 죽어있는 모습을 볼 수 있다. '저 녀석이 왜 흙 속에서 나와 저렇게 스스로 죽음을 선택했을까!' 하는 안타까움을 갖게 한다. 흙과 시멘트 포장은 이처럼 차이가 있다. 생명과 죽음의 갈림길이다. 우리가 사는 지구가 생명체를 보듬고 있는 것은 지구가 흙으로 되어있다는 사실 때문이다. 그래서 흙이란 모든 생명체를 유지하는 기본 바탕이다.

원불교에서는 우주의 기본 요소로 사대四大, 즉 지수화풍地水火風을 말한다. 이 지수화풍 사대가 모였다 흩어졌다 하며 모든 생명은 변화한다. 사대가 모이면 생명체가 나타나고 사대가 흩어지면 생명체도 사라진다. 사람이 죽는 것도 바람이 먼저 나가고 다음에 화가 빠지고 물로 돌아가고 마지막에 한 줌 흙으로 돌아간다. 그러므로 사대 중 가장 기본이 되는 바탕도 바로 흙이다. 이 세상에 모든 생물은 흙에서 태어났다가 흙으로 돌아간다. 흙이 이만큼 중요한 데 사람들은 흙의 고마움을 잘 모르고 살고 있다. 손에 흙이 좀 묻으면 바로 털어내고 씻느라 바쁘다. 이것은 현대 문명이 우리에게 가져다준 병폐 현상 중의 하나이다.

내가 사는 익산은 주위가 온통 황토로 덮여 있다. 차를 타고 가다 보면 황토가 쌓여 있는 것을 여기저기서 볼 수 있다. 나는 그 황토를 보는 순간 팔을 걷어붙이고 주무르고 싶은 충동을 느낀다. 그리고 가끔 도자기를 만드는 물레 위에 앉아 황토를 주무르며 성형을 한다. 물레를 차고 흙을 주무르며 도자기를 만든다는 즐거움에 시간을 잊기도 한다. 흙은 정직하다. 욕심 가득한 마음으로 만든 도자기는 탐욕스러워 보이고, 깨끗한 마음으로 만든 도자기는 당당한 기운을 느낄 수 있다. 흙은 이처럼 정직하다.

우리는 흙을 사랑하고 소중하게 느끼는 마음을 가져야 한다. 인간의 편리를 위해 흙을 마구 파헤치고 시멘트 포장 밑에 깔아 버리는 행위도 삼가야 한다. '이 좁은 국토에 무슨 도로를 그렇게 많이 내는지 모르겠다. 물론 도로를 내는 일도 좋은 일이다. 하지만 흙이 우리 인간에게 주는 의미를 생각하면 최소한의 도로로 만족할 줄 아는 지혜를 가져야 한다.

다행히 요사이 웰빙 바람을 타고 황토의 효능에 관해 관심이 높아가고 있다. 집을 짓는데도 황토로 짓고, 황토 물을 우려 마시면 지장수가 되고 그래서 건강에 좋다고 하니 이제야 황토의 중요성이 서서히 드러나고 있다.

나는 흙을 사랑한다. 아니 나만이 아니라 우리 모두 흙을 사랑했으면 한다. 흙을 좋아하는 것을 넘어 흙에 감사한다. 그래서 흙이 가진 위력을 생각하여 흙에 불공한다. 흙을 부처님 모시듯이 섬긴다는 것이다. 우리 생명을 유지해 주는 흙, 모든 생명체의 바탕이 되는 흙, 없어서는 살 수 없는 흙, 여기에 불공하는 것은 당연한 일이 아닐까? 우리 모두 흙이 주는 의미를 깊이 되새겨보자. 그리고 흙에 불공하는 마음을 함께 일깨워가자.

나이 세는 법

　유식무식, 남녀노소, 신익귀천을 막론하고 치매 걸리시 않은 이상 자기 나이를 셀 줄 모르는 사람은 없다. 그런데도 여기서 나이 세는 법을 말하는 것은 그만한 이유가 있다. 이 나이 세는 법이 생명 사상과 직결되기 때문이다. 우리 전통의 나이 세는 방법과 서양의 나이 계산법은 서로 차이가 있다. 그래서 만 몇 세라는 말이 많이 회자하고 있다. 따라서 지금은 이 서구식 나이 세는 법이 보통으로 사용되고 있다.
　이런 계산법의 차이는 어디에서 유래된 것일까? 그것은 어머니 뱃속에 영식이 입태 하는 때를 기준 하느냐 아니면 세상에 태어난 출생을 기준 하느냐에 따라 달라진다. 임신하는 날을 기준으로 하면 갓 태어난 아기는 한 살을 먹고 난다. 그러나 출생을 기준하면 태어나서 1년이 되어야만 한 살이 된다.

　이 나이 계산법은 태아에게 큰 영향을 미친다. 우리 조상들은 슬기롭고 지혜로워 어머니 뱃속에서 장양되는 열 달을 이미 나이로 계산하였다. 그래서 한국 전통사상에서는 태교라는 말이 공공연히 사용됐다. 즉 어머니의 마음 작용과 몸가짐이 태아에게 그대로 영향을 미친다. 태교를 하는 사람은 음식을 조심하고 마음가짐과 몸가짐을 정중히 하여 뱃속 아기가 건강한 심신으로 자라도록 배려하였다. 아름다운 음악을 들려주고 착한 마음을 가지면 태아에게 그대로 영향을 준다. 이런 조상들의 미풍양속은 잘 계승되어야 한다.

　요사이는 의술과 과학의 발달로 태교의 중요성이 더욱 드러나고 있다. 그런데 여기서 제기하고 싶은 문제는 서구의 나이 계산법이다. 대구에서 대학 다닐 때 같은 학년 같은 나이의 여학생이 있었다. 졸업 후 나는 성직자의 길을 걷고 그분은 속 깊은 신심으로 알뜰한 교도가 되어 지금은 미국에 살고 있다. 몇 년 전 미국을 방문하여 반가운 만남이 이루어졌다. 지난 과거를 회상하며 우정을 나누는 시간을 가졌다. 그런데 이야기꽃을 피우다 분명 동갑내기인 그가 나보다 두 살이나 적게 자기 나이를 말하지 않는가! 나는 그때야 비로소 나이 계산법이 동서양이 이처럼 다르다는 것을 실감하였다.

근대화의 과정을 거치면서 우리도 이제 서양식 나이 계산법을 따르고 있다. 이런 셈법은 나이가 한 살이나 두 살 적어지니 기분 나쁠 것은 없다. 그러나 여기서 제기하고 싶은 것은 서구식 나이 계산법을 가지고 지금 성행하고 있는 '낙태'라는 사회적 문제를 과연 해결할 수 있을 것인가 하는 의문이다. 임신부터 생명체로 인정하면 낙태는 당연히 죄악이다. 그러나 세상에 태어난 시간부터 생명체로 인정한다면 낙태는 용납될 수도 있다.

이런 주장으로 낙태를 인정하자는 것이 결코 아니다. 우리 선조들은 일찍이 임신과 더불어 이미 생명체로 인정하였다. 그러기 때문에 낙태라는 행위는 죄악이며 살인에 해당함에 재론의 여지가 없다. 나는 신문이나 TV 뉴스에서 원정출산, 원정낙태 사실 보도를 보고 탄식을 금치 못한다. 의학의 발달로 낙태는 사회적 문제로 등장하였다. 의학의 발달이 우리에게 이로움을 제공한 것은 틀림없다. 그러나 사용을 잘못하면 그것은 하나의 해독에 불과하다. 지금은 태아생명에 대한 경외심과 존귀함을 함께 강조할 시점이다.

우리 선조들이 물려준 나이 세는 법을 주위에 다시 상기시켜 나가자. 그래서 태아 교육이라는 새로운 장르를 크게 부각해 나가야 한다. 뱃속에 든 아이부터 교육하는 그 슬기를 배워야 한다. 나는 요사이 드라마에서 태교 문제로 며느리와 시어머니 사이에 갈등하는 것을 보고 크게 걱정한다. 저런 드라마를 보고 시청자들이 무엇을 배울 것인가? 자기 의사와는 다른 대사를 소화하고 감정을 담아 연기한다는 것이 태아에게는 악영향을 미칠 것이다. 태교가 중요하다면 오히려 상호 갈등과 상극의 모습은 빼 버리자. 그리고 상생과 화합의 모습을 보여주자. 이 작은 실천이 생명 운동의 새 지평을 열어가는 데 일조가 될 것이다.

0분의 1 인생

　수학에서 0분의 1은 답이 얼마로 나올까? 이것은 수학적으로 불능이라고 한다. 반대로 1분의 0은 0이라고 말하고 있다. 0분의 1이라고 하는 것은 불능이기 때문에 가능한 것이 아니다. 그러면 여기에서 불가능한 것을 왜 복잡하게 주제로 내걸었을까? 그 연유를 차분히 찾아보자.

　그것을 증명하기 위해서 수학의 이 공식을 조금 더 자세히 분석해 보자. 분모가 1이고 분자도 1인 것은 그 답이 1이다. 즉 1분의 1은 1이 된다. 그런데 분모가 2, 3, 4… 이처럼 커지면 그 결과는 0.5, 0.33, 0.25 등으로 오히려 적어진다. 반대로 분모를 0.9, 0.5, 0.1 이렇게 적어지면 나오는 답이 자꾸 커진다. 이처럼 분모가 0에 무한히 가까워지면 그 답은 무한대가 된다. 그래서 완전히 0이 되면 불능이 되는 것이다. 1분의 1보다는 2분의 1이 적고 3분의 1은 더 적어진다. 반대로 분모가 0에 가까워지면 오히려 답은 커지면서 무한대가 된다. 이점을 우리는 깊이 음미해 보아야 한다.

여기서 말하는 분모는 바로 자기 자신을 말한다. 즉 자기를 의식하고 드러내고 과시하는 등 높이려고 노력하면 분모가 커져서 오히려 삶의 결산은 적어진다. 반대로 자기를 희생하고 낮추고 0이 되도록 무한히 애쓰면 쓸수록 오히려 나오는 답은 풍성해진다. 행복하려면 나를 놓고 불행하려면 자기에 매달려라. 그래서 성자들은 모두 무아를 역설하였다. 무아 봉공이라는 것도 분모는 무아가 되고 분자는 봉공으로 하자는 것이다. 즉 자기를 없애고 공중을 받들며 불능의 인생을 살면 오히려 행복해진다. 분모가 0이 되지 않아도 0이 되려고 노력하면 할수록 기쁨과 희망은 자란다. 무소유 주장이 바로 자아를 0으로 가져가는 것이다.

맹자는 "태산을 옆에 끼고 북해를 뛰어넘는 것은 능치 못하다. 그러나 나이 많은 사람을 위하여 지팡이 하나 꺾어 주는 것은 하지 않는 것이지 불능은 아니다."라고 말한다. 이처럼 0분의 1의 실천은 일상의 작은 일에서부터 가능할 수 있다.

이 시대를 함께하는 사람들의 실상은 조금이라도 더 소유하여 자기의 행복을 추구하는 것이 일반적인 모습이다. 더 좋은 차, 더 빛나는 옷, 더 좋은 명품으로 행복을 추구한다. 의식주 세 가지를 통해서 아름다운 인생을 추구한다. 그러나 이런 사람이 과연 행복할까? 나는 감히 아니라고 말한다. 그것은 바로 여기서 강조하는 분모를 키워나가는 과정이기 때문이다. 인간의 욕망이란 가지면 가질수록 더욱 커지는 것이다. 만족이라는 한계가 실제로 살아보면 존재하지 아니한다. 가질수록 더 많은 것을 얻으려고 노력하는 것이 인간생활이다. 이런 삶의 모습에서 어떻게 우리가 행복을 추구할 수 있겠는가. 그래서 나는 0분의 1 인생을 살자고 주장하고 싶다.

얼마 전 뉴스에 '옆집 사람이 행복해 보여서 범행을 하였다.'는 보도를 보았다. 요사이 말로 묻지 마 살인이다. 상대적 빈곤 상대적 박탈감이 가져다준 결과일 것이다. 이렇게 비교만 해 나가면 욕망이란 한이 없다. 끝없는 욕망의 구렁텅이에서 헤어나지 못하여 결국은 다른 사람의 생명을 빼앗는 지경까지 다다른 것이다. 욕망이 얼마나 무서운가를 보여주는 현상이다. 이처럼 욕망의 끝없는 추구는 그것을 만족하게 하기 위해서 생명경시 현상까지 보여준다.

0분의 1 인생! 참 좋은 말이다. 말은 좋지만, 그 실천은 부단한 자기절제를 요구한다. 자기를 절제하고 오히려 남을 위해서 노력할 때 우리가 추구하는 자기 행복은 찾아온다. 0분의 1 인생이 절대로 멀리 있는 것이 아니다. 우리 주위에서 사소한 일이라도 나보다는 상대를 먼저 생각하여 배려해 주자. 반대로 자기의 욕망을 위해서 상대를 깎아내리고 무시할 때 그 실천은 멀어진다. 우리 사회가 이 0분의 1 인생을 인식하여 좀 더 아름답고 인정이 넘치는 세상이 되었으면 한다. 그래서 욕망을 절제하고 생명을 존중하는 그런 사회가 되기를 염원한다.

앞만 보고 달리며 사는 사람들

　사람들의 휴식 공간으로 목욕 문화가 깊숙이 자리 잡고 있다. 한번은 내가 사우나 안에 앉아있는데 어떤 분이 허겁지겁 들어왔다. 머리를 감고 온 모양인데 등 뒤쪽에는 비눗물이 그대로 남아있는 것이 아닌가! "당신 등 쪽에 비눗물이 씻어지지 않았다."고 누군가가 일러주었다. 지적을 받은 그분이 탕 밖으로 나가 비눗물을 씻고 다시 들어오면서 하는 말이 "무엇이 바쁜지 앞만 보고 산다."고 하였다.

　그렇다! 요즘 많은 사람이 바쁘다는 핑계로 옆도, 주위도, 뒤도 돌아보지 않고 앞만 보며 달려가고 있다. 변화의 속도가 너무 빨라 여유롭게 살지 못한다는 것이다. 시간도 시간이지만 마음에 여유가 부족하다 보니 일어나는 현상이다. 마음에 여유가 없으니 주위에서 무슨 일이 일어나면 오히려 관심을 가지기 보다는 발목을 잡는다고 원망심이 생긴다. 이처럼 사람들 모두 바쁘게 살다 보니 자기도 그 대열에 합류해서 살아야 한다고 느끼는 것은 당연한 일이다.

내가 기숙사에서 학생들과 살 때의 이야기이다. 20대 젊은 청년들과 생활을 함께하니 나도 모르게 그 분위기에 적응이 되었다. 가령 포도가 생기면 여러 사람이 함께 둘러앉아 먹는다. 이럴 때 학생들은 으레 하나라도 더 먹기 위해 최대한 속도를 낸다. 즉 세 번 잠잔 누에에게 뽕잎을 준 격이라는 표현이 이 분위기에 가장 적절하게 묘사된다. 그냥 막 입으로 몰아넣는다. 그 먹는 모습을 보고 있으면 시원하기까지 하다. 그러나 문제는 내 입으로 들이갈 포도기 눈 깜짝할 시이에 없어진다는 데 있다.

이런 경험을 한두 번 하다보니 나도 그 환경에 적응하기 위해서 빨리 먹는 모습을 보이지 않으면서 내가 손해 보지 않는 방법을 터득했다. 그것은 포도를 한 알씩 따 먹지 않고 한 번에 두 알씩 먹는 방법이다. 나도 모르게 이렇게 적응해 가는 나를 발견하고는 쓴웃음을 지은 적이 있다. 이것이 사람들이 환경에 적응하는 모습이다.

인간이 누리는 시간은 과거, 현재, 미래로 구분된다. 순간순간 현재를 지나고 있다. 즉 현재라는 시제가 따로 존재하는 것이 아니다. 순간마다 현재는 지나가고 있다. 그러면서 과거를 만들어내고 또 미래로 향하고 있다. 따라서 제일 중요한 것은(매 순간 지나가는) 현재이다. 과거도 있고 미래도 중요하나 지금 현재에 얼마나 충실하냐에 따라 그 사람의 생활이 결정된다. 그러나 대부분의 사람은 현재 속에서도 과거에 사로잡혀 있다. 걱정해서 필요 없는 미래를 당겨서 걱정하고 이미 지난 과거의 것에 사로잡혀 현재를 살고 있는 것이다. 이런 삶의 모습이 앞만 보고 달리는 사람들의 모습이 아닐까?

    대산 종사는 여유, 심사, 중정을 말씀하셨다. 여유와 심사, 중정은 현재의 마음 상태에 꼭 챙겨야 할 덕목이다. 지난 것을 뒤돌아보아 과거를 참고하고, 깊은 생각을 수반하며 중도를 실천할 때 앞만 보고 달리는 삶의 모습을 탈피할 수 있을 것이다. 일을 좇아서 일에만 매달린 생활을 벗어날 수 있다는 것이다. 머리를 감으며 앞만 씻고 뒤를 잊어버리는 실수는 저지르지 않을 것이다. 이것이 바로 '온전한 생각으로 취사하기를 주의할 것이요.'라는 상시 응용 주의 사항 1조를 실천하는 길이다.

    일과 관념에 사로잡힌 일상의 일과를 다시 챙기는 우리가 되기를 염원한다.

현재 순간순간에 충실하면
미래 결과는 자연히 돌아온다.
따라서 과거는 잊어버리되 보감 삼고,
현재는 미루지 말고 최선을 다하며,
미래는 포기 말고 꿈과 희망을 품으라.

50만 원이면 인생 역전

한때 수학능력 시험 실시 후 나라가 시끄러웠다. 휴대폰을 이용한 조직적인 부정 사건이 하나하나 밝혀지면서 온 나라가 야단법석이었다. 부정시험이 사전에 감지되었음에도 학교도 교육당국도 이것을 막지 못했다는 비판이 거셌다.

딱 한 차례의 시험으로 12년 학창시절을 평가한다니 여기에 사생결단 하고 달려들 것임에 분명하다. 물불 가리지 않고 어떻게든 시험을 잘 보고 좋은 성적 받아 좋은 학교에 진학한다는 절박함을 무엇으로도 막지 못할 것이다. 이런 절박함이 어찌 양심적 시험을 치르겠다는 각서 한 장으로 대치될 수 있을 것인가 반성해볼 대목이다.

더욱 기막힌 일은 '50만 원이면 인생 역전'이라는 공공연한 유혹이 있었다는 것이다. 즉 휴대폰을 이용한 부정시험의 가입자를 모집하면서 내건 슬로건이 '50만 원이면 인생 역전'이라는 것이다. 얼마나 기발한 착상인가? 인생 출세의 길에서 대학이라는 것은 필수적인 과정인데 이 과정에서 인생 역전이 가능하다면 50만 원은 정말 달콤한 미끼가 아닐 수 없다. 이 나라에 사는 보통 사람이라면 누구나 한 번쯤은 생각했음직한 유혹을 미화시켜 제시한 것이다. 우리를 둘러싸고 있는 환경과 인간의 심리적 세계를 교묘히 파고든 슬로건임에 분명하다. 부정을 유도하면서 사용한 슬로건 치고는 너무나 재치 넘치는 문구이다.

나는 이 슬로건을 정당화시키기 위해서 이처럼 구체적인 내용을 기술하는 것이 아니다. 부정을 유도하면서까지 제시한 슬로건 치고는 그 기발함이 돋보였다는 것이다. 이런 지식을 정당한 것에 활용한다면 얼마나 좋을 것인가 하는 안타까움에서 하는 말이다. 인생 역전이 얼마나 좋은 일인가? 만일 인생 역전이 가능하다면 그것은 역시 드라마와 같은 것이며 스릴을 즐길 일이다. 그러나 아무리 목적이 정당하여도 그 목적을 이루는 과정이 부당하다면 결코 그 일은 정당화될 수 없다.

50만 원으로 인생 역전을 시도하는 것은 결코 정당화될 수 없는 일이다. 그뿐만 아니라 그것은 사실상 불가능한 일이다. 불가능한 일을 가능한 일처럼 꾸민 것도 잘못이요, 또 여기에 가담하는 일도 용납될 수 없는 일이다.

우리가 가끔 사용하는 말 중에 '모로 가도 서울만 가면 된다'는 말이 있다. 그냥 무심히 사용하는 말이다. 그러나 우리는 이 말을 잘 분석하고 새겨 보아야 한다. 서울 가는 것이 목적이다. 서울을 가기 위해서는 여러 갈래의 길이 있다. 그런데 이 말이 포함하고 있는 뜻은 어떤 길을 택하든지 자기가 목적하는 서울만 가면 된다는 내용이다. 그러나 실제로는 대단히 문제가 있는 말이다. 정당하지 못한 길을 선택하여 서울을 가고서 자기 일을 정당화시킨다면 이 사회 질서가 어떻게 될 것인가? 가는 길도 정당하고 목적도 정당할 때 비로소 그 일은 정당화될 수 있다. '50만 원이면 인생 역전'도 꼭 이와 같은 가치로 평가해야 한다.

원불교는 현실 즉 현재를 중요시하는 종교이다. 미래를 잘 살기 위해서는 현재에 충실해야 한다고 가르치고 있다. 좋은 결과를 위해서는 좋은 현재가 필수적이라는 것이다. 즉 과정을 무시하고 결과를 바란다는 것은 결코 진리적일 수 없다. 정당한 과정은 정당한 결과를 반드시 수반한다는 것이 원불교의 진리이다.

현재 순간순간에 충실하면 미래 결과는 자연히 돌아온다. 따라서 과거는 잊어버리되 보감 삼고, 현재는 미루지 말고 최선을 다하며, 미래는 포기 말고 꿈과 희망을 품으라는 것이 원불교의 진리이다. 그래서 '50만 원이면 인생 역전'이라는 슬로건이 우리 앞에 문제로 다가온다.

정기正氣와 사기邪氣

　사람에게 정기와 사기가 있고, 조직과 단체 및 사회에도 정기와 사기는 혼재하고 있다. 정기는 바른 기운이고, 사기는 삿된 기운을 말한다. 사람에게도 이성과 욕망이 있고, 선善을 실행하려는 욕심에 끌리는 마음이 있는 것과 마찬가지이다.

　서울교구에 있을 때 종종 삼각지 전쟁기념관에서 걷기운동을 했다. 호흡과 마음을 일치시키며 열심히 파워 워킹을 하였다. 주위 환경은 아랑곳하지 않은 채 손에는 모감주 염주를 돌리며 마음에는 9인 연원 실천의 간절한 염원을 담아 걸었다. 전쟁기념관으로 들어가기 위해 신호등을 막 통과하여 나무 밑으로 향하고 있는 나의 귓전에 여자의 날카로운 비명이 들리는 것이 아닌가? 순간 힐끗 쳐다보니 한 여자분이 나를 향해 알 수 없는 소리를 지르고 있었다. 어리둥절하여 주위를 살펴보았지만 분명 내 주변에는 아무도 없었다. 나를 보고 소리친다는 생각이 미치는 순간 그 여자에게서 나오는 이상한 기운이 느껴졌다.

이와 비슷한 경험을 시내버스에서도 한 적이 있다. 모시 두루마기를 입고 한가하게 버스에 올랐다. 텅 빈 차 안이라 나는 내리기 쉬운 뒷문을 앞에 두고 자리를 잡았다. 한 여자분이 뒷좌석에 앉아 있었고 나는 편안한 마음으로 서울회관을 향해서 달리는 차에 몸을 맡겼다. 그때도 갑자기 여성의 날카로운 음성이 들렸다. 처음에는 휴대폰 통화를 하는 줄로 알았다. 그러나 무심히 들은 그 말의 내용은 통화내용이 아니었다.

"네가 무언데!"

"두루마기만 입으면 다냐?"

계속 이어지는 날카로운 소리에 소름이 돋았다. 잠시 후 버스는 한강대교를 건너 서울회관을 향하고 있었다. 갑자기 내 뒤에 앉아있던 그 여자는 운전자에게 다가가서 앞문으로 내리겠다고 말했다. 기사는 여기는 타는 문이니 뒷문으로 내리라고 했다. 한참이나 실랑이를 하다가 결국은 내가 앉아있는 뒷문으로 내리기를 포기하고 앞자리에 주저앉았다. 굳이 앞으로만 내리려 한 것은 나를 피하기 위한 것임이 분명했다. 그러는 동안 버스는 그 여성이 내리려는 정류소를 지나서 서울회관 앞에 도착했다. 나는 가방을 챙겨 흔연스레 버스에서 내려 두루마기를 휘날리며 서울회관으로 향했다.

　이런 일을 겪은 후 나는 많은 생각을 하였다. 하필이면 왜 나를 보고 그런 반응을 보일까? 내가 특별히 자기들에게 관심을 둔 바도 없고, 시비나 이해관계가 있는 것도 아니며, 그들을 괴롭힌 적도 없다. 그런데도 이런 반응을 보이는 것은 내가 가진 기운과 그 사람들이 가진 기운이 다르기 때문이라는 생각을 해본다. 기운이 다른 것끼리 만나니 서로 충돌할 수밖에 없는 일이 아닌가!

　공부하는 수도인은 일원一圓의 체성體性에 합하고 일원一圓의 위력威力을 얻는 것이 그 목표이다. 그렇다면 체성에는 어떻게 합하는가? 망념妄念이 쉬면 체성에 합한다고 하였다. 위력을 얻기 위해서는 어떤 조건이 필요한가? 사사私邪가 끊어지면 위력을 얻는다고 하였다.

　사람뿐 아니라 집단과 조직에도 언제나 정기와 사기가 혼재한다. 그 정기와 사기는 충돌하기 마련이다. 그러나 수도인의 목표가 일원의 체성에 합하고 일원의 위력을 얻는 것이라면 사기는 정기 앞에 여지없이 깨지는 것이 원칙이다. 내 앞에서 소리치는 사람들이 스스로 기운이 빠져 사라지듯이 집단의 사기들은 언젠가는 물러날 것임이 분명하다. 이것이 우리의 믿음이 아닐까?

판단이 왜 중요한가?

"옛 말씀에 신언서판이라 하여 풍채와 언변과 문장과 판단으로 사람의 인격을 논한다 하였으나 그중에서 가장 중요한 것은 판단이니라."

이 말씀은 정산종사 법어 근실편 11장의 법문이다.

가끔 회의에 참석해 보면 많은 생각이 든다. 간단히 설명하면 끝날 회의라고 생각하였던 것과는 정반대로 다양한 의견들이 개진되는 경우가 생긴다. 도대체 어디에서 중도를 잡아 판단해야 할지 참으로 막막해 진다. 내 개인의 판단이 아니라 대중이 함께 해야 할 판단이기 때문에 더욱 힘들다. 대중을 이끄는 판단은 개인적인 것과는 전혀 다른 성격을 가지고 있기 때문이다. 개인적인 일은 개인이 판단하여 실천하면 개인이 그 업을 감당하면 된다.

그러나 대중을 이끄는 판단이란 대중을 잘못 인도할 가능성이 있으므로 더욱 신중해야 한다.

지난 시대 사람을 판단하는 기준은 풍채가 으뜸이었고, 그다음이 언변, 그다음이 문장, 마지막이 판단이었다. 풍채란 외형적 모습이며, 언변이란 말솜씨를 말한다. 사람을 대하면 제일 먼저 시각적으로 모습이 다가온다. 우선 눈에 보이는 모습이 중요하다. 그리고 밖으로 표출되는 것은 말이다. 말을 통해서 그 사람의 됨됨을 살필 수 있다. 그다음에 더 깊이 들어가면 문장으로 글 쓰는 솜씨를 말한다. 말보다는 글씨와 문장이 더 깊은 단계임이 틀림없다. 그리고 마지막 단계가 판단이다. 판단이란 사고의 틀을 말하는 것으로 가장 내면화된 인격이라 하겠다. 그러나 이런 사람에 대한 탐구는 외형적 관점에서 파악해 들어가는 순서에 불과하다.

위성 방송인 스카이 라이프 채널 556에서 30분짜리 4강좌를 녹화해서 방영한 적이 있었다. 이 방송이 나간 후 나에게 많은 건의 사항이 들어왔다. 그중에서도 특이한 것은 얼굴에 화장하라는 주문이었다. 맨얼굴로 카메라 앞에 서니 어쩐지 눈에 거슬리는 모양이었다.

나는 평소 얼굴에 관심 두는 일이 별로 없었다. 그런데 TV 화면에 내 얼굴이 장시간 비치고 나니 그때부터 생각이 달라졌다. 왜 사람들이 화장하고 심지어는 성형 수술까지 하는지 이해하게 되었다. 전에는 사마귀를 빼고 성형 수술을 하는 사람을 이해할 수 없었다. 그러나 나와 직접 관계되는 일이 벌어지고 난 뒤에 화장과 성형 수술을 이해하게 된 것이다.

　얼굴은 화장하고 성형 수술을 하면 고칠 수 있다. 그러나 판단은 화장할 수도 없고 성형 수술은 더욱 불가능하다. 얼굴은 외형적 모습이 있으나 판단은 형체가 없기 때문이다. 그래서 판단이 중요하다. 판단은 생각을 낳고, 생각은 행동과 행위를 유발한다. 원불교 식으로 말하면 심신 작용을 한다는 것이다. 마음과 몸을 사용하는 것을 심신 작용이라고 하며, 또 작업이라고 한다. 작업은 업을 짓는 것이다. 그래서 우리가 짓는 업의 시작은 판단에서 비롯된다. 판단이 얼마나 중요한가? 선업과 악업의 근원은 판단에서 비롯되기 때문이다.

　사람 평가의 기준은 어디까지나 판단이 먼저여야 한다. 그리고 다음이 문장이고 언변이며, 그 끝이 풍채인 모습이다. 따라서 신·언·서·판이라는 순서가 완전히 뒤바뀌게 된다. 즉 판·서·언·신이 되는 것이다. 우리는 여기에서 판단이 인간 생활에 얼마나 중요한 것인가를 깨닫게 된다. 더구나 그 판단이 개인적인 것이 아니라 집단적이며, 대중적인 것일 때는 그 파장이 더욱 크다 하겠다. 많은 사람을 이끄는 지도자의 판단이 가장 중요하다는 것을 우리는 다시 명심해야 하겠다.

가난한 마음의 출발

우리는 언제나 상대가 먼저 어떻게 해 주기를 바란다.
자기보다 상대가 먼저 참아주기를 희망한다.
그래서 해결의 실마리를 상대에서 찾는다.
그러나 이런 자세로는 영원히 인과의 사실을
끊지 못한다.

찻사발과 대화하는 즐거움

나는 생활에서 찾는 몇 가지 즐거움이 있다. 그 하나는 평범한 삶을 여의고 원불교에 몸을 담아 성직자의 길을 걷는 것이요, 둘은 마음공부 방법을 알아 마음 닦는 재미가 물안개처럼 솔솔 피어나는 것이며, 셋은 찻사발과의 대화를 통해서 생활에 활력을 찾는 즐거움이다.

사람마다 삶을 영위하면서 나름대로 즐거움이 있을 것이다. 그러나 내가 가진 이 세 가지 즐거움은 조금 생소하고 특이한 색깔을 가지고 있다. 의식주 해결을 위해서 하루를 온통 바치는 그런 생활 속에서 얻어지는 즐거움이 아니다. 그것은 수도 문중에 입문하여 몸과 마음을 다 바칠 때 느낄 수 있는 정성들인 결정체이다. 그러나 내가 가진 세 번째 즐거움은 또 다른 차원의 즐거움이 아닐 수 없다. 수도하는 즐거움에 더하여 문화적 차원의 즐거움을 느끼게 해 주는 것이 바로 찻사발과의 대화라고 하겠다.

나는 찻사발을 좋아한다. 좋아하기보다, 보고 즐기며 또한 사용하면서 대화한다. 찻사발에 담겨있는 철학과 의미를 생각해 보는 재미가 있다는 말이다. 찻사발이 가진 생명력과 기운을 보고 있노라면 시간 가는 줄을 모른다.

사발에서 풍기는 그 오묘한 기운, 원만하고 풍부한 포용감, 우주로 연결되는 그 광범한 선, 다양한 질감에서 풍기는 느낌, 신비에 가까운 변화무쌍한 색깔, 이런 것을 찾아가는 시간이 어찌 즐겁지 아니할까?

그 뿐만 아니라 차가 담긴 사발에서 피어오르는 은은한 차 향기, 사발과 차가 만들어내는 색상의 조화, 사발·차·찻물이 어울린 중용의 극치인 차 맛, 사용하면서 일어나는 찻사발의 변화, 이것을 추구하는 즐거움은 그 무엇에도 비할 수 없다.

그래서 나는 찻사발을 사랑하게 되었다. 사발과의 대화는 수도하는 즐거움과 더불어 나의 큰 즐거움으로 자리매김하였다. 그리고 사발마다 각기 특징을 가지고 있어서 즐거움 또한 다르다. 즉 찻사발마다 서로 다른 크기, 형태, 질감, 기운, 색상으로 인해서 느낌이 다르기 때문이다. 백자의 순수한 깨끗함, 분청의 시민적인 편안함, 청자의 신비한 고귀함이 사용할 때마다 또 다른 즐거움으로 나에게 다가온다.

나는 찻사발을 이 세상의 어떠한 물건보다 사랑하게 되었다. 사발의 형태, 사발의 기운, 사발의 색상을 알고 보니 더불어 문화재를 보는 안목이 생겼다. 고대 탑을 볼 것 같으면 탑신에서 풍기는 기운을 볼 수 있고, 돌덩이가 오랜 세월 지나면서 변화된 색상을 읽을 수 있게 되었다. 그것은 바로 찻사발의 기운, 찻사발의 색상과 같기 때문이다.

나의 찻사발과의 대화는 모든 사발에서 이런 즐거움을 찾는 것이 아니다. 적어도 사발을 빚을 때 기본적으로 갖춰야 할 조건에 합당한 것이어야 한다. 사발을 빚기 위해 처음 배합해 만드는 흙, 즉 태토(바탕흙)는 자기가 만들어야 하며, 전기 물레가 아닌 발 물레를 사용할 것이며, 장작 가마에서 구워낸 사발이어야 한다. 이런 세 가지 구비조건을 갖춘 작가가 우리 시대에는 그렇게 많지 않다.

나는 사발을 사랑하면서 〈중용〉 철학의 실체를 알았다. 나는 사발을 사용하면서 사발이 변하는 과정을 통해 인내와 끈기를 배웠다. 나는 사발을 통해서 인간과 자연의 신비한 조화를 알았다. 나는 사발을 사랑하면서 우주의 근원적 이치와 원리인 일원 사상을 더욱 철저히 터득하였다. 그래서 찻사발과 대화하는 즐거움에 나는 오늘도 행복하다. 텅 빈 나의 공간에서도….

흘러가는 세월, 영원한 세월

　살다 보니 뒤돌아볼 여유 없이 앞만 보고 달려왔다. '세월이 유수 같다.'는 말이 실감 난다. 눈 깜짝할 사이에 하루가 지나고 한 달, 일 년이 쏜살같이 지나갔다. 벽에 걸린 저 달력이 지난 시간을 정리하고 어설픈 계획이라도 세우라고 재촉하는 듯하다.

　요사이 유치원생들을 만나면 "할아버지께 절해라."라는 말을 거침없이 하고 다닌다. 이런 말을 어색하지 않게 하고 있으니 깜짝 놀랄 일이다.

　세월은 멈춰있지 않고 흘러간다. 펄펄 뛰며 젊음을 마음껏 누리던 때가 엊그제 같은데 벌써 할아버지가 되었으니 참으로 세월은 유수 같은 것이다. 그래서 옛날 사람들이 '백발가白髮歌'를 부르면서 흘러가는 세월을 한탄하였는가 보다.

그러나 세월이 어찌 유수같이 흘러가기만 할까? 흘러가는 세월이지만 새로운 시간은 끊임없이 다가오고 있다. 어쩌면 가버린 시간보다 다가올 시간이 기다리고 있다. 그래서 세월은 영원한 것이다.

서산에 지는 해가 가버리는 세월을 말해 준다면 동천에 솟아오르는 해는 세월이 영원하다는 것을 상징하는 것이 아닐까? 지면 뜨고, 뜨면 지고 …. 이렇게 영원히 돌고 도는 것이 세월이다. 그래서 세월은 흘러가는 것이 아니라 다시 돌아 아름다움으로 우리 앞에 다가온다.

세월이 유수같이 흘러간다고 보는 것은 직선적 사고이다. 그러나 세월을 돌아오는 것이라 보는 것은 순환적 사고이다. 또 세월을 흘리기는 것으로 인식하는 것은 육신에 중심을 두고 보는 판단이다. 반대로 세월을 영원한 것으로 보는 것은 정신에 중심을 두고 보는 관점이다. 세월은 인식하는 정도에 따라서 이처럼 엄청난 차이가 생긴다.

흘러가는 세월은 변하는 진리요, 영원한 세월은 불변의 진리이다. 진리는 변·불변을 함께한다지만 세상의 인심은 변하는 쪽에 관심이 집중되어 있다. 육신의 변화에는 민감하나 정신세계에는 그만큼 관심 없는 것이 우리 현실이다. 그래서 사람들은 세월을 흘러가는 것으로 인식하기를 즐기는가 보다.

세상인심만이 아니라 종교에 몸담은 사람들도 영원하게 인식하지 못한다. 그것은 정신세계에 대한 관심 부족으로 나타난다. 나이가 들고 몸이 늙는 것을 아쉬워한다. 인생무상을 느끼고 마음이 아무 이유도 없이 서글퍼지는 것이 그 증거다. 우리 삶의 중심이 얼마나 어긋났기에 이런 현상이 일어났을까?

우리는 흘러가는 세월을 영원한 세월로 만들어야 한다. 그것은 후회나 추억에 젖는 나약함에서 벗어나 먼 미래를 설계하는 진취적 적극성을 가져야 한다. 밤낮없이 변해가는 육신에 대한 관심을 정신으로 돌이키는 대결단이 필요하다. 흐리멍덩한 생각을 가지고 살다 보면 찰나에 관심은 빗나가고 만다.

「정신세력 확장 / 마음공부 / 정진 적공 / 공부하는 사람 / 물질과 육신의 항복.」

이것이 흘러가는 세월을 영원한 세월로 만드는 길이다.

벽에 걸린 달력을 보면서 나는 본래 사명을 다진다. 과거와 몸뚱이의 집착에서 벗어나는 한순간의 계기를 마련하고 싶다. 우리 영원한 사명을 다시 한 번 다지고 싶다. 이불 보따리 싸들고 출가의 길을 떠난 그 마음을 미래로 영원히 승화시키고 싶다. 세월과 함께 이 길을 가고 있는 도반들에게 이 소식을 전하고 싶다. 두툼한 새 달력이 다시 걸릴 테니까.

공부인의 세 가지 편안함

　사람들은 모두 편안함을 추구하면서 살아간다. 우리의 생활 중에서 가장 편안할 때는 누워서 잠을 잘 때일 것이다. 꿈도 없이 깊이 잠든 때는 편안하다는 생각도 없으니 얼마나 편안한 상태일까? 그러나 이러한 편안함은 자연의 이치에 따른 자연스러운 편안함이다. 하기야 노심초사 번뇌망상으로 잠도 편안히 못 자는 사람도 많이 있다. 자기는 잠을 못 자는데 속없이 옆에서 쿨쿨 잠자는 모습을 보면 부럽기도 하고 심지어는 밉기까지 할 때도 있다. 그러나 잠이 든 당사자에게는 그때처럼 편안할 때가 없다.

　여기에서 말하는 편안함이란 잠잘 때의 편안함을 말하는 것은 아니다. 원리적으로는 같을지 모르지만, 공부를 통해서 편안함을 추구하자는 것이다. 사실 우리가 원불교에 입문하여 공부하는 사람이라고 하면 다른 사람보다는 좀 다른 편안함을 누리면서 살아야 한다. 만일 그렇지 못한다면 공부하는 사람이라고 하여 세상의 평범한 사람과 하등의 다를 것이 없기 때문이다. 그래서 나는 마음공부 하는 사람으로서 추구해야 할 세 가지 편안함을 제시하고자 한다. 그것도 지극히 일부분에 속하는 좌선에서의 편안함을 말이다. 입정을 하고 좌선을 할 때 우리는 몸의 편안함을 얻어야 한다. 선을 하면서 앉아있는 몸이 편안하지 않고서 좌선을 잘하기란 불가능한 일이다.

좌선에서는 몸의 편안함을 얻는 일이 그 첫째이다. 그런데 상당히 오랫동안 좌선을 해온 사람도 실제에 있어서 이러한 몸의 편안함을 얻지 못한 사람이 많다. 이러한 사실은 다른 사람이 아니라 내 경험에서 얻은 결론이다. 사실 도가에서 상당히 오랫동안 그냥 편안하게만 선을 해 왔고 어느 정도 편안함을 찾은 것도 인정한다.

그러나 3년 전부터 가장 바른 자세, 안정된 자세는 결가부좌임을 자각하고 나서 좌선을 다시 시작했다. 얼마나 안일한 생각으로 단지 편안함만을 추구했는가를 깨달은 것이다. 나이 먹어서 시작하는 결가부좌는 대단한 고통이 뒤따랐다. 그러한 가지가

지의 고통을 여기에 모두 기록할 수는 없다. 이러한 고행이 오히려 시간을 헛되이 보내는 결과가 아니냐는 생각이 나를 괴롭혔고 참으로 참기 어려운 인욕의 나날들이었다. 이러한 과정에서 좌선 시간이 아닌 평소의 앉은 자세가 바루어져 가고 있음을 느끼게 되었다.

그리고 3년이 지난 지금에야 비로소 결가부좌를 하고서 한 시간 정도는 움직이지 않고 편안하게 좌선을 할 수 있을 정도로 길들여졌다. 따라서 여기에서 말하는 몸의 편안함이란 흐트러짐이 없이 바르고 안정된 상태에서의 편안함을 말한다.

다음으로 우리는 호흡의 편안함을 얻어야 하겠다. 사람은 항상 숨을 쉬고 있지만, 사실은 숨을 쉬고 있다고 생각하지 않으면서 숨을 쉬고 있다. 그러나 우리가 좌선할 때의 호흡은 평상시 범상한 사람의 호흡과는 다른 단전호흡이다. 단전호흡을 온전히 하기란 그렇게 쉬운 일이 아니다. 기운이 단전까지 내려가지 아니하여 애쓰고 있는 동지들이 흔히 있다. 그뿐만 아니라 복식호흡을 하면서 단전호흡이라고 착각하는 사람들도 많다. 그러나 단전호흡은 그냥 노력 없이 얻어지는 호흡이 아니다. 설혹 단전호흡을 터득하였다고 하여 잠시라도 방심하면 깜빡하는 사이에 잊어버리는 것이 단전호흡이다. 좌선할 때 단전을 잊어버리고 나면 호흡을 통해서 그것을 찾으려고 애쓰는 내 모습이 가끔 처량해진다. 그러나 평소 단전호흡을 계속 단련하면서 아침 선 시간에 앉아보면 힘들이지 않고 편안한 상태에서 단전호흡이 될 때의 상쾌함은 여기에 뭐라고 표현할 수 없다. 이러한 호흡의 편안함을 우리는 얻어야 한다.

  마지막으로 마음의 편안함이다. 마음의 편안함은 궁극적으로 추구하는 편안함이다. 몸의 편안함, 호흡의 편안함도 결국은 마음의 편안함을 추구하는 하나의 과정이다. 몸이 편안하지 않고서 마음의 편안함이 올 수 없고 호흡의 편안함도 마찬가지이다. 마음의 편안함을 우리는 극락이라고 한다. 극락이란 고와 낙을 초월한 자리라고 한다. 막연히 고와 낙을 초월한 자리를 극락이라고 하지 말자. 그것은 실제로 우리들의 의식 세계 속에서 체험돼야 할 경지이다. 그러므로 편안하고 편안해서 편안하다는 생각까지도 없는 그러한 마음의 편안함을 얻은 상태가 바로 극락이다. 이러한 상태에 어찌 괴로움이 있겠는가? 이것이 우리들이 추구하는 영원한 목표이다.

인간이 살아가는데 필요한 물질도
아쉬운 것이 아름답다.
아무리 물질이 풍요로워도 아쉬움만 못하다.
모자라는 듯 사는 모습에서
우리는 인간의 진솔한 삶을 체험하기 때문이다.

아쉬움의 미학

내가 살았던 원불교의 총부 송대는 사시사철 아름답다. 한여름의 푸른 녹음이 아직 단풍으로 물들기 전, 느닷없이 잔디를 뚫고 나오는 꽃이 있었다. 송대의 성탑 쪽 잔디 위에 자태를 뽐내며 핀 꽃 이름은 상사화라고 했다. 꽃 이름이 상사화가 된 연유는 저렇듯 아름다운 꽃을 피우나 꽃은 잎을 만나지 못하고 잎은 또 꽃을 만나지 못하기 때문이라고 한다.

나는 잔디 위에 외로이 피어있는 상사화를 보면서 아쉬움의 미학이라는 생각을 하였다. 저 꽃이 잎을 만나지 못하니 얼마나 아쉬울까! 반대로 저 꽃은 잎을 보지 못하기 때문에 가지와 잎 위에 꽃이 핀다는 범상함을 초월하여 있다. 그래서 아쉬움과 아름다움은 어떤 역학관계가 있는 모양이다.

아쉬움의 반대는 만족이다. 인간에게서 만족이란 반드시 성취해야 할 욕구이다. 생리적인 욕구에서 자기실현의 욕구까지 다양하나 이 욕구는 인간에게 필수의 것이다. 욕구가 있는 한 만족이 항상 뒤따른다. 그러나 막상 만족을 성취하고 나면 허탈감과 아울러 또 다른 욕구가 도사리고 있다. 그래서 인간은 어떤 면에서 아쉬움이 항상 존재하는지도 모른다. 완벽에 가까운 만족이 없을 바에야 뭐 그리 거기에 매달려 연연할 필요가 있을까? 달도 차면 기운다고 하지 않았나? 차면 기우는 것이 변하는 이치의 당연함이거늘 늘 채우지 않고 살아가는 방법이 필요하다. 그래서 나는 아쉬움이라는 것을 생각하고 있다.

인간이 살아가는데 필요한 물질도 아쉬운 것이 아름답다. 아무리 물질이 풍요로워도 아쉬움만 못하다. 모자라는 듯 사는 모습에서 우리는 인간의 진솔한 삶을 체험하기 때문이다. 사람에게는 풍부한 물질보다는 오히려 삶의 질 자체가 더 중요할 때가 있다. 삶의 질은 물질로 해결되는 것이 아니며, 물질이 아쉬운 진정한 체험 속에서 삶의 질은 풍요로워진다는 것이다.

어디 그뿐일까? 사람 사이에 살면서 남보다는 내가 아쉽게 사는 것이 아름답다. 내가 아쉽다는 것은 조금 손해 보는 듯 살아야 한다는 것이다. 대인관계를 여진이 없이 막되게 하는 모습에서 우리는 아름다움을 느낄 수 없다. 특히 출가 수도인은 아쉬움의 자세를 가져야 한다. 생각해 보면 큰 서원을 세우고 구도하는 사람은 아쉬움이 없을 것 같으나 그것은 큰 오산이다. 내가 배짱 있게 나가면 한때는 마음이 후련할지 모르나 곧바로 후회가 뒤따르게 된다. 성질대로 하면 직성이 풀릴 것 같으나 지나고 나면 허전함이 따르듯 그래서 나는 아쉽게 사는 사람이 제일 아름답다고 생각한다.

말을 하거나 글을 쓰는 것도 아쉬움의 여백을 남겨두는 것이 아름답다. 할 말을 다하고 사는 사람도 있을 것이다. 생각나는 대로 글을 다 쓰는 사람도 얼마든지 있다. 그러나 그런 사람은 아름다움이 없다. 자기가 가진 입으로 말을 하는데 누가 못하게 하겠는가. 이런 사람에게는 여백이라는 공간이 없으므로 당당하게 보일지는 몰라도 포근함이 없다.

사람은 아쉬움을 간직할 때가 아름답다. 불퇴전이라는 경지도 사실은 늘 아쉬움을 유지하는 영원한 과정이다. 자기만족에 빠지면 이미 퇴화하는 거나 마찬가지다. 그래서 《금강경》의 무상 도리는 이 아쉬움을 전제로 하고 있다. 불보살의 인격도 아쉬움에서 성숙한다. 대각여래위의 진솔한 모습도 아쉬움으로 나타난다. 아쉬움의 미학을 다시 한 번 음미해 보자.

청빈이 주는 풍요로움

　나는 지방교당의 강습이나 설교에서 교단 초창기 선진님들의 생활모습을 예화로 자주 사용한다.
　선진님들의 공동체 생활 모습을 접하면서 무한한 정신의 활력을 얻는다. 가난에 찌든 모습과 같은 생활이 결코 부끄럽거나 동정의 대상이 되지 않는다. 오히려 이런 선진님을 가진 나 자신이 얼마나 떳떳하고 당당한지 자랑스러운 마음이 절로 난다. 그래서 나도 언젠가는 우리 선진님들을 닮아가야 하겠다는 마음을 다지게 된다.
　나는 가난과 청빈을 구분한다. 외형상 가난과 청빈이 같을지 모르나 마음의 세계에서는 진정 구분된다는 것이다. 가난은 마음 속에 물질적인 욕심이 있으나 청빈에는 이런 욕심이 없다. 가난은 상대적 박탈감이 있으나 청빈은 비교하는 사량심이 없다. 청빈은 가난의 상태를 마음으로 즐긴다. 이처럼 가난과 청빈은 외형은 같으나 내면의 세계에서는 엄청난 차이가 있다.

우리가 선진님들의 삶 속에서 얻는 강한 정신적인 자극은 청빈을 스스로 즐기신 여유에서 유래된 것이다. 가난을 한탄하거나 부끄럽게 생각하였다면 어찌 우리가 그러한 감명을 받을 수가 있겠는가? 우리 선진님들은 내면의 마음 세계에 천하와 생령을 책임지는 강한 서원과 사명감이 충만하여 있었다. 그러나 실제 생활 상태는 참으로 가난한 모습이었다. 얼마나 멋있는가. 멋이란 지극히 평범한 상태에서 생겨나는 것이나 오히려 미완성의 조화이다. 불평과 욕망이 있을 법도 한데 오히려 기쁨과 즐거움으로 승화시켜내는 것에서 멋은 생겨난다. 그래서 우리 선진님들은 멋있는 생을 살고 가셨다.

아무리 삶이 고달프고 바쁘다 하여도 우리 주위를 한 번쯤 살펴보자. 가난을 벗고 청빈하게 사는 사람을 얼마나 접할 수 있을까? 가진 물질은 없으나 넉넉한 마음으로 멋스럽게 공부하는 사람은 또 얼마나 눈에 띄던가? 행여나 세속적인 욕심에 끌려서 가난하게 사는 사람은 없는지?

가난을 느끼면 정신력이 약화된다. 반대로 청빈을 즐기면 맑은 정신이 샘물처럼 솟아난다. 가난은 수도 생활을 방해한다. 그러나 청빈은 오히려 마장이 떨어져서 수도에 도움이 될 것이다.

인간 생활 모습은 같으나 그것을 수용하는 자세에 따라 이처럼 판이한 차이가 생겨난다. 물질이 범람하는 이 시기에 다시 한 번 청빈이 주는 또 다른 풍요로움을 생각해보았으면 한다. 가난을 못 이겨 수도인의 정신적인 풍요로움을 잊어버릴 것인지, 아니면 청빈함을 자랑으로 여겨 정신의 풍요로움을 맞이할 것인지 말이다. 이 선택이야말로 위대한 자기 전환을 수반할 것이다.

물질적인 풍요는 사실상 그 한계가 없다. 언제나 '좀 더'라는 바람이 따라다니기 마련이다. 이것은 다른 사람의 이야기가 아니라 나의 마음 세계의 작용이다. 어느 동지가 냉장고를 하나 주었다. 일주일이 지나도 냉장고에 넣을 물건이 없어서 빈 냉장고가 돌아가니 여기에 채울 수 있는 물건이 간절해졌다. 냉장고가 없을 때는 이런 마음이 없었다. 그런데 일단 냉장고가 생기고 나니 거기에 따른 부수적인 가난이 생겨나는 것을 나는 경험해 보았다.

물질이 풍요로우면 얼마나 좋을까? 그러나 수용되지 않는 물질을 아무리 갈망하여 보았자 오히려 마음만 상할 뿐 아무런 도움이 되지 않는다. 차라리 청빈을 즐겨서 정신의 풍요로움을 추구해 보자. 교단 창립의 역사를 이끌어 오신 선진님들의 일화들이 오늘도 우리를 채찍질하고 있다. 청빈이 주는 풍요로움을 즐기라고….

교도 감동의 시대

부산교구 금곡청소년수련관이 위탁받아 정상 운영에 들어 간 지 3개월이 지난 때였다. 경영 철학을 도입하여 운영해야 한다는 권고를 받고 시작한 수련관이어서 정상 운영을 위해서 조금은 정신이 쓰였다. 관장을 겸하고 있던 나는 수련관에 도착하면 지하에서부터 지상 3층까지 한 바퀴 순회부터 했다. 하루는 순회를 위해서 지하 수영장으로 내려갔다. 상당수 주부와 학생들이 수영장에서 즐기고 있는 모습을 보고 있는 나에게 젊은 주부가 다가왔다.

"이 수련관 관장인가요?"

"예! 그렇습니다."

갑작스러운 질문에 나는 의아해하며 대답하였다. 그도 그럴 것이 사실 이곳에서 나의 신분을 확실하게 아는 사람이 많지 않았기 때문이다. 이미 1,300여 명의 정규 회원이 이용하는 수련관에서 나를 누군가가 알아보리라고는 짐작할 수 없는 일이었다. 나에게 말을 건 그 주부는 앳되어 보이는 모습에 수줍음까지 겸하고 있었다. 순간 나는 '아! 이분이 원불교에 대한 질문을 하려나 보다'고 생각하였다.

그러나 막상 그 주부가 나에게 한 말은 원불교와는 거리가 먼 내용이었다. 자기는 이 수련관의 단골 고객이란다. 자기를 비롯하여 자녀 둘이 수영장과 사회교육 프로그램에 참여하고 있다면서 수련관의 서비스문제에 대한 건의를 하는 것이 아닌가! 수영장 옷장의 자물쇠가 고장이 났는데도 빨리 수선을 하지 않아서 사용에 불편이 있으니 시정해 달라는 것이었다. 나는 반기는 얼굴로 "말해주어서 고맙다"는 인사를 하였다. 그리고 담당과장을 불러서 그 건의에 대한 진상을 조사하고 수리를 부탁하였다.

이 일이 지나고서 나는 큰 공부를 한 느낌이다. 그것은 대중들의 눈이 얼마나 날카롭고 무서운가를 알 수 있었다. 매일 수련관에서 상근하지 않는 나를 한눈에 알아보니 말이다. 물론 그 당시 내 복장이 특이하기는 하였다. 한복 정장에 두루마기까지 입고 다녔기 때문이다. 그러나 내가 수련관에 머무는 시간이 그리 길지 않은 순간에 나를 알아보는 데는 놀라지 않을 수 없었다.

다음은 나의 순간적 판단 실수였다. 갑자기 접근해온 주부에 대한 예상은 원불교에 대한 질문일 것이라는 기대였다. 그러나 막상 수련관 서비스 문제를 들고나오니 내 사고의 경직된 면을 바로 말해 주는 경고였다. 이 시대 사람들이 무슨 생각을 하고 살아가는지 도대체 따라잡지 못한다는 증거를 보여준 것이 아닐까? 자기와 이해관계를 철저히 따지고 있는 사람들의 경향을 읽지 못하는 나의 의식체계를 다시 한 번 들여다보는 기회였다.

 마지막으로 나는 이 시대 고객이라는 대상에 대해 새로운 이해를 하였다. 경영학에서 고객 만족시대가 이제 고객 감동시대로 넘어간다고 한다. 그런데 실제로 내가 수련관 책임자가 되고 보니 그 현장이 실감나게 다가왔던 것이다. 고객 감동의 시대! 참으로 듣기에는 좋은 말이다. 그런데 정작 고객을 감동시키기 위한 노력에는 인색하지 않았는가! 인색하다는 표현보다는 생각이 아직 개혁되지 못했다는 것이 옳을 것이다. 즉 경영 철학이 고객 감동 마인드로 바뀌지 않았다는 것이다.

 나는 이런 반성을 하면서 우리 교화 현장을 돌아보았다. 교도 감동교화! 교화고객인 교도를 어떻게 감동하게 할 것인가. 아니 감동까지는 아니더라도 교도가 고객이라는 의식을 얼마나 가졌는지를 되돌아보았다. 고객 감동의 교화가 우리 현장에 정착되어 우리 교단 조직운영이 교도 감동체계로 연결되었으면 좋겠다. 교도 감동 마인드! 교도 감동 체계! 새 시대 우리 교화의 새 장을 열 것이다.

행복의 전제 조건인 희생은
신명이 나는 상태에서만 가능하다.

신명나는 보은의 일터

　인간은 사회적 동물이다. 인간이 사회적 동물이기 때문에 혼자보다는 삶의 공동체를 이루고 살아간다. 이념과 목표달성을 위해서 조직을 구성하고 그것을 통해서 자기실현의 욕구를 만족시킨다. 개인의 의지와 역량도 중요하지만 더욱 소중한 것은 인간 사이의 관계라 할 수 있다. 신명나는 일터는 이 인간관계 속에서 형성되는 이념과 목표를 향한 삶의 공동체라고 할 수 있다.

　신명나는 일터는 생산적 인간관계에서 형성된다. 인간관계란 참으로 미묘한 것이다. 생산적 인간관계가 있는가 하면 비생산적 인간관계도 있을 수 있기 때문이다. 생산적 인간관계란 '1+1=2'가 아니라 '10'이 되고 '100'이 되는 그러한 관계를 말한다. 반대로 비생산적 인간관계는 '1+1=2'가 아니라 '0.5'도 되고 '0.1'도

되는 관계를 말한다. 생산적 인간관계는 상승적 인간관계요, 비생산적 인간관계는 상쇄적인 인간관계이다. 혼자보다 몇 배의 효과를 내는 것이 전자요, 오히려 혼자보다 못한 것이 후자의 경우이다. 그러므로 신명나는 일터는 반드시 전자의 인간관계를 요구하고 있다.

우리가 가꾸어갈 일터를 한번 둘러보자. 비생산적 인간관계에서 신명을 잃어버리고 고뇌하는 경우는 없는지? 윗사람은 아랫사람을 믿어주지 못하고 아랫사람은 윗사람을 존경하지 못하여 갈등하고 있지나 않은지? 비생산적 인간관계에서 젊은이들이 가진 무한한 창조적 힘이 사장되는 것은 아닌지? 만일 우리 주위에 신명을 잃어버린 일터가 있다면 그곳은 개인과 단체가 함께 불행할 것이다. 그래서 나는 생산적 인간관계를 형성하는 신명나는 일터를 가꾸지고 강조하고 싶다.

신명은 어디에서 생기는 것일까? 신명이란 일보다는 사람을 귀히 여기는 데서 생긴다고 생각한다. 사람이 일 중심으로만 만난다면 얼마나 메마르고 건조하겠는가? 여기에서는 서로 시비이해만 따지고 분석하기 때문에 신명이 살아날 수 없다. 사람을 인정해주고 그가 가진 권능과 기능을 최대한 발휘하도록 해줄 때 신명은 서서히 살아날 것이다. 앞으로는 활불의 시대이다. 활동하는 부처님들이 서로의 기능을 인정하고 살려줄 때 신명은 반드시 살아난다.

우리에게 신명은 참으로 소중하다. 신명이 나지 않고 억지로 하는 일터에서 건강한 몸과 마음을 기약할 수 없다. 일단 신명나서 하는 일은 자기 신명에 도취되기 때문에 기쁜 희열로 충만해진다. 그 안에서는 희생도 마다치 않는다. 사실 인간에 있어서 최대의 행복과 기쁨은 자기를 완전히 던져서 불사를 수 있는 희생에서 나온다. 행복의 전제 조건인 희생은 신명이 나는 상태에서만 가능하다.

나는 어느 곳에 가든지 내가 몸담은 교화의 터전을 신명나는 일터로 가꾸고자 했다. 출가는 재가를 자비로 감싸고 재가는 출가를 믿음으로 따를 때 훈훈한 신명이 생겨날 것이다. 우리가 사는 터전이 신명이 날 때 교단이 추구하는 광대 무량한 낙원세계도 도래된다. 신명나는 보은의 일터를 우리 다함께 염원해 보자.

세상이 모두 저 높은 곳을 향해서 줄달음치더라도
출가인은 남다른 정신력으로
그 흐름을 바꾸고자 하는 노력이 필요하다.

가난한 출가자

　종법사님께서 신년에 '가난 극복의 길'이란 법문을 내려주셨을 때이다. 가난 극복의 길이란 법문은 어쩌면 다가올 빈곤 현상을 예견이라도 한 듯 예언적 성격을 가지기에 충분하였다. 그것은 교정원 정기 인사에서 드러난 상대빈곤 모습을 보면서 더욱 그런 생각이 들었다.

　소태산 대종사님께서 자주 말씀하셨다는 '내소사 공양주' 법문은 지금 우리가 겪는 상대빈곤 현상에 시사하는 바가 크다. 그러나 너무 멀게 느껴지는 것은 계급이 필요 없다는 분야에 갑자기 도입한 직제 제도 때문이다. 인사에서 상호 비교로 마음 아파하는 동지를 보면서 필자는 교단 책임자의 한사람으로 깊은 참회를 하지 않을 수 없었다.

사람은 마음을 가지고 살아가는 감정의 동물이다. 사람의 감정은 참으로 미묘한 것이다. 외관상 평범한 모습과는 달리 복잡하게 작용하는 것이 감정이다. 감정에 따라 나타나는 인간의 시비이해 또한 얼마나 다양한지 모른다. 그러나 인간에게는 감성만 있는 것이 아니다. 사람이 바르게 가야 할 윤리 도덕이 있는가 하면 엄연히 지켜야 할 질서와 법이 있다. 따라서 인간은 마땅히 지켜야 할 윤리와 내면의 감성 사이에서 고뇌하곤 한다.

한 때 예비교무들 생활을 담당하는 서원관의 책임자(사감)로 일하면서 법法과 인정人情 사이에서 오랜 시간 갈등한 적이 있다. 법을 세우자니 인정에 소홀하고 인정을 따르자니 법이 무너지는 것을 경험하고부터이다. 법과 기강을 강조하다 보니 사람이 따르지 않고, 인정에 치중하니 규율이 깨어지곤 하였다. 연마와 실천 속에서 얻어진 결론은 '법 위에 세운 인정', '인정으로 활용하는 법'이었다. 법 위에 세운 인정이 아니면 끌린 인정이요, 인정으로 활용하는 법이 아니면 죽은 법이다. 끌린 인정은 참 인정이 아니요, 죽은 법도 참 법이 아니다. 법과 인정이 상호보완적 관계로 작용할 때 개인이나 조직에 상승적으로 작용함을 실감하였다. 그래서 지금도 '법 위에 세운 인정', '인정으로 활용하는 법'을 표준삼고 살아가고 있다.

교단 인사나 운영도 법과 인정의 관계 속에서 처리되어야 한다. 법을 세우자니 인정이 메마르고 인정을 따르자니 교단의 기강이 무너지는 경우가 있다. 인사 때마다 이런 문제가 극명하게 노출되었다. 나를 포함한 교단 운영의 책임자들은 법과 인정의 운영에 미숙한 점은 없었는지 깊이 반성해야 한다. 인정을 중시하기 위해서는 지방교화에 전념하는 교무님들의 정서에 대한 이해가 선행되어야 한다. 정책을 입안하는 과정에서도 이 부분에 대한 의견 수렴이 절대 필요하다. 교화 일선의 정서에 대한 파악 없이 정책을 입안한다는 것은 위험한 일이다.

한편 우리는 세상의 영화를 버린 출가 수도인이다. 세상이 모두 저 높은 곳을 향해서 줄달음치더라도 출가인은 남다른 정신력으로 그 흐름을 바꾸고자 하는 노력이 필요하다. 이런 노력이 출가를 빛나게 하고 나아가서는 이 세상을 맑히는 원동력이 아니겠는가. 이런 정신적 자세를 가지는 것이 '가난 극복의 길'이라고 생각한다.

아직도 교단 구성원의 정서는 순수하다. 이 순수하고 소박한 정서에 정말 법과 인정이 충만한 사려 깊은 교단의 정책 실현이 되었으면 하는 마음 간절하다. 이 바람은 교단의 누구를 향해서 하는 것이 절대 아니다. 스스로에 대한 다짐이라고 할 수 있다. 개인 인과와 집단 인과를 구별하고 공중에 대한 인과를 더 중시하는 나의 입장에서는 이번의 이 잘못이 진정 뜨거운 참회의 계기가 된 듯하다. 새로운 출발을 서원하고 다짐해 본다.

고객이 누구일까?
나는 각자의 제일차적 고객은 항상 함께하고 있는
주위의 가장 가까운 인연이라고 생각한다.

고객이 부처님이다

　세상이 참으로 많이 변했다. 지금도 변하고 있고, 앞으로도 끊임없이 변화해 갈 것이다. 농경사회, 산업사회, 지식정보사회를 한 사람이 경험하기도 하였다. 지금을 지식정보사회라 하지만 아직도 그 변화의 상황은 계속되고 있다. 이처럼 우리가 사는 세상은 변화를 거듭하고 있다. 그러기에 다가오는 세상의 미래 모습을 예측하기가 쉽지 않다.

　이런 속에서 사람의 삶에 대한 대외적 관계 또한 많은 변화를 거듭하고 있다. 생존 경쟁에서 살아남기 위한 전략이 곳곳에서 펼쳐지고 있다. 그래서 '고객 만족, 고객 감동'이라는 말이 유행처럼 번지고 있다. 아마 지금 시대를 사는 사람이라면 '고객 만족, 고객 감동'이라는 말을 모르지는 않을 것이다. 아는 정도가 아니라 스스로 그런 마음 자세와 노력으로 살고 있다고 생각할 것이다. 그러나 실제로 고객을 감동하게 한다는 것이 얼마나 어려운 일인가?

나는 교보문고 임원진과 만나 교육보험 창립자의 경영 철학을 전해들을 기회가 있었다. 교육보험 창립자가 교보문고를 만들면서 임직원들에게 강조한 이념과 철학은 '서점에서 이윤 남기려 하지 말라', '예로부터 책 도둑은 도둑이 아니다.'라는 것이다. 그러면서 분실의 우려를 안고서도 서점의 형태를 과감하게 독자가 스스로 선택할 수 있는 체제로 전환했다. 즉 고객이 선택한 책을 직원이 빼내 주는 것에서 고객이 직접 책을 선택하게 한 것은 그만큼 분실의 확률이 높아진다는 것이다. 그런데도 교보문고 창립자의 이러한 경영 철학이 경쟁력을 높이는 결과를 초래하여 오늘날 한국 사회의 최고 서점으로 성장한 것이 아닐까? 고객 만족과 고객 감동에는 이와 같은 철저한 경영 철학과 부단한 노력이 수반되어야 한다.

서울에 '민들레 영토'라는 특별한 찻집이 있다. 그 찻집을 만들고 운영하는 사람은 기독교 목사인 성직자이다. 이 분의 경영 전략도 특이하다. 기독교의 십일조를 자기 나름의 새로운 경영 철학으로 적용하고 있다. 즉 10을 벌면 1을 교회에 헌금하라는 기독교의 십일조 정신을 자기 찻집 경영에 잘 적용하고 있다. 그것은 1을 고객에게 받으면 10을 주는 것이다. 즉 십일조를 반대로 적용하고 있었다. '하나를 받고 열을 주는 찻집', '먹고 더 먹어라'

이것이 민들레 영토의 경영 이념이다.

고객 만족과 고객 감동은 생각으로 되는 것은 아니다. 철저한 신념을 바탕으로 실제로 고객을 배려하고 고객을 감동시킬 수 있는 실천이 필요하다. 머리로 생각하는 것이 아니라 손발로 실천해야 한다. 지금 세상은 이런 실천을 위해서 모두가 나서고 있다. 이런 세상의 흐름을 보면서 우리는 무슨 생각을 해야 할까?

처처불상, 사사불공을 굳이 들먹이지 않는다 하여도 '고객이 부처님이다.'라는 이념과 비전은 세태의 적절한 직관에서 나온 것이다. 만족과 감동이 일시적 경과조치가 아니라 근원적인 관점에서 고객이 부처님이 될 때 최대의 정성이 유발될 것이 아닌가? 여기서는 '부처님으로 생각하자'가 아니라 실제로 부처님이라는 것이다. 실제로 부처님이기에 어찌 섬기고 받들고 정성을 쏟지 않을 수 있을 것인가? 그런데 이념과 생각은 분명 이것이나 우리 실천은 어디에 머물고 있는지 생각하지 않을 수 없다.

그런데 문제는 고객이 누구냐는 것이다. 고객이 누구일까? 나는 각자의 제일차적 고객은 항상 함께하고 있는 주위의 가장 가까운 인연이라고 생각한다. 나의 물건을 사주는 이해관계의 고객에서 상호 교섭관계의 고객으로 승화되어야 한다는 것이다. 이 또한 새로운 발전이 아닌가? 가까운 인연 불공에서 우리는 새로운 '고객 만족, 고객 감동'을 만들어 내자.

신경영 학습 조직은 수평관계 조직이기 때문에
너도 이기고 나도 이기는 조직 구조이다.
그래서 승승 관계이다.

학습 조직은 개벽시대 교화 틀

우리 주위에 학습 조직이라는 말과 단어가 회자되고 있다. 첨단 산업으로 일류를 달리는 기업, 시대 흐름을 주도적으로 이끌어 가려는 기업에서는 학습 조직에 대한 관심과 노력이 더욱 치열하다. 아마도 학습 조직에 뒤떨어지면 기업의 경쟁력이 약화할까 걱정하는 분위기이다. 이만큼 학습 조직은 기업의 경쟁력에 직결될 정도로 중요한 것이다.

이 학습 조직은 기업이나 회사뿐 아니라 종교계에서도 관심이 고조되고 있다. 멀리서 찾을 것이 아니라 우리 교단도 학습 조직으로 100주년을 준비, 교단 발전 기반을 확립하겠다는 계획이요 비전이다. 학습 조직이란 이제 우리가 살아가는 주위에 깊숙이 다가오고 있다.

내가 이 지면을 통해서 강조하고자 하는 것은 학습 조직이란 신경영 조직이며, 지식정보사회 조직의 기본 틀이라는 것이다. 학습 조직 이외의 다른 조직은 무엇이라 하는가? 그것은 관료 조직이다. 관료 조직이란 산업사회의 전형적인 조직 형태이다. 사회 흐름이 산업사회에서 지식 정보사회로 변하고 있다. 그 조직의 기본 틀이 관료 조직에서 학습 조직으로 변화하고 있다. 학습 조직은 수평 조직이다. 이에 비해서 관료 조직은 수직 조직이다.

신경영 학습 조직은 일과 학습을 하나로 일치시키는 조직이다. 즉 일하면서 학습이 되고 학습이 업무와 하나 되는 조직이다. 산업사회 관료 조직은 연수원이 필요하였다. 일하다가 정신과 에너지가 고갈되면 연수원에서 하드 트레이닝을 통해서 충전을 시킨다. 그리고 다시 현장에 투입하여 활동하였다. 그러나 신경영 학습 조직은 이런 이중구조를 허락하지 않는다. 업무와 학습, 즉 일과 공부를 하나로 일치시킨다. 일속에서 학습이 일어나 신지식을 창출하는 조직이다. 우리 교단이 지향하는 이념과 일치하지 않는가?

신경영 학습 조직은 승승 관계의 조직이다. 이에 비해서 산업사회 관료 조직은 성패 관계의 조직이다. 관료 조직은 위 계급의 사람은 언제나 이기고 하부 조직은 질 수밖에 없다. 그러나 신경영 학습 조직은 수평관계 조직이기 때문에 너도 이기고 나도 이기는 조직 구조이다. 그래서 승승 관계이다.

학습 조직은 신경영이라는 단어가 의미하듯 새로운 패턴의 경영 형태이다. 즉 학습 조직은 경영의 여러 분야 중 지식을 경영하는 조직을 말한다. 기존 경영은 자본을 경영하고, 재산을 경영하여 돈을 벌었다. 그러나 신경영 학습 조직은 지식 경영이라 신지식을 만들어 부가 가치를 창출하는 조직이다. 학습 조직은 경영 중에서 이처럼 그 차원을 달리한다.

나는 원불교가 개벽시대 새 종교라고 생각한다. 그리고 원불교의 경쟁력은 이런 개벽적 성격에서 형성되고 살아난다고 생각한다. 그렇다면 원불교의 조직은 당연히 학습 조직이어야 한다. 학습 조직이라 굳이 이름 하지 아니해도 조직의 기본 틀이나 성격이 수직에서 벗어나 수평적 형태로 가야 한다. 또 교리가 지향하는 이념이 이미 학습 조직에서 추구하는 방향성을 가지고 출발하고 있다. 이런 내용의 표어 하나하나를 여기에 열거할 필요조차 없다.

학습 조직! 이것이야말로 원불교 교법과 제도가 지향하는 개벽적 성격의 조직이 아닌가? 그런데 문제는 원불교 조직이 산업 사회의 영향으로 세속화된 부분은 없는지 점검해 볼 필요가 있다. 교화단 조직만 가지고 학습 조직이라고 말하기에는 너무 옹색하다. 일과의 대부분을 관료 조직 하에서 살아가는 우리 조직 현실을 직시해야 한다. 원불교100주년은 여기에서 시작될 것이다.

죽음은 끝이 아니라 새로운 시작이다.
지금 자기가 해결 못 하는 일이
죽음으로 끝난다고 생각하는 것은 어리석은 판단이다.
자기가 지은 업은 영원히 자기가 책임질 문제이다.

한강은 죄가 있다?

　요즈음 한강이 수난을 당하고 있다. 세상 인심이 고약해서인지 툭하면 한강에 사람이 떨어진다. 최근 서울시와 삼성생명, 그리고 제일기획이 함께 진행한 한강다리 가운데 투신사고 건수가 가장 많은 마포대교에 디지털 기술과 아날로그적인 감성을 아름답게 결합시켜 위로와 희망을 주는 장소로 변화시킨 '생명의 다리'는 칭찬할만 하다.
　한강은 서울의 명소이다. 한강은 세계적으로 유명한 도시의 어느 강보다 그 위용이 당당하고 아름답다. 또 한강은 지형적으로 중요한 위치를 차지하고 있다. 일반적으로 명당이라고 하면 갖출 조건이 있다. 배산임수하고 북현무 남주작이요, 좌청룡 우백호이다. 즉 뒤에는 산을 배경하고 앞에는 물이 흘러야 한다.

또 북으로 현무가 있어서 웅장한 형세를 이루고, 앞으로 또 다른 산이 가로막아 기운을 호위해야 한다. 그리고 좌로는 청룡이 감싸고, 우로는 백호가 뛰어야 한다. 이런 지형을 갖출 때 우리는 그곳을 명당이라고 칭한다.

서울은 명당이다. 배산임수, 북현무 남주작, 좌청룡 우백호라는 명당 조건을 모두 갖추고 있다. 이런 명당 조건에 한강이 차지하고 있는 요소는 클 수밖에 없다. 만일 한강이 없는 서울을 가상해 보자. 얼마나 삭막하고 무미건조할 것인가? 그뿐만 아니라 한강은 수천만 명이 모여 사는 서울을 비롯한 수도권의 젖줄이다. 그래서 한강은 바로 우리의 생명수이다. 한강이 있었기에 오늘의 서울이 있었고 한강이 있었기에 산업화를 이룰 수 있었다. 그래서 한강의 기적을 일구었다고 하지 않는가? 이런 한강이 지금 수난을 당하고 있다.

왜 하필이면 한강에서 투신하는지 모르겠다. 전문가들은 한강에 투신자살을 하는 사회적 심리를 투명사회에 대한 부담감이라고 말하고 있다. 또한, 한강이라는 열린 공간에서 자살을 선택함으로써 사회 분위기가 관대해질 것이라는 기대감 때문이라고 말한다. 실제로 한강 투신자살 후 사회 여론 분위기가 반전되는 경우를 경험하고 있다. 그렇다고 그 행위 자체가 정당화될 수는 없는 일 아닌가? 그러면 우리 원불교인은 한강 투신자살 행위를 어떻게 보아야 할 것인가?

나는 진리적 측면에서 우선 배은 행위라고 생각한다. 현실 문제에 집착, 죽으면 끝이라는 단촉한 생각이 이런 배은 행위를 유발한다. 죽음은 끝이 아니라 새로운 시작이다. 지금 자기가 해결 못 하는 일이 죽음으로 끝난다고 생각하는 것은 어리석은 판단이다. 자기가 지은 업은 영원히 자기가 책임질 문제이다. 진리로부터 품부 받은 고귀한 생명은 내 마음대로 하는 것이 아니다. 내 생명은 우주적 생명과 하나이며 우주적 생명을 내가 마음대로 한다는 것이 바로 죄악이다.

나는 또 현실적으로 사회와 의식의 괴리 현상에서 그 원인을 찾는다. 지금 사회는 개벽이라는 대 전환기를 맞아 크게 변화되고 있다. 어둠의 질서에서 밝음의 질서로, 정하는 질서에서 동하는 질서로, 수직 질서에서 수평 질서로 변화되고 있다. 밝음의 질서란 과연 무엇인가? 투명 사회가 된다는 의미이다. 이제 사회는 밝음의 질서로 개편되고 있다. 그런데 투명 사회로 가는 길목에서 일어나는 부작용이 있다. 바로 우리 마인드 문제이다. 사회는 밝아지는데 우리 의식이 아직 과거 어둠의 질서에 머물고 있다면 어떻게 되겠는가? 고뇌와 번민이 따를 수밖에 없다. 그런 고뇌의 발로가 바로 한강 투신이다. 즉 사회 현실과 의식의 괴리현상이 한강 투신이다. 나는 강조한다. 죽음의 다리에서, 위로와 희망을 주는 '생명의 다리'로 만들 듯 개벽에 걸맞는 의식을 개혁해야 한다. 이것이 우리 교법실천이 아닐까!

진리를 달관한 성자들이
인류를 향해 던진 메시지는 간단하다.
그것은 '중생들아! 자기가 짓고 자기가 받는다.'라는 것이다.
이것을 우리는 인과 원리라고 칭한다.

내가 갚을 차례에 참아라

'일파자동만파수 一波自動萬波水'라는 말이 있다. 한 물결이 일어남에 일만 파도가 따라서 일어난다는 말이다. 고요한 호수에 던진 돌멩이 하나가 일으키는 현상을 보고 읊은 것이리라. 그러나 이것은 자연 현상뿐만 아니라 우리가 살아감에 작용하는 우주에 가득 찬 근본 이치일 것이다.

지금 세계가 시끄럽다. 뉴욕 심장부를 강타한 테러에서 비롯된 연쇄충돌은 그 끝을 모르고 계속되고 있다. 테러에 대한 응징은 또 다른 보복을 불러오고 있다. 비단 미국과 이라크의 관계만이 아니다. 다른 많은 우방이 함께 할 수밖에 없는 힘의 논리에서 지금 세계가 요동치고 있다. 여기에서 일어나는 물결과 파도가 우리 주위에 자욱하다. 괜히 우리와는 아무 관계 없는 일에 휘

말리어 헤어나지 못할 구렁텅이에 빠지고 마는 것이 아닐까 하는 우려의 목소리가 높아가고 있다.

어디 그뿐인가? 이라크 저항군이 목숨을 건 테러에 임하는 모습이 보도를 통해 생생히 방영되었다. 테러를 위해 죽음의 현장으로 나가는 숙연한 장면을 보여 주는가 하면 폭탄을 실은 차를 몰고 돌진하여 장렬하게 산화하는 모습을 생생히 지켜보아야 했다. 이 장면을 본 세계인들은 과연 어떤 생각을 할 것인가?

개인에게 제일 소중한 것은 목숨이요, 생명임은 두말할 필요가 없다. 그 목숨을 헌신짝처럼 버리기로 스스로 맹세하고 격려하고 아쉽게 보내는 그 장면은 여느 때와는 사뭇 다른 느낌이다. 무엇이 사람을 저렇게 만든 것일까? 종교 이념? 민족 감정? 복수에 불타는 마음? 마음에 맺힌 한? 그 무엇으로도 이 현상에 대해 이해하기에는 부족하다. 사람들이 혼란스럽다. 그 원인을 알기가 혼란스럽고, 옳고 그름을 판단하기가 혼란스럽고, 이런 현상이 다음에 어떻게 전개되고 마지막 귀결점이 어디일까 판별하기가 혼란스럽다.

그럼에도 불구하고 내가 여기서 이 문제를 다루는 것은 우리는 최소한 기초적인 견해는 가져야 할 것이라는 믿음 때문이다. 복잡하게 얽혀 돌아가는 악순환의 고리를 교리와 교법으로 해결할 견해를 가지자는 것이다.

진리를 달관한 성자들이 인류를 향해 던진 메시지는 간단하다. 그것은 '중생들아! 자기가 짓고 자기가 받는다.'라는 것이다. 이것을 우리는 인과 원리라고 칭한다. 진리가 작용하는 측면에 의하면 원인은 결과를 만들고 그 결과는 또 다른 원인으로 작용하여 결과를 만들어 낸다. 지금 이라크와 미국은 이 인과의 이치에 따라 서로 짓고 받는다. 원인과 결과가 끊임없이 돌고 도는 형국이다.

나는 끊임없는 인과의 쇠사슬을 끊는 방법을 〈대종경〉에서 제시하고 싶다. 그것은 '네가 갚을 차례에 참아라' 그래야 업이 쉬어진다는 것이다. '네가 갚을 차례에 참아라' 이 말씀에는 우리 인류가 지금 안고 있는 문제 해결의 실마리를 제공하고 있다. 대종경은 상대방이 갚을 차례에 참으라고 하지 않았다. 자기가 갚을 차례에 참으라는 것이다. 우리는 언제나 상대가 먼저 어떻게 해 주기를 바란다. 자기보다 상대가 먼저 참아주기를 희망한다. 그래서 해결의 실마리를 상대에서 찾는다. 그러나 이런 자세로는 영원히 인과의 사슬을 끊지 못한다.

지금 이라크 정국이 우리에게 주는 교훈은 참으로 값진 것이다. 비단 어찌 이라크 정국에 한할 것인가! 사람이 살아가며 얽힌 감정의 고리들이 얼마나 많은가? 사업을 전개하며 얽힌 사연이 또한 얼마인가? 업을 쉬게 하자. 그 방법은 '내가 갚을 차례에 참는 것'이다.

평범함 속에 비범

세상에 공부가 이렇게 쉬울 수가 없다.
잠잘 때 잠자고 일어날 때 일어나는 것이 큰 공부이다.
우리는 공부를 먼 곳에서 찾지 말자.
일어나고 잠자는 일과 속에서
삼학병진의 적공이 되어야 한다.

대각전의 종소리

총부 대각전 앞의 범종은 어김없이 하루에 두 차례 울린다. 그뿐만 아니라 교단의 중요한 법요 행사가 있을 때도 빠짐없이 울린다. 총부에서만이 아니라 대각전이 세워진 교단의 모든 기관이나 교당에서도 법의 정한 바에 따라서 범종을 울리게 되어 있다. 이처럼 대각전의 종소리는 언제부터인가 시작되었고 앞으로도 무한히 울릴 것이다.

새벽 5시에 울리는 대각전 종소리는 33번이다. 저녁 10시에는 28번 종을 친다. 새벽에 울리는 33번의 종소리는 무엇을 의미할까? 굳이 유식한 불교의 지식을 동원하여 33천을 들먹이지 않아도 아침에 일어날 시간을 알리는 것이다. 저녁에는 왜 또 28번을 칠까? 이것도 28천을 상징하는 의미도 있으나 잠잘 시간이 되었으니 잠을 자라는 뜻이다. 하루에 두 차례 울리는 종소리는 이처럼 수도인의 일과를 인도하고 있다.

총부나 기관, 교당의 도량에 거주하는 대중은 대각전의 종소리를 들으며 자기의 수도 일과를 지켜나간다. 새벽에 적막을 가르는 종소리는 깊이 잠든 만 생령의 심혼을 일깨우는 울림의 소리이다. 그리고 도량에 거주하는 수선 대중은 적멸의 자리에서 아련히 울리는 종소리를 들으며 최초 일념을 챙기게 된다. '오늘도 대종사님 대법륜을 힘써 굴리게 하소서'라는 최초 일념을 챙기면서 잠자리에서 일어난다. 따라서 새벽의 종소리는 최초 일념의 소리요, 다시 태어나게 하는 생명의 소리이며, 서원의 소리이다.

저녁의 범종 소리를 다시 생각해보자. 육신을 가진 사람이 소소영령한 분별로 열심히 보은 봉공한 기쁨을 이제는 마무리하라는 종소리이다. 하루에 나타난 제중의 실적도 마무리 하고 다시 적멸궁전에 안주하여 힘을 쌓을 시간이라는 것을 알리는 종소리이다. 모든 일과를 끝내고 정신과 육신을 함축하는 적공 시간을 가지라는 종소리이다. 따라서 저녁의 대각전 종소리는 최후 일념의 소리요, 모태 중에 입태하는 성리의 종소리이며 새 힘을 함축하는 발원의 종소리이다.

우리는 공부를 어떻게 해야 할까? 내 생각으로는 대각전 종소리가 인도하는 대로 자기의 생활 리듬을 추슬러 가는 일이다. 일어날 시간을 알리는 종소리를 듣고 최초 일념을 챙기며 기쁘게 일어나고 잠자라는 종소리를 들으며 최후 일념으로 열반의 세계에 침잠하는 생활을 하자는 것이다. 세상에 공부가 이렇게 쉬울 수가 없다. 잠잘 때 잠자고 일어날 때 일어나는 것이 큰 공부이다.

우리는 공부를 먼 곳에서 찾지 말자. 일어나고 잠자는 일과 속에서 삼학병진의 적공이 되어야 한다. 현저하게 일상생활의 장에서 공부가 실현될 수 있는 일과의 자기 조절이 공부의 관건이다.

요사이처럼 촌음을 쪼개 써야 하고 할 일이 많은 세상, 누군가에게 도움을 청하고 싶은 심정이다. 때로는 업무와 일을 처리하다 보면 어느새 자기의 일과가 흐트러지기도 한다. 한때의 일과가 흐트러진다고 해서 서원에 어긋나는 것은 아니다. 문제는 이렇게 일에 빠지다 보면 본연의 공부가 묵어진다는 사실이다.

공부가 묵어지는 것도 하루 이틀이나 한 달 만에 나타나는 것은 아니다. 팽팽하게 바람이 든 공에 바늘구멍이 나면 언제 바람이 빠지는지 모르게 쭈글쭈글해진다. 수도인에 있어서 공부심과 심력이 소모되는 것도 이와 같다. 그까짓 일과를 조금 소홀히 한다고 내 서원이 물러나고 심력이 갑자기 소모되어 무슨 일이 금방 일어나는 것은 더구나 아니다. 그러나 일년, 이년, 삼년이 지나 십년이 되고 보면 확연한 차이가 나게 마련이다.

대각전에서 울리는 종소리. 오늘도 우리의 맑은 영혼을 일깨우고 있다. 일과를 통해서 쉼 없이 적공을 추진하라고….

삼밭재 마당바위 기도의 추억

　영산성지 삼밭재 마당바위 기도실에서 며칠을 보냈다. 건강회복을 위한 기도생활을 겸했다. 삼밭재 마당바위는 원불교 교단사에 하나의 획을 그은 장소이다. 소년 소태산 대종사께서 5년간 산신령을 만나기 위해 기도 올린 곳, 소태산 대종사 십상 중 삼령기원상을 나투신 역사의 현장이다. 그래서 기도의 영험과 위력이 큰 곳 중의 하나가 삼밭재 마당바위이다.

　나의 전무출신 생활을 통틀어 이런 기회는 그렇게 쉽게 오지 않기에 이곳에서의 기도생활은 그야말로 황금 같은 시간이 아닐 수 없었다. 낮에는 낮대로 기도하기 좋은 곳이 마당바위요, 밤에는 밤대로 기도하기 좋은 곳이 삼밭재의 기도실이다.

　마당바위의 낮은 산새들의 천국이요, 뭇 생명들의 소리의 천국이다. 각종 새와 풀벌레들이 각기 특색 있는 소리를 내어서 조화로운 자연의 대합창을 연출한다. 어디에서 이런 아름다운 소리가 나올 수 있을까 싶을 정도로 자연의 소리는 조화롭다. 삼밭재 마당바위의 아름다움은 여기에 그치지 않는다.

해가 낙조대를 통해 떨어질 때, 석양은 이내 온갖 물감을 풀어놓은 듯 황홀한 저녁노을을 만들어낸다. 그러나 먼 하늘의 이글거리는 노을이 장관을 이루는 것도 잠깐일 뿐, 어두운 땅거미가 마당바위에 성큼 내려앉는다.

대낮 뙤약볕이 이처럼 자취를 감추고 나면 어디엔가 숨어있었던 시원한 바람이 솔솔 불어온다. 마당바위에 내려앉은 어둠은 시원한 바람뿐만 아니라 그렇게도 재잘거리던 새들과 풀벌레들의 울음소리도 변하게 한다. 낮에는 듣지 못하였던 부엉이와 같은 큰 새들의 울음소리가 구슬프게 울려 퍼진다.

어느 순간 나는 낮에 우는 새소리와 밤에 우는 새소리가 서로 다름을 발견할 수 있었다. 낮에 우는 새소리는 즐겁고 활기차게 재잘거리는 울음소리이다. 그러나 밤이면 이런 작은 새소리는 깊은 정적에 쌓이고 큰 새들의 울음소리만이 처량하게 들린다. 나는 이러한 밤과 낮의 새소리의 변화가 단지 듣는 사람의 마음 상태에 따른 느낌의 차이라고 생각하였다. 즉 내 마음이 즐겁고 명랑할 때 들리는 새의 울음소리는 즐겁게 들릴 것이요, 반대로 내 마음이 무겁고 침울할 때 듣는 새의 울음소리는 슬프고 처량하게 들린다는 것이다. 이는 마음대조를 해 본 사람이면 누구나 느낄 수 있는 감상이다. 그러나 내가 경험한 삼밭재의 낮과 밤에 들리는 새 울음소리의 느낌은 이런 것과는 달랐다. 밤에 우는 산새 소리가 낮의 그것과는 다를 수밖에 없는 요소가 있다는 것을 알 수 있었다. 그 요소란 과연 무엇일까? 그것은 바로 기운의 차이이다. 즉 서로 다른 낮 기운과 밤 기운의 차이인 것이다.

낮 기운은 양陽 기운이요, 밤 기운은 음陰 기운이다. 양 기운은 동動하는 기운이요, 음 기운은 정靜하는 기운이다. 동하는 기운이 승할 때 산새들과 생령들은 그 기운 따라 움직인다. 반대로 천지의 기운이 한번 바뀌고 나면 산하대지가 고요해지며 그 기운을 좋아하는 종류의 새들이 나타나서 활동한다. 따라서 정하는 기운이 승한 밤에 우는 새소리는 천지 기운 따라 가라앉는다. 밤의 산새 소리가 구슬프고 처량한 것은 사람의 마음에 달린 것만이 아니라 천지기운과도 관련이 있다는 것이다.

삼밭재 마당바위의 기도, 산새들의 대합창을 배경으로 나는 건강을 회복하고 교역생활의 찌꺼기를 말끔히 청소할 수 있었다. 낮에는 뭇 산새들의 대합창, 밤에는 처량하고 구슬픈 산새 소리, 자연의 소리를 듣는 것은 기도인의 또 다른 묘미가 아닐 수 없다. 그래서 삼밭재 마당바위의 기도는 아름다운 추억으로 남아있다.

최고의 피서법 '선禪'

낮에는 불볕더위가 맹위를 떨치고 밤에는 열대야가 연일 계속되고 있는 여름. 낮이 더우면 밤이라도 조금 시원한 바람이 불어야 할 터인데 기온이 떨어지지 않으니 사람들 고통이 더 심한 모양이다. 사실 더위에 시달리는 것은 낮보다는 오히려 밤이 더 심하다. 더위에 지쳐 잠 못 이루는 것처럼 고통스러운 것이 없기 때문이다. 그런데 지금까지 더위야 그래도 참을 만하였다. 30도를 오르내리는 더위도 용케 잘 지내왔다. 계속되는 일기 예보를 듣고 있노라면 다가오는 더위를 어떻게 견뎌낼지 걱정이다.

이런 날씨에는 사무실에 앉아있는 일도 쉬운 일이 아니다. 창문을 열어놓으면 지하철 공사장에서 끊임없이 내뿜는 소음이 가관이다. 지하철 공사장 소음과 차량 소음이 합쳐진 교구청 주변 환경으로 인해 조용히 앉아서 대화할 수도 없다. 전화 통화도 소음으로 인한 방해가 이만저만이 아니다. 여기다 근래 유례없는 더위가 찾아왔으니 여름을 실감한다.

여름은 더워야 한다. 만일 여름이 더운 여름이 아니라면 그 역할을 제대로 못한 것이다. 덥지 않은 여름은 피해가 막대하다. 반대로 겨울은 또 추워야 한다. 겨울의 겨울다움은 추위에 있다. 이처럼 사계절은 각기 맡은 바 임무가 있다. 이렇게 볼 때 금년 여름은 제대로 역할을 할 모양이다.

더위와 더불어 휴가가 한창이다. 시내 교통이 한결 가벼운 느낌이다. 피서를 겸한 여름휴가는 우리 사회 하나의 사이클로 자리 잡고 있다. 일 년 중 가장 기다리고 또 추억을 남길 만한 휴가 계획은 이제 소홀히 할 수 없는 우리 시대 문화로 정착되고 있었다.

나는 부산에 살 때 한 해에 한 번쯤 가보는 곳이 있었다. 우리나라에서 유명한 해운대 해수욕장이다. 내가 직접 해수욕을 하는 것이 아니라 여름날 일요일 법회 후 해운대 조선비치호텔 커피숍에 간다. 그곳에 가면 해운대 해수욕장 전체가 한 눈에 들어온다. 차 한잔 마시며 해수욕장 분위기를 마음껏 즐기고 나오는 것이 일 년 휴가의 전부이다. 그런데 지난여름은 그것마저도 못했다. 서울의 피서가 퍽 메마른 느낌이다.

오늘 나는 시원한 피서를 해보려고 한다. 피서에는 몇 가지 방법이 있다. 하나는 시원한 장소로 떠나는 피서이다. 바닷가나 또는 산골 깊은 곳을 찾는 피서이다. 피서란 더위를 피하는 일이니 시원한 장소를 선택해야 한다. 그런데 피서지 마다 사람이 넘쳐난다. 내가 본 해운대 해수욕장은 울긋불긋한 비치 파라솔과 사람으로 뒤덮인 모습이었다. 더위를 피하려다 잘못하면 오히려 더위 속으로 찾아들 수도 있겠다는 느낌이다.

다음은 몸으로 하는 피서이다. 더위를 느끼는 것은 몸이다. 사람이 몸을 가진 이상 더우면 덥고 추우면 춥다. 따라서 더위를 피하기 위해서는 일정 부분 몸을 배려해야 한다. 시원한 옷차림에서부터 먹는 음식과 청량음료, 선풍기, 에어컨, 목욕 등 몸으로 하는 피서 방법은 다양하다. 그러나 저녁에 더위를 식히기 위해 목욕을 해보면 그때 뿐 금방 또 땀이 난다. 몸으로 하는 피서도 이처럼 한계가 있다. 그래시 오늘, 피시 방법 중 미음으로 하는 피서를 권하고 싶다.

〈정전〉에 수양이란 안으로 분별성과 주착심을 없이하고 밖으로 경계에 끌리지 않는 것이라 하였다. 덥다는 생각도 분별성이요, 주착심이다. 수행자들이 즐기는 장소를 잊고, 몸도 잊고, 분별 주착심 마저 놓은 선의 경지가 바로 최고의 피서가 아닐까? 피서 3법, '장소 피서·몸 피서·마음 피서'로 올 여름을 시원하게 보내자.

프로정신과 취사공부

말복을 하루 넘긴 날, 불볕더위가 서울을 강타하였다. 뉴스에선 기상 관측 이래 10년 만에 찾아온 더위라고 떠들어 댔다. 36.2도라는 더위는 사람을 상당히 무기력하게 만든다는 생각을 하면서 사무실에서 일과를 보내며 업무를 처리하였다. 잠깐 운동을 하려고 교구청 5층 로비를 올라가니 한강에서 불어오는 시원한 바람도 그 효력이 떨어진 지 이미 오래인 모양이다. 열을 받은 시멘트에서 풍기는 복사열이 대단하다. 5시를 넘겨 기와집인 서울교당의 시원한 분위기를 상상하며 퇴근하였다.

서울교당 골목길에 도착하는 순간 법당에서 울려 퍼지는 소프라노의 높은음이 나를 반긴다. 무슨 일이 벌어지고 있는 것일까? 이 더운 날씨에 누가 저렇게 연습을 하고 있을까? 편안한 목소리도 아닌 높은음에 목숨 걸고 매달리는 듯한 그 노랫소리는 더위만큼이나 마음을 더욱 힘들게 하였다. 그늘을 찾아 서울교당 흙마당을 산책하던 나는 서울원음합창단 단장을 만나고서 그 연유를 알았다. 서울원음합창단 지휘자에게 단원 몇 명이 개인 지도를 받는다는 것이다. 9월에 세종문화회관에서 막을 올릴 오페라 연습 도중임에도 불구하고 단원들의 요청으로 저렇게 개인지도를 하고 있다는 것이 아닌가! 프로정신이 아니면 도저히 불가능한 일이 실제 내 앞에 전개되고 있었다.

지금은 프로를 요구하는 사회이다. 치열한 경쟁이 세계 곳곳에서 펼쳐지고 있다. 아마추어는 설 자리가 없다. 아테네 올림픽을 위해서 구슬땀을 흘리는 국가 대표들의 연습 장면을 가끔 접하였다. 한순간의 영광을 위해서 얼마나 많은 것을 포기하고 그것 하나에 매달리는가! 어디 우리 국가 대표들만이 이렇게 하는가? 아니다. 세계의 모든 올림픽 참가 선수들은 이렇게 프로정신을 가지고 그 기량을 갈고 닦았을 것이다.

한 동지가 아침 신문을 보다가 감탄을 한다. 내용인즉 배아줄기세포 복제 기술을 개발한 서울대 교수가 미국에서 1조 원에 기술 이전 요청을 받았으나 거절했다는 것이다. 1조 원을 거절했다는 사실이 존경스러운가 보다. 그러나 얼마나 치열한 삶과 연구의 결과로 얻어진 기술인가를 생각하면 1조 원이 오히려 적다고 생각한 것 아닌가? 이것이 자기가 실행 과정을 거친 사람과 그렇지 않은 사람의 차이이다. 학문 세계에서의 프로정신이다.

이처럼 프로정신은 경쟁력을 높인다. 경쟁력을 높이는 일은 프로정신을 가지고 일하기를 요구한다. 더우면 더워서 추우면 추워서 못 하는 것은 프로정신이 아니다. 자기 일터를 탓하고 주위 분위기를 탓하고 조건이 갖추어지기를 바라고 있다면 언제 경쟁력이 키워질 것인가? 조건과 분위기도 자기가 만들어가는 것이 프로정신이다. 여기서 우리는 경쟁력이 높아질 것임을 알 수 있다.

우리 교단의 삼학 공부는 작업취사에서 그 결과가 나타난다. 작업취사란 육근을 작용함에 있어서 취할 것은 취하고 버릴 것은 버리는 것이다. 그러면 무엇을 취하고 무엇을 버릴 것인가? 단순히 정의·불의를 취하고 버린다고 하면 간단하다. 그러나 정의와 불의의 내용이 문제이다. 나는 정의는 정당한 고통과 수고로움이요, 불의는 부정당한 안일과 편안함이라고 말하고 싶다. 그러므로 정의는 역경이 뒤따르고 불의는 순경이 뒤따를 수 있다. 정의 실천은 바로 프로정신으로 치열하게 육근을 작용하는 것이다. 따라서 우리 작업취사 공부는 프로정신으로 일해서 경쟁력을 끌어올린다. 지금은 이런 취사가 요청되는 시대이다.

'감사'를 통한 새 세계 건설

 4월 28일은 원불교가 태어난 개교기념일이다. 원불교를 창시한 소태산 대종사께서 20여 년 구도 과정 끝에 비로소 대각을 이루신 날이라 대각과 개교를 동시에 봉축하고 있다. 각 교구에서는 교당별로 교단 최대 경절인 대각개교절을 봉축하는 다양한 법요의식들을 거행하였다. 나는 이날을 '감사'를 통한 새 세계 건설에 우리 함께 매진하자는 결의를 다지는 계기로 삼았다.

 감기 치료차 병원에 입원한 적이 있었다. 치료가 아니라 일을 피해서 피경을 간 것이었다. 공부는 일 속에서 해야 한다고 주장하나 피로에서 오는 감기는 일 속에서 치료가 되지 않을 것 같아서 결단을 내린 것이다.

 병원에 누워 있다 보면 간호사들이 자주 왕래를 한다. 사실 별

일이 없음에도 불구하고 들락날락하면서 안부를 묻는다. 팀이 바뀔 때마다 방문하여 안부를 묻는다. 처음은 적응되지 않아서 성가시다는 생각이 살짝 들기도 하였다. 그러나 그것은 그 사람들의 의무요, 책임이라는 생각을 하니 한결 마음이 가벼웠다. 그래서 누구나 들어와서 무슨 말을 하든지 나는 언제나 "감사합니다"라는 말을 하였다. 사실 이런 경우 대부분 형식적으로 대하는 것이 다반사이다. 그러나 나의 경우 진심에서 우러난 마음으로 "감사합니다"라는 말을 하였다.

이런 대화가 몇 차례 반복되는 과정에서 마음과 마음이 서로 통함을 느끼기 시작하였다. 나를 대하는 간호사들의 자세가 형식적이 아니라 마음에서 우러나는 상생의 기운임을 느끼게 되었다. 저쪽에서 상생의 기운을 보내니 더불어 열린 마음을 가지게 되었고, 이런 마음이 서로 상승적으로 작용하였다. 그러니 내가 머물던 병실이 바로 낙원으로 변했고 편안한 생활이 지속되었다. 아프고 짜증이 나는 병실이 아니라 감사와 윤기가 흐르는 병실로 바뀌었다. 나는 이 작은 실천에서 '감사'라는 단어의 위력을 다시 새롭게 느꼈다. 그리고 대각개교절에 대종사님이 밝혀주신 은혜의 사상이 현실 생활에 얼마나 유익을 주는가를 체험하게 되었다.

지금 우리가 사는 시대는 디지털 지식사회이다. 그런가 하면 원리적으로는 개벽의 새 시대이다. 개벽의 새 시대는 상생의 살리는 기운이 주가 되는 시대이다. 따라서 소태산 대종사께서 대각하신 깨달음은 우주에 충만한 살리는 기운, 즉 은혜의 윤리를 밝히신 것이다.

우리는 대각개교절을 맞이하여 이런 윤리를 새롭게 인식하여 그것을 실천할 다짐을 해야 하겠다. 그 실천은 바로 "감사합니다"라고 먼저 말하는 것이다. 이 "감사합니다"라는 말은 상생의 기운을 우리가 체 받아 실제로 실천하는 것을 말한다. 감사는 우리 현실에서 은혜의 실천이며, 나아가서 살리는 기운의 활용이다. 감사는 사람과 사람과의 관계를 상생으로 만든다. 감사는 막힌 기운을 통하게 하는 위력을 가지고 있다. 감사가 얼마나 위대한가! 과거 자기가 지은 숙업을 청산하는 것도 감사이다. 상극의 기운을 푸는 것도 감사이다. 일상에서 일어나는 감정을 푸는 것도 감사이다. 감사하는 마음은 우리를 기쁨으로 충만하게 만든다. 내 마음이 기쁨으로 충만하고 상대에 감사하는 것이 바로 소태산 대종사님의 깨달음을 실천하는 길임을 명심하자.

부처님께서 거래하시는 동력과 힘은 원력이며
그 원력을 가지고 거래를 자유자재하는 것이
부처님의 능력이다.

부처님의 거래 능력 세 가지

부처님오신날 축하 행사들이 여기저기서 열리고 있다. 연등 축제가 크게 열리고 사찰마다 오색등을 내 걸어 가정과 개인의 복락을 비는 모습들이 아름답다. 각 교당에서도 연원불 석가모니 부처님오신날을 봉축하기 위해 정성을 올렸다. 이런 모습들을 보면서 나는 부처님오신날을 이처럼 기다리고 경축하는 것은 부처님의 큰 능력 때문이라고 생각하여 부처님 거래의 능력 세 가지를 여기에 밝히고자 한다.

첫째, 부처님은 원력으로 거래하신다. 큰 원력을 가지고 거래하시는 것이 부처님의 능력이다. 즉 중생 제도의 큰 원력으로 이 땅에 오셨다가 그 원력을 그대로 가지고 가신 분이 부처님이시다. 부처님께서 거래하시는 동력과 힘은 원력이며 그 원력을 가지고 거래를 자유자재하는 것이 부처님의 능력이다. 그러나 중생들은 반대로 욕심으로 낳고 죽는다. 욕심과 원력은 바라는 마음은 모두 한 가지이나 전혀 다르다. 욕심을 떠나서 발하는 마음이 서원이요, 원력이다. 중생들은 욕심에 끌려서 나고 죽기 때문에 생사에 자유가 없다. 욕심에 끌리는 대로 가니 잘못된 길도 서슴없이 가고 만다. 그러나 부처님은 이와는 정반대이다. 욕망과 욕심을 초월하여 지극한 원력으로 거래를 하므로 결정보를 받을 수도 있다. 결정보란 자기 마음대로 거래를 자유하며 수생하는 것을 말한다. 따라서 부처님은 원하는 대로 이루어지고 그 원력을 따라서 거래를 하는 위력을 가진 분이다.

둘째, 부처님은 밝음으로 거래하신다. 거래에 자유롭고 위력을 얻으려면 밝음이 반드시 수반되어야 할 조건이다. 밝음은 빛이요, 불이요, 극락이다. 밝음은 우리 가까이에서는 마음의 등불이다. 밝은 마음의 등불을 켜고 오신 부처님의 거룩한 거래를 경축하기 위해서 우리는 등불을 밝힌다. 밝음의 반대는 어둠이다. 중생의 생사는 어둠에서 일어난다. 중생들은 어둠 속에서 나고 죽으니 길이 보이지 아니하고 좋은 길 나쁜 길을 구별하지도 못한다. 길이 보이지 아니하니 이리 갈까 저리 갈까 헤매게 된다. 길을 못 찾아 헤매는 모습이 얼마나 초조하고 불안할 것인가? 따라서 중생들에게는 죽음이란 두려움이요 공포 그 자체이다. 그러나 부처님의 거래는 밝음 그 자체이다. 길이 보이고 좋은 길 나쁜 길이 확연히 구분된다. 이 밝음을 따라 그냥 가기만 하면 되니 얼마나 수월하고 편안할까? 극락이 따로 있는 것이 아니라 이것이 극락이다.

마지막으로 부처님은 자비로 거래하신다. 부처님 거래 능력 최고의 경지가 이 자비 거래이다. 자비란 사랑 '자慈', 슬플 '비悲'로서 사랑해 주고 슬퍼해 주는 마음을 말한다. 무엇을 사랑하고 무엇을 슬퍼할 것인가? 중생들이 잘하는 것을 진정 잘한다고 칭찬해주고, 반대로 잘못하는 것은 진심으로 슬퍼해 주는 마음이다. 부처님은 이런 자비의 마음을 가지고 거래를 하신다.

반대로 중생들은 원한이나 원망을 가지고 나고 죽는다. 중생들도 자비의 마음을 가질 수 있으나 일시적일 뿐이다. 그 이유는 중생의 자비는 상대심에서 나오는 마음이기 때문이다. 그러나 부처님의 자비는 절대의 경지에서 나오는 마음이다. 상대를 초월한 자리에서 나오는 마음이기 때문에 언제 어떤 경우를 당할지라도 자비 마음으로 대처한다. 비록 원망할 자리라도 자비로 대처하는 것이 부처님의 능력이다. 따라서 부처님은 자비의 화현이시다.

부처님오신날에 우리 부처님 거래 능력 세 가지를 다시 새겨보자. 오는 것 같고 가는 것 같은 부처님의 능력과 위력은 우리 사바세계 사람들에게 하나의 경종으로 지금도 다가오고 있다. 그 아름답고 경이로운 거래를 우리도 닮아 가야 하지 않을까?

개벽의 새 역사 이제부터다

지금 생각하면 우리 선진님들이 이끌어 온 개벽의 새 역사는 장하고 거룩하기만 하다. 12간지로 자시子時는 어느 때인가? 하루의 기점을 가르는 칠흑같이 어두운 한밤중이다. 모든 것이 어둠에 휩싸이고 만물이 깊이 잠든 시간이다. 이때 잠자지 않는다는 것은 오히려 그것이 비정상이다. 이런 고요한 적막을 뚫고 고고히 정적을 울린 개벽의 소식! 알아듣는 사람이 적고 반겨주지도 않던 그 시절에 그래도 새 역사의 시작과 고동은 멈출 수 없었기에….

저축조합, 방언공사, 산상 동맹기도가 파노라마처럼 펼쳐질 때 누가 감히 개벽의 새 시대가 이처럼 활짝 열릴 것을 상상이나 했을까? 아는 사람들이란 오직 일치단결 개벽의 새 역사를 개척

한 우리 선진님들이었음에 분명하다. 일을 하다보면 알아주는 사람 없이 하는 일이 얼마나 어려운가를 실감한다. 어려운 것이 아니라 고달프다고 해야 할 것이다. 그 이유는 주위의 기운을 받지 못하고 그 일을 해야 하기 때문이다. 주위 기운을 받기는커녕 오히려 역행하는 일도 있어서 고달프고 힘이 더 든다.

내가 국제부장 할 때의 일이다. 그동안 외국여행을 늘 혼자서 다녔고 여행사에서 만든 패키지는 다녀보지 않았는데 한번은 파리에서 현지 여행단과 만나서 3일간을 함께 한 적이 있다. 이때 나는 별것 아닌 것이 나를 힘들게 한다는 사실을 깨달았다. 그것은 여행 중간마다 화장실을 가는 문제였다. 40여 명이 여행하며 곳곳에서 시간을 주니 모두가 화장실을 가는데 유독 나만 가지 않고 버틴다는 것이 얼마나 어려운 일인가를 실감하였다. 그러다보니 하루에 화장실에 간 횟수가 평소 생활의 두 배는 되었다는 것을 알았다. 40대 후반의 내 생활 리듬이 완전히 뒤바뀌는 유별난 경험을 한 것이다. 나도 모르게 다른 사람의 리듬을 따르고 있는 자신을 발견하곤 쓴웃음을 지은 적이 있다. 이 기억은 지금까지 생생히 남아 있다. 분위기와 시대의 흐름을 역행하기가 얼마나 어렵고 고달픈가를 일깨워 주는 소중한 경험이다.

우리 선진님들은 어떤 상황 속에서도 개벽의 새 역사를 역동적으로 일구어 왔다. 그래서 대망의 21세기 새 시대 새 천지를 맞이한 것이다.

산업사회에서 지식정보사회로 옮겨가는 대변화가 우리 앞에 펼쳐지고 있다. 새 시대의 도래는 바로 개벽의 현실적 모습이 아닐까? 우리 교단은 이미 이런 시대의 도래를 예견하고 새 교리 새 제도로 선진화된 이념을 가지고 출발하였다. 따라서 21세기 지식정보사회는 원불교의 시대임이 분명하다. 그러므로 이제야말로 개벽의 새 역사를 창조적으로 계승 발전시켜나가야 한다.

그런데 문제는 이런 이념에 바탕을 둔 실천적이며, 문화적 작업은 그것을 창조적으로 수행하는 소수가 필요하다. 구성원 모두가 깨어나서 그 일을 성공하게 할 수도 있다. 그러나 결국은 창조적 소수가 중심체를 이룰 때 더욱 가능해진다. 나는 이런 창조적 소수를 형성하는 일은 서울교구가 담당해야 한다고 생각한다. 또 이런 창조적 소수를 결집하는 매체가 필요한 데 그것이 '한울안'이라고 믿는다. 그곳은 서울에 인재가 집중해 있고 시대적·세계적인 영향을 많이 받는 곳이기 때문이다.

개벽의 새 역사는 이제부터다. 시대의 상황이 우리에게로 돌아오고 있다. 한 줄로 늘어서 가는데 제일 뒤에서 따라가는 사람을 꼴찌라고 한다. 이 꼴찌가 "뒤로 돌아가" 하는 그 순간부터 선두가 된다. 세상이 "뒤로 돌아가" 했다. 이제 우리가 선두주자로 나서야 한다. 그래서 개벽의 새 역사는 이제부터다.

열린 청계, 푸른 미래

　서울 시내 거리마다 '열린 청계, 푸른 미래'라는 현수막이 걸리고 청계천이 새 물을 맞이한다고 야단법석이었다. 그동안 닫혀있던 청계천을 열어서 그 열린 청계천에 새 물을 흘려보내는 행사를 한 것이었다. 축하 현수막이 온 서울 거리에 걸려있으니 그 경비만도 엄청나게 쓰였을 것임이 분명하다. '청계천에 물을 흘려보내면 될 것이지 무슨 새 물을 맞이하는 행사까지 하는가'라는 의문이 들기도 했지만 하기야 워낙 큰일을 한 것이라 행사를 거룩하게 하는 것도 타당할 듯했다.
　몇몇 교무들과 함께 도봉산을 오른 적이 있다. 많은 사람이 도봉산에 오르며 건강을 챙기고 친목을 다지는 모습이 보였다. 나는 도봉산을 오르면서 서울의 산이 아직 젊고 생기가 넘치는 흙과 바위로 된 산이라는 것을 새삼 느꼈다. 흙에도 젊은 흙이 있는가 하면 늙은 흙이 있다. 젊은 흙이란 오래되지 않은 흙을 말한다. 그러나 반대로 늙은 흙이란 흙이 된 지 오래되어서 폭 썩은 흙을 말한다. 성주괴공의 이치로 볼 때 젊은 흙과 늙은 흙은 확연히 구별된다. 젊은 흙은 지기地氣가 넘치고 늙은 흙은 지기가 쇠잔해 있는 흙이다. 서울의 모든 산은 땅 기운이 아직도 넘쳐나는 것이다. 북악산, 삼각산, 도봉산 등이 모두 젊은 흙이며 살아있는 생기가 넘치는 산들이다. 도봉산의 이런 좋은 흙들을 보면서 아직도 수도 서울의 기운이 살아있음을 확인할 수 있었다. 이런 좋은 산은 반드시 좋은 물을 만나야 서로 상승 작용을 하는 것이다.

복개된 청계천을 열어버리고 새 물을 흐르게 하는 것은 서울의 지기를 살리는 내난히 중요한 일이다. 근래에 인 일이지만 청계천은 한강과는 반대 방향으로 흐르는 물이다. 즉 한강이 서울을 휘감으면서 동쪽에서 서쪽으로 흐른다면 청계천은 서쪽에서 동쪽으로 흐르는 물이다. 즉 지금의 세종로에서 출발하는 청계천은 동부 간선도로를 끼고 흐르는 중랑천과 합해지고 다시 한강으로 흘러든다. 이를테면 태극을 이루면서 서울을 가로질러 흐르는 물이 청계천과 한강이다. 이러한 지형적 조건을 갖춘 청계천과 한강을 원래 모습으로 되돌려서 살린다는 것이 얼마나 중요한 일인가?

인간은 지금까지 자연을 개척하며 살아왔다. 인간이 살기 좋은 환경을 만든다는 이름으로 자행된 자연 훼손이었다. 청계천의 복개도 이러한 논리의 하나로 시행된 것이었다. 청계 고가도로가 지금도 우리 뇌리에 생생히 남아있다. 청계 고가도로를 시원스럽게 자동차로 달리면서 문명의 이기를 마음껏 활용하며 즐겼던 때가 바로 어제일 같다. 청계 고가도로가 없으면 서울의 교통이 어떻게 될 것인지 걱정한 일도 바로 전의 일이다. 그런 인간의 조형물이 어느 순간 없어지고 지금은 '열린 청계, 푸른 미래'라고 하는 슬로건 아래 본래의 청계천을 맞이하고 있다. 복개를 하면서 많은 인위적인 자본이 투자되었을 것이고 또 다시 복개를 걷어내면서 반복되는 어리석음을 범하고 있다. 이것이 인간사 살아가는 모습인 모양이다.

나는 청계천의 새로운 탄생을 보면서 많은 감상이 들었다. 청계천의 복원은 인간이 자연에 얼마나 오만했던가를 반성하는 계기로 삼아야 할 것이다. 산과 물은 인간이 살아가는 데 없어서는 살 수 없는 불공의 당처이다. 산이 산의 역할을 다하고 물이 물의 역할을 다할 때 인간의 삶도 풍요로워지는 것이다. 산과 물은 인간에게서 뗄 수 없는 관계이다. 청계천과 한강이 자기 역할을 하면서 흘러야 서울의 지기가 제대로 돌아간다. 삼각산과 청계천 그리고 한강이 수도 서울을 서울답게 하는 기본 요소이다. 이것이 '열린 청계, 푸른 미래'가 기대되는 이유이다.

사람 부처님께 불공하는 알맹이는
'교당 갑시다'라고 말하는 것이다.

교당 갑시다

　배내훈련원에서 있었던 일이다. 대중이 모인 자리에서 내가 먼저 알아본 교도에게 반갑게 인사를 했다. 교구에 살다 보면 교구장에게 모두 인사를 하나 누구인지를 알아보지 못할 때 항상 민망한 생각이 들곤 한다. 그러나 이 교도는 내가 알기 때문에 "교화활동에 수고가 많습니다."라는 인사를 먼저 건넸다. 나의 이런 인사를 받은 그 교도는 뜻밖에도 한쪽 손을 번쩍 치켜들더니 "교당 갑시다"라고 외치면서 환하게 웃는 것이 아닌가!

　인사를 받은 나도 활짝 웃으며 "감사합니다"라고 대답하고 나니 즐거운 마음을 감출 수 없었다. 모르는 사람이 들으면 무슨 인사를 저렇게 하는지 의심할만하다. 더구나 평범한 관계도 아닌 교구장과 교도 사이에 주고받는 인사치고는 의외의 인사로 보일 수 있기 때문이다. 그러나 그 인사는 지금까지 내가 받은 인사 중에서 마음을 가장 흐뭇하게 하는 인사였다. '교당 갑시다'라는 인사가 왜 나를 이처럼 기쁘고 즐겁게 한단 말인가? 그것은 평소에 내가 많이 주장한 내용을 그 교도가 인사로 전했기 때문이다.

부산교구에서는 2000년 부산대법회를 준비하면서 삼·하나운동을 전개했다. 삼·하나운동의 교리에 입각한 이념을 신앙으로 설정한 나는 다음과 같은 내용을 강조했다.

"'교당 갑시다.'/ 한 사람 깨우고/ 한 사람 인도하고/ 한 사람 키우는/ 삼·하나운동은/ 새 시대/ 새 천지/ 새 신앙운동입니다./ 이것은 사람 부처님께 불공하는 것으로/ 그 실천은/ '교당 갑시다.'라고 용기 있게 권하여/ 정법에 인연을 맺어 주는 운동입니다./ 우리/ 2000년 부산대법회를 위해/ 새 시대/ 새 천지/ 새 신앙운동으로/ '교당 갑시다' 말하기 운동을 전개합시다."

이것이 평소 내가 강조해온 신앙운동의 내용이다. 이 신앙운동을 확산시키기 위해서 대법회 준비위원회에서는 컬러 인쇄물 3,000장을 코팅까지 해서 교당에 배포하였다. 아마 부산교구 대부분의 교도 손에 이 유인물이 들어갔을 것이다. 나는 그동안 기회 있을 때마다 이 내용을 같이 읽으면서 실천을 다지곤 하였다. 적어도 내가 참가하는 교구 단위행사에는 빠짐없이 강조하였다.

교구 내 교당들을 순회하면서 법회를 볼 때도 어김없이 이 대목을 역설하였다. 부산교구 교도들을 이 시대를 이끌어 가는 종교 신앙의 선구자로 만들고 싶다고 말이다. 새 시대 새 천지에 적합한 신앙 모델을 만드는 것이 우리의 영원한 목표라고 말이다.

이런 노력에도 불구하고 이 신앙운동이 생각처럼 확산되지 못하는 것 같아서 늘 마음이 안타까웠다. 조직 운영에서 하나의 새로운 이념을 그 구성원들에게 알리는 일이 이렇게 힘 드는 일인가를 실감하고 있었다. 이러한 시기에 한 교도가 나에게 건넨 인사, '교당 갑시다'는 말은 정말 가뭄에 해갈을 재촉하는 단비와 같은 것이었다. 얼마나 오랜 세월 공들이면서 기다리던 말인가.

내가 주장하는 삼·하나운동은 교화운동이 아니라 신앙운동이고, 여기에서 신앙은 사람 부처님께 불공하는 것이며, 사람 부처님 불공의 핵심은 '교당 갑시다'라고 말하는 것이었다. 사람 부처님 불공에는 여러 가지 방법이 있을 것이다. 그러나 그런 모든 방법은 전부 부수적인 것에 불과하다. 사람 부처님께 불공하는 알맹이는 '교당 갑시다'라고 말하는 것이다. '교당 갑시다'라는 인사 한마디가 나를 이처럼 기쁘게 했다. 그것은 새 시대에 적합한 신앙의 한 모델을 만드는 일이었기 때문이리라.

일심 정성의 신앙

죽은 나무가 봄바람을 향해
"너 때문에 내가 자라지 못한다."고 말한다면
얼마나 우스운 일입니까.
자기가 죽어 있으면서 봄바람을 탓하는 것은
말도 안 되는 일 아닙니까.
그런데 우리가 세상을 살아가다 보면
죽은 나무가 봄바람을 탓하는 일들이
흔하게 일어나고 있습니다.

신앙, 어떻게 할 것인가

"자력신은 자성에서 불법승을 발견하여 안으로 믿고 수행함이라."

이 법문 말씀에 의하면 우리가 신앙하는 데는 두 가지 방법이 있습니다. 하나는 타력 신앙의 방법이고, 다른 하나는 자력 신앙의 방법입니다.

추타원 조창환 교도는 일찍이 소태산 대종사님 문하에 들어가서 수도를 하고 항마위까지 오른 분입니다. 그런데 팔순이 넘어 몸이 불편해지자 교당을 나가지 못했습니다. 집이 바로 대각전 옆이었는데도 거동이 불편해서 교당을 나가지 못하고 집에서 혼자 법회를 보았습니다. 교가도 부르고 일원상 서원문도 하면서

집을 교당 삼아 법회를 보았는데 참으로 대단한 분입니다.

당시 대산 종법사께서는 총부보다는 주로 신도안에 계셨습니다. 그런데 하루는 추타원님이 아들에게 총부 조실에 데려다 달라고 졸랐습니다. 종법사님이 계시지 않는데도 자꾸 조실에 데려다 달라고 하니 환갑이 넘은 아들이 어머니를 업고 총부로 왔습니다. 여기가 종법사님이 항상 기거하시던 거실이라고 하니까 추타원님이 방을 한번 쑥 가서 둘러보시더니 그 힘든 몸을 일으켜서 종법사님 의자 앞에서 오체투지로 큰절을 올리는 것입니다. 어머니의 그런 모습을 본 아들은 눈물이 핑 돌았다고 합니다.

그렇게 총부 조실에 다녀간 추타원님은 "내가 이제 소원을 풀었다."고 기뻐하더니만 그 이튿날 열반에 들었습니다. 당신이 열반하실 것을 아시고 종법사님 의자에 절을 하셨는데 이것이 신앙의 참모습입니다. 하지만 모든 사람이 추타원님 같은 신앙을 하기는 어렵습니다. 그렇다고 좌절할 필요도 없습니다. 추타원님과 같은 신앙은 아주 특별한 신앙이기 때문입니다.

신앙이란 믿어서 우러러 받든다는 것입니다. 신앙의 가장 기본적인 마음가짐은 의지하고자 하는 마음입니다. 우리가 살다가 힘들면 자신도 모르게 어딘가에 의지하고 싶다는 생각을 합니다. 그것은 우리 인간의 일반적인 마음의 표현입니다.

제가 젊었을 때는 매일 빨래를 했는데 나이가 좀 드니까 게을러지고 땀도 예전같이 흘리지 않아 이틀에 한 번만 빨래를 해야 겠다고 생각했습니다. 그런데 요즘은 '누가 빨래 좀 해줬으면 좋겠네' 하는 생각이 듭니다. 사람은 살면서 어딘가에 의지하고 싶은 소박한 마음이 있습니다. 이처럼 일상생활 속에서 생활이 고달플 때 어딘가에 의지하고 싶은 생각이 드는데 그 마음이 바로 신앙의 기초요 시작입니다.

그런데 주변을 보면 항상 당당한 사람들을 볼 때가 있습니다. 저도 40대 초반의 모습은 아주 당당하고 강했던 모양입니다. 형타원 오종태 법사님이 영산선원장을 하셨는데 제 등을 토닥토닥 두드리시면서 "태산교악 같다"고 말씀하셨습니다. 그런데 그렇게 당당한 모습이 있는가 하면 혼자 방에 있을 때는 가끔 내면의 외로움이 밀려 올 때도 있습니다.

외로울 때는 진정으로 의지하고 싶은 대상이 있어야 합니다. 그에 의지하고 나면 당당하고 힘찬 모습들이 밖으로 드러나게 됩니다. 그런데 신앙이 없거나 잘하지 못하는 사람은 항상 마음이 나약합니다. 자기 내면에 신앙이 없어서 밖으로 드러난 당당함이 없는 것입니다. 어딘가에 의지하고 싶은 마음이 생길 때 그 시작이 바로 신앙이며, 우리는 이와 같은 모습을 항상 생활 속에서 반조하며 살아야겠습니다.

우리가 살면서 보면 간혹 종교가 필요 없다는 사람들이 있습니다. 자기 자신을 믿지 다른 것은 절대 안 믿는다고 합니다. 이런 사람들은 자기 존재에 대한 생각이 없는 것입니다. 자기 자신을 믿는다고 하지만 인간이라고 하는 것은 상대적인 한계가 있기 마련입니다. 자기 자신이라고 하는 것은 절대로 영원하지 않습니다. 그런데 자기가 영원한 것인 양 착각하는 것입니다.

그렇다면 원불교에서 생각하는 신앙의 기본적인 의미가 무엇이겠습니까. 신앙은 힘을 빌리는 것입니다. 위력을 얻는 것입니다. 인간이 살다 보면 한계를 느낍니다. 힘이 들 때는 힘을 빌려야 합니다. 원불교에서는 어떤 절대자나 사람의 힘이 아니라 일원상 진리 부처님의 힘을 빌립니다.

두 번째는 닮아가는 것입니다. 원불교의 신앙은 힘을 빌리는 것만이 아니라 닮아간다는 뜻도 있습니다. 믿고 또 믿다 보면 그 대상을 그대로 닮아가는 것입니다. 그래서 우리가 닮아간다는 것은 신앙의 자력적인 의미입니다. 자력으로 신앙을 믿고 또 믿으면 그 사람을 닮아갑니다. 이것이 신앙의 기초적인 모습입니다. 우리 교도님들은 모두 닮아가는 대상을 만들 필요가 있습니다.

퇴계 이황 선생은 훌륭하신 분이셨는데 그 부인은 조금 모자랐습니다. 어느 정도냐 하면 퇴계 선생이 제사를 지내려고 도포를 입고 나서면 부인이 제사상에 놓인 밤 한 개를 달라고 도포 자락을 붙잡고 쫓아다녔답니다. 그러면 퇴계 선생이 제사 지낸 후에 음복하는 것이라고 부인을 조용하게 타일렀다고 합니다.

어느 날 퇴계 선생이 도산서원에서 강의하는데 버선에 구멍이 나서 부인에게 꿰매달라고 보냈다고 합니다. 그런데 부인이 흰 버선에 빨강 헝겊을 덧대서 보냈습니다. 퇴계 선생은 개의치 않고 그 버선을 신고 도산서원으로 나가서 제자들에게 강의를 했습니다. 그런데 다음 날 제자들이 흰 버선에다 빨강 헝겊을 덧대서 왔더랍니다. 퇴계 선생이 그 모습을 보고 '나를 다 닮아가되 음식 먹는 것과 의복 입는 것은 닮지 말라'고 했답니다. 제자들에게는 퇴계 선생의 일거수일투족이 신앙의 대상으로 그대로 닮아가는 것입니다. 이런 모습이 바로 신앙의 기초입니다.

우리도 생활 속에서 닮아가는 대상이 있어야 합니다. 자기 잘난 멋에 살면 언젠가는 상대적인 자기 모습에 위기를 맞게 됩니다. 원불교에서는 닮아가는 신앙의 의미가 있는데 닮아가는 대상이 퇴계 선생과 제자의 모습은 아닙니다.

소태산 대종사께서 어느 교무로부터 손전등을 선물로 받았습니다. 지금이야 흔하지만, 당시에는 손전등이 귀했습니다. 소태산 대종사께서는 주무시기 전에 손전등을 비추면서 총부 구석구

석을 살피셨습니다. 몇 달 후 이 손전등을 선물해 주셨던 교무가 인사를 드리러 가니 소태산 대종사께서 탄식을 하셨다고 합니다. 밤만 되면 총부 구내에 개똥벌레가 번쩍번쩍한다고 하시면서 말입니다. 그 말씀은 소태산 대종사께서 손전등을 사용하니까 제자들도 다 손전등을 사 가지고 와서 사용한다는 것입니다.

소태산 대종사님이 손전등을 사용한다고 해서 그것을 따라 하는 것은 올바른 닮음이 아닙니다. 일원상 부처님의 마음을 닮아 가는 것이 우리 원불교에서 말하는 신앙의 본질이라는 것을 다시 한 번 알아야겠습니다.

부처님을 보면서 기도를 하면 일원상 부처님과 내가 하나가 됩니다. 이런 신앙의 모습들이 생활 속에서 나타나기를 염원합니다.

우리는 일원상 부처님의 성품 자리인 법신을 닮아가고,
일원상 부처님의 밝은 지혜인 보신을 닮아가고,
일원상 부처님의 공정하고 원만구족한 화신을 완전히 닮아갈 때
비로소 여래요, 부처가 되는 것입니다.

일심 정성의 신앙

정산종사법어 권도편 24장에 보면, "자녀가 부모를 닮아 가듯 불제자도 부처님을 닮아 가야 하나니, 끊임없이 모든 일에 부처님을 닮아 가서, 법신 보신 화신을 전부 닮으면 곧 여래의 지경이니라."라는 법문이 있습니다.

어느 날 한 가정에서 할아버지가 돌아가셨습니다. 좀 가난하기는 했지만 초종장례를 치르는 데 문제는 없어 보였습니다. 그런데 상주인 아들은 장례 경비를 아끼려고, 상여꾼도 없이 지게꾼만 달랑 불러 아버지의 시신을 산으로 옮겨 급히 묻었습니다. 매장을 끝내고 생전에 사용하신 물건들을 깨끗이 태우고 마지막으로 시신을 짊어지고 온 지게를 불 속에 집어넣으려고 하자 옆에서 지켜보던 손자가 손사래를 치며 말렸습니다.

"아버지, 지게는 태우지 마세요."

"야야, 네가 이 지게로 뭐하려고 그러느냐?"

"이다음에 아버지 돌아가시면 다시 지게로 짊어지고 와야 될 것 아닙니까?"

"……."

한 가정에서 조상을 어떻게 모시느냐에 따라 부모는 그 자녀들의 본보기가 됩니다. 적어도 가정에서 신앙의 대상은 바로 부모입니다. 그 부모의 말과 행동은 자녀가 고스란히 닮아 가기 마련이니까요.

앞서 밝힌 정산종사법어 권도편 24장 법문도 가정에서는 부모가 모범이 되어야 함을 읽혀 주고 있습니다. 그런데 자녀가 부모를 닮아 가지만 영원히 닮아 갈 수 있는 대상은 될 수 없습니다. 그래서 정산 종사님은 '법신 보신 화신을 닮아 여래가 되라'고 이어 말씀하셨습니다.

원불교에서 영원히 닮아갈 수 있는 법신 보신 화신은 불단에 모셔져 있는 일원상 부처님입니다. 우리는 일원상 부처님의 성품 자리인 법신을 닮아가고, 일원상 부처님의 밝은 지혜인 보신을 닮아가고, 일원상 부처님의 공정하고 원만구족한 화신을 완전히 닮아갈 때 비로소 여래요, 부처가 되는 것입니다.

그렇다면 일원상 부처님을 닮아가기 위해서는 어떻게 신앙해야 할까요? 방법은 간단합니다. 일심 정성으로 불공하는 것입니다.

그런데 사람들은 흔히 불공을 들이는 것으로 부처님께 절을 올리고 과일을 공양하는 것으로 압니다. 절에 가면 정성껏 최고의 과일을 불상 앞에 진상하고 헌공비도 가장 깨끗한 지폐로 놓습니다. 그리고 두 손을 합장하고 일천 정성을 모아 올리는 절은 감동 그 자체입니다. 그 순간만큼은 마치 '불공이 곧 절'로 보입니다. 이러한 전통이 지금까지도 우리 사회의 사람들 속에 명맥을 유지하며 흘러오고 있습니다.

얼마 전에 모교당의 종재에 다녀왔습니다. 재를 마치고 방에 들어갔더니 주임 교무가 불단에 음식을 놨다고 야단이었습니다.

"교산님, 불전에 놓여있는 과일과 음식 보셨어요? 아이고 큰일 날 일 아닙니까? 불전에 과일을 놓았으니 말입니다."

"못 봤습니다."라고 그랬더니 다음에는 유심히 좀 보라는 겁니다.

다시 불단을 유심히 보니 아니나 다를까 과일들이 놓여 있었습니다. 그런데 꽃 뒤에다 바나나를 통째로 놓고 꽃과 어울리게 장식을 해 놓으니 보기에 근사했습니다. 또 그 옆에 노란 참외도 꽃과 어울려 그대로 예쁘게 장엄 됐더라고요. 우리 교무님이 나름 꾀를 낸 것 같았습니다. 그래도 한 마디 물었습니다.

"법에 어긋난다면서 왜 이렇게 음식을 놨습니까?"

"사실 이 재는 부산 용궁사에서 지내려던 것을 교당에서 지내게 됐습니다. 재주가 절에서는 음식을 올려서 부처님께 공양하고 주변 사람들과 나눠 먹는데 음식을 올리지 않으면 부처님이 배가 고파서 어떻게 위력을 발휘하느냐며 계속 마음을 쓰길래 우리 법에는 어긋난 줄 알지만, 재주 마음부터 편하게 해주려고 이렇게 한 것입니다."

자초지종을 듣고 보니 이해가 됐습니다.

그런데 여기서 우리는 흔히 착각하는 것이 있습니다. 그것은 바로 형식에 얽매이는 것입니다. 부처님 전에 올리는 음식은 그냥 형식입니다. 그 형식의 뒤에는 알맹이가 있습니다. 사람들은 수천 년을 내려오면서 부처님께 공을 들이면서 그 형식에 집착하고 있습니다. 과일을 먹을 때 껍질을 벗겨야 맛있는 알맹이가 나오는데 자꾸 껍질에 신경을 쓰는 것과 마찬가지입니다. 어느 누가 껍질을 좋아하겠습니까? 우리가 불공을 하는데 있어서도 과연 알맹이가 무엇인지를 먼저 알아야 합니다. 부처님께 올리는 알맹이는 일심 정성이어야 합니다. 음식과 장엄이 일심 정성의 전부가 될 수는 없습니다.

또 만능을 겸비한 부처님도 못하시는 것이 있습니다. 그것은 업보 중생제도, 인연 없는 중생제도 그리고 모든 중생을 한 번에 제도시키는 것입니다.

그래서 원불교는 제도를 개혁했습니다. 진정으로 부처님께 불공을 올리는 알맹이와 핵심을 드러냄으로써 모든 형식과 껍질들은 털어버렸습니다. 원불교에서 말하는 일심 정성을 조금 더 쉬운 말로 표현하면, 공들이는 마음입니다. 이 마음은 아주 간단해서 아무나 할 수 있습니다.

제 방에 화분이 새로 생겼습니다.
"교산님, 이 꽃 이름은 '피고지고'래요."
"무슨 꽃 이름이 피고지고입니까?"
"사시사철 꽃이 피었다가 지고 피었다가 지고 그래서 이름이 '피고지고'래요."

화초를 키워보니까 처음에는 꽃이 얼마나 잘 피는지 한 송이가 똑 떨어지면 다른 가지에서 꽃이 딱 피는 거예요. 꽃 색깔은 또 얼마나 예쁜지 그것이 신기해서 저절로 정성이 들어가는 겁니다. 그때부터 온 정성을 그 화초에 쏟기 시작했습니다. 그런데 이때부터 서서히 꽃이 안 피는 겁니다. 화초를 준 교무한테 물었습니다.

"내가 얼마나 물을 잘 주는데 왜 꽃이 안 피죠?"
"바람 잘 부는 곳에서 햇빛도 쪼여 주셔야죠. 물도 적당히 흠뻑 주셔야 하구요."

일심 정성이라고 다 같은 것은 아닙니다. 적당한 햇빛과 물, 바람이 맞았을 때 꽃이 피듯이 부처님의 위력도 마찬가지입니다.

신앙하지 않는 사람도, 원불교를 믿지 않는 사람도 저마다 공 들이는 마음은 다 있습니다. 사업가는 사업에, 학생은 공부에, 부모는 자녀에 나름의 공을 들이며 살아갑니다.

각자가 처한 환경 속에서 일심 정성의 공을 들이는 마음으로 살아간다면 부처님의 한없는 은혜와 위력을 얻어갈 수 있을 것입니다.

믿으면 원하는 대로 된다

간절히 원하면 이뤄지는 즐거움

"원불교 믿으면 원하는 대로 된다."

이 말 속에는 원불교 신앙·수행의 결과가 함축적으로 표현되어 있습니다. 즉 복잡한 원리와 교리 내용을 설명하기 이전에 원불교의 특징을 드러낸 것입니다. 종교는 신앙 수행 후 나타나는 이상세계가 분명해야 합니다. 그 이상이 '만능·만지·만덕'이고, 그 현실적 모습이 '원하는 대로 된다'입니다.

이 비전 속에는 초일류를 지향하는 의도가 포함되어 있습니다. 지식 정보사회는 고품질 초일류를 지향하는 사회입니다. 따라서 이 비전에서 원하는 것이란 개인 가정 사업 기업 조직 운영에서 초일류로 가고자 하는 의욕이 포함되어 있습니다.

또 이 비전에는 미래지향성 개척정신이 포함되어 있고 사람은 누구나 현재보다 더 나은 미래를 꿈꾸고 있습니다. 그 꿈을 실현하는데 종교의 신앙이 폭발적인 힘이 될 것입니다.

그리고 이 비전은 생동감과 자부심을 내포하고 있고 원하는 것이 이루어지는 인생 최고의 기쁨이 있습니다. 간절히 원하고 그 원을 통해서 성취되는 역동성 속에서 사람의 즐거움은 극치에 달할 것입니다.

교도 중심, 수요자 중심 기도 절실

그동안 원불교는 이런 종류의 비전이 개발되거나 강조되지 않았습니다. 원불교를 쉽고 간결하게 이해할 수 있는 내용의 정리가 부족하였다는 것입니다. 너무 진리적이고 원리적 설명에 치우친 결과였습니다.

교단은 그동안 훈련·수행 중심의 교화가 주류를 이루어 '마음공부', '훈련' 이러한 단어가 원불교를 대표하는 특징적 단어로 이미지화되어가고 있습니다. 이에 비해서 신앙적 측면의 특징은 교단에서나 사회적으로 드러나지 못했습니다.

훈련과 수행은 개개인의 질적 수준을 향상시키는 교화였습니다. 우리 교단의 이런 교화가 적은 숫자의 교도를 가지고 현재 한국사회에서 4대 종교의 반열에 들어가게 하였습니다. 그것은 개개인이 가진 정신적 역량이 향상되어 있기 때문입니다. 그러나 교도의 양적 증대에는 크게 미치지 못했고 그 방향을 신앙 교화에서 찾아야 합니다.

또 교당에서는 교도 중심, 수요자 중심의 기도가 시행되지 못했습니다. 지금까지는 교단이나 교당 또는 정기적으로 실시하는 월초기도 등이 주로 시행되었습니다. 교단적 사업, 교당 신축 불사, 성업 봉찬, 원청 40주년 100일 기도 등 주로 교단이나 교당, 단체의 특정 목표를 지향하는 기도를 실시하였습니다. 그러나 지금은 고객 중심의 시대입니다. 고객이 필요할 때 또 고객이 필요한 문제 해결을 위해서 기도를 하고 있습니다.

'원하는 대로 된다'라는 비전의 원리는 불생불멸 인과보응입니다. 대도를 깨달아 얻으신 삼세제불들이 인류를 향해 던지신 메시지는 '중생들아! 자기가 짓고 자기가 받는다.'입니다. 이것이 바로 '원하는 대로 된다'는 비전의 원리입니다. 더욱 나아가서 우리 교단은 진리불공, 당처불공, 사람불공을 통해서 원하는 것을 반드시 이룰 수 있습니다.

기도의 대중화로 교화 양적 성장 도모

이제, 교화의 양적 성장을 위해 원불교에 대한 설명을 간단하고 단순하게 해야 할 것입니다. 일반인들에게 '원불교를 믿으면 원하는 대로 된다', '원불교 기도! 원하는 대로 된다.'는 간단한 말로 원불교를 이해시켜 봅시다. 그리고 불교와의 관계 등 복잡한 내용은 가능한 피하고 부득이한 경우는 '새 불교', '새 종교'라고 표현하여 불교가 아니라는 부정적 반응을 보이지 말아야 할 것입니다.

둘째는 전통 종교들과의 차별화 전략을 부각해 봅시다. 극락 가고, 천당 가고, 구원받고, 한 가지 원을 이루는 등 사후 세계 및 내세적인 것과 복잡한 현실의 고난이나 어려움을 기도로 극복하는 것을 대비시켜 차별화 전략을 시도해야 합니다.

셋째는 기도방법의 차이점을 부각시켜 봅시다. 전통종교는 부처님, 하나님, 예수님, 절대자에 빌고 매달리는 신앙이었습니다. 그러나 원불교는 진리불공, 당처불공, 사람불공으로 반드시 성공해야 합니다.

넷째는 개인, 가정, 직장, 사회생활에서 파생되는 문제 해결책이 원불교 기도임을 드러내야 합니다. 복잡한 대인 관계, 치열한 경쟁사회에서 파생되는 시비이해와 고난들을 혼자 해결하려 말고 원불교 기도를 통해서 해결하자는 방향성을 부각해야 합니다.

다섯째는 기도가 필요할 때 언제든지 자기 스스로 기도 하도록 교당 법당을 개방해야 합니다. 교도나 일반인이 교당에 방문하면 그 주된 목적이 법신불전 기도입니다. 고객 위주의 교화를 위해서 자기가 세운 원, 또는 자기 문제를 개인 또는 그룹이 스스로 기도하는 방향으로 전환해 가야 합니다.

교화대상 리스트 작성, 표적교화로 실현

이제 주위 인연 중 교화대상을 선별하여 리스트를 작성해 봅시다. 리스트를 작성하는 것과 하지 않는 것은 대단한 차이가 있습니다. 막연한 대상, 막연한 교화에서 벗어나 구체화하고 집중화해야 효과적입니다.

그리고 리스트에 작성된 분들을 위해서 조석으로 법신불께 심고해 봅시다. 진리불공입니다. 허공 법계를 통하여 기운이 서로 응해 상생의 조화가 일어나고 진급의 길로 나아가 법연으로 맺어질 것입니다.

또 인생사 의견교환을 시도하고 '원불교 믿으면 원하는 대로 된다'고 유도해 갑니다. 실천자가 먼저 진리에 따라 확신이 서야 합니다. 확신이 서 있는 사람 말과 그렇지 아니한 사람 말은 같은 말이라도 위력이 다르게 나타납니다. 어려움에 봉착한 사람에게는 교당에 인도하여 기도를 해 줍시다.

제일 중요한 것은 실천자부터 교당에서 자기 기도는 스스로 실천해 가야합니다. 기도형식에 구애받지 아니하고 자기가 필요한 때 법당에서 촛불 켜고, 향 사르고, 심고 올리고, 절하고, 독경하는 자기 위주의 기도를 하면 반드시 일원의 메아리가 만방에 퍼질 것입니다. 교화의 꽃이 만개할 것입니다.

일원상 부처님을 불단 높은 곳에 모셔 두지 말고
일상생활 속에서 어디를 가나 항상 모시고 다니는 것이
바로 신앙생활입니다.

일원상 부처님 어떻게 신앙하나

몇해 전에 전 세계 종교인 약 400명이 원불교 중앙총부와 원광대학교에 모여 IARF^{국제종교자유연맹} 국제대회를 개최했습니다. 그만큼 원불교가 세상에 드러나고 있다는 사실입니다.

일찍이 소태산 대종사님 당대에도 시찰단 일행이 총부를 방문한 적이 있었습니다. 그때 교명은 원불교가 아니라 불법연구회였습니다. 불법연구회를 아는 사람은 지금처럼 많지 않았습니다. 당시 일화는 대종경 성리품 29장에 다음과 같이 전해지고 있습니다.

대종사 조실에 계시더니, 때마침 시찰단 일행이 와서 인사하고 여쭙기를 "귀교의 부처님은 어디에 봉안하였나이까." 대종사 말씀하시기를 "우리 집 부처님은 방금 밖에 나가 있으니 보시려 거든 잠깐 기다리라." 일행이 말씀의 뜻을 알지 못하여 의아하게 여기더니, 조금 후 점심 때가 되매 산업부원 일동이 농구를 메고 들에서 돌아오거늘 대종사 그들을 가리키시며 말씀하시기를 "저들이 다 우리 집 부처니라." 그 사람들이 더욱 그 뜻을 알지 못하니라.

도대체 요량을 알 수 없는 말씀이지요. 이것이 지금 교전에 그대로 수록된 것입니다. 아직도 세상 사람들이 부처님이라고 하면 절에 모셔져 있는 불상만을 부처님으로 생각하는 경향이 있습니다. 법신불 일원상을 부처님으로 생각하는 사람이 아직도 많지 않으며 모든 일체 생명이 부처님이라고 생각하는 사람은 이 세상에 더디욱 많지 않습니다.

정산종사법어 경의편 4장에 보면 "지금 시대의 일반 정도는 어른의 이름을 빙자하여 달래야 하는 정도나 앞으로 차차 모든 사람의 지각이 장년기에 드나니 멀지 아니하여 천하의 인심이 일원대도에 돌아 오리라." 하는 말씀이 수록되어 있습니다.

지각이 열리지 못한 사람은 어른의 이름을 빙자하여 달래줘야 한다고 하셨습니다. 다시 말하면 절에 계신 불상이 부처님이라는 것은 바로 지각이 덜 열린 단계에서 오는 신앙입니다.

점차 이런 시대가 지나가고 사람들의 지각이 열려갑니다. 앞으로 시대의 부처님은 모두 법신불 일원상 부처님께 귀의하리라는 것이 정산종사법어 경의편 4장에 나오는 법문의 요지입니다.

며칠 전에 손님이 오셔서 밀양 표충사에 잠깐 다녀왔습니다. 표충사 대웅전은 경관이 시원하고 참 좋더군요. 법당에 들어가 부처님 전에 절을 세 차례 하고 앉아 있었습니다. 마침 어떤 여자 분이 들어오셔서 불전에 절을 올리는데 그 모습이 감동적이었습니다. 가슴에 모은 두 손이며 한 동작 한 동작이 간결하고 경건하여 마치 이 여인처럼 절을 하면 부처님이 저절로 감응할 것 같았습니다.

그러나 신앙은 이런 것이 아닙니다. 표충사 대웅전에 있는 부처님 앞에서 절할 때와 일상생활이 동떨어져서는 진정한 신앙이라고 할 수 없습니다.

그래서 소태산 대종사님께서는 일원상 부처님을 신앙하는 데 있어서 일상생활과 신앙생활 이 두 가지 부처님께 절하는 것을 하나로 연결해 주었습니다. 우리가 절에 가서 불상을 향해 절을 하는 그때의 마음을 일상생활에 그대로 연결해준 것이 일원상 부처님에 대한 신앙의 방법입니다.

그렇다면 우리는 일원상 부처님에 대한 신앙을 어떻게 해야 할까요?

첫째, 잘 모시고 받드는 공부를 해야 합니다. 일원상 부처님을 불단 높은 곳에 모셔 두지 말고 일상생활 속에서 어디를 가나 항상 모시고 다니는 것이 바로 신앙생활입니다.

제가 총부에 있을 때 유명한 기독교 학자인 장병길 선생이 오셔서 학생들에게 강의를 한 적이 있습니다. 그분이 이런 이야기를 했습니다. 자기는 열차를 타면 제일 앞칸도 안 타고 제일 뒤칸도 안타고 열차의 가운데 칸에만 탄답니다. 왜냐하면, 앞칸은 앞에서 오는 기차가 박치기할까 겁나고, 뒤 칸은 뒤에서 오는 기차가 덮칠까 봐 겁이 난다는 것입니다. 그래서 항상 가운데 칸만 골라서 탄다는 것입니다. 이런 사람이 열차를 타고 여행을 할 때는 얼마나 불안하고 초조하겠습니까. 기독교 신앙을 하는 이 사람은 아마 하나님을 저 높은 하늘에만 모셔 놓았지 자기의 일상으로 모시고 다닐 줄은 몰랐나 봅니다. 이론적으로 신앙한 것이지 실천적으로 신앙하지 않았던 것입니다.

그럼 원불교 교도님들은 불단에 있는 일원상 부처님을 어디까지 받들고 모시면서 다녀야 하는지 생각해 봅시다.

잠잘 때 꿈을 많이 꾸는 사람들이 있습니다. 그런데 개중에는 그 꿈을 이상야릇하게 해석을 하곤 합니다. 좋게 해석하는 사람이 있는가 하면 또 나쁘게도 해석을 합니다. 단순히 꿈일 뿐인데 말입니다. 우리가 생각했을 때 보통사람들이 꾸는 꿈은 모두 개꿈입니다. 특별한 의미를 갖다 붙일 필요가 없습니다. 물론 영몽이 열려서 꾸는 꿈은 신비스런 경우도 있습니다.

어린아이들은 잠을 잘 때 인형이나 장난감을 안고 잡니다. 일원상 부처님을 신앙하는 사람은 잠을 잘 때 법신불 일원상 부처님을 마음으로 모시고 꼭 품에 안고 자야 합니다. 이런 사람은 개꿈 같은 것은 꾸지 않습니다. 만약 꿈을 꾸더라도 법신불 부처님이 내려주신 위력으로 영몽을 꾸는 것이지요. 우리 교도님들은 이처럼 모시고 받드는 생활을 하는 것이 일원상 진리 부처님의 신앙생활이라 할 수 있습니다.

두 번째는 법신불 일원상 부처님을 신앙하는 것은 접붙이는 것입니다.

감나무를 키우면 겹감이 나옵니다. 감나무에 순이 올라올 때 접을 붙이는 작업을 하는데 이때 겹감이나 돌감은 순을 잘라 버리고 단감 순을 갖다 꽂아 넣습니다. 이렇게 뱅 돌려놓으면 겹감과 돌감은 사라지고 새순이 쫙 올라와서 단감이 열리게 되는 것입니다.

일원상 부처님을 신앙하는 것은 이처럼 접붙이는 과정과 같습니다. 우리 중생의 마음에 부처님의 마음을 접붙이는 것입니다. 또 우리들의 마음은 사람의 마음입니다. 이 사람의 마음에 진리의 마음을 접붙이는 것입니다. 부처님의 마음이 자라고 진리의 마음이 커가는 것이 바로 접붙이는 것입니다. 그래서 우리가 생활 속에서 한번 심고와 기도를 하면 한번 접붙이는 것이 되고 이렇게 반복적으로 접을 붙이는 것이 바로 일원상 부처님에 대한 신앙입니다.

원불교중앙총부에 가면 구조실 앞에 기와집으로 된 정화정사가 있습니다. 예전에 그곳은 남학생 기숙사였습니다. 기숙사 앞에 보면 단감나무가 한 그루 서 있었는데 지금은 그 나무가 없습니다. 남학생 기숙사 앞에 있는 단감나무는 기숙사에서 공부하는 예비교무들에게는 신앙의 대상이나 마찬가지였습니다.

20세 전후 4~50명의 젊은 남학생에게 그 나무가 왜 신앙의 대상이냐 하면 혈기왕성한 젊은이들은 밥을 먹고도 뒤돌아서면 금방 배가 고프거든요. 아침, 점심, 저녁을 정해진 시간에 맞춰 먹다 보니 항상 배가 고파서 '걸걸' 하는 것입니다.

그 봄에 감나무에서 꽃이 피어 감꽃이 떨어지기 시작하면 학생들이 주워 먹기 시작합니다. 배가 고프니까 그렇게 꿀맛일 수가 없습니다. 그러고 나면 단감이 익어갑니다.

조금 맛이 들락 말락 할 때 감나무에서 감이 떨어지면 그때부터 학생들은 감을 주워 먹기 시작합니다. 그뿐 아니라 감나무 주변을 왔다 갔다 하면서 "감아, 어서 커라. 감아, 어서 커라"라고 주문도 외웁니다. 이렇게 우리 단감나무가 인기였습니다.

하루는 사감실에 앉아 있는데 밖에서 감 따는 소리가 들리는 것입니다. 언뜻 봤을 때는 사람이 안 보였습니다. 그래서 문을 열고 나가보니 4학년 학생 한 명이 아예 감나무에 높이 올라가서 열심히 감을 따서 호주머니에 넣는 것입니다. 순간 장난기가 발동해서 목소리를 바꿔서 "형님, 형~님 나 감 하나 줘~"라고 말을 했더니 그 4학년 학생이 "야, 인마! 가만히 있어. 사감님한테 들키겠다. 가만히 좀 있어"라고 말하면서 눈이 딱 마주쳤습니다. 어쩌겠습니까. 곧장 내려와서 열심히 딴 단감을 조용히 내려놓고 가더군요. 그런데 왜 이런 일이 일어날까요? 그 감나무가 겹감이나 돌감이 아니라 단감이기 때문입니다.

우리는 일원상 부처님의 신앙을 생활 속에서 잘하게 되면 우리들의 마음에는 겹감이나 돌감이 크는 것이 아니라 단감이 큰다는 것을 알아야 합니다. 우리가 큰 인격을 이룬 부처님들을 우러러보고 숭상하는 것도 이런 이유 때문입니다. 기숙사 남학생들이 단감나무를 항상 쳐다보듯이 중생들은 왜 부처님을 쳐다보느냐 하면 중생의 마음을 끊어 버리고 단감의 나무를 접붙였기 때문에 그런 것입니다.

그런데 우리는 신앙에서 단감나무를 우러러보는 것도 중요하지만 이보다 더 중요한 것은 이 단감나무를 끊어 버리는 아픔을 수반할 줄 알아야 합니다. 그 말은 우리들의 마음속에 있는 중생의 욕심을 끊어야 합니다. 중생의 욕심을 끊어 버리는 그와 같은 아픔을 넘어서서 단감을 접붙일 때 우리들의 인격 속에서 항상 단감의 나무가 솟아오르는 결과가 나올 것으로 생각합니다.

우리가 일원상 진리를 신앙하는 것은 두 가지 방법입니다. 하나는 생활 속에서 항상 모시고 받들어 당당한 삶을 영위하시기 바랍니다. 또 심고와 기도를 통해서 우리들의 마음에 부처님의 마음을 접 붙이는 생활을 하는 것이 바로 일원상 부처님을 신앙하는 것임을 잊지 말아야겠습니다.

닮아야 할 법신불 부처님

한국에는 절이 많습니다. 그런데 절에 있는 부처님마다 각각 위력과 특징이 다릅니다. 삼광사나 구인사의 부처님은 치병을 돕는다고 합니다. 그런가 하면 대구 팔공산 갓바위에 있는 부처님은 영험해서 대구에 있는 가톨릭 신자들도 불공을 드리러 가기도 한다고 합니다. 이것을 보면 갓바위 부처님의 위력이 대단하신 것 같습니다. 또 어떤 절은 관음기도가 잘 된다고 합니다. 이처럼 우리 주위에 있는 모든 절에 모셔진 부처님들은 각각 다른 특징을 가지고 있습니다.

그렇다면 원불교의 부처님은 어떤 특징이 있는지 알아야겠습니다. 이를 잘 알고 우리가 어떻게 법신불 부처님을 닮아가야 하는가 생각해 봅시다.

원불교의 법신불 부처님은 두렷한 부처님입니다. 우리는 이 두렷함을 닮아가야 하겠습니다. 우리 부처님은 일그러지거나 찌그러짐 없이 두렷한 모습입니다. 우리는 이 법신불 부처님께 기도하고 불공하면서 부처님이 가지고 있는 두렷함을 신앙을 통해서 닮아가야 하겠습니다.

사람은 성격이 다 다릅니다. 어떤 사람은 성격이 급하고 어떤 사람은 느긋합니다. 또 어떤 사람은 세심하고 어떤 사람은 대범합니다. 어떤 사람은 고집이 세고, 어떤 사람은 귀가 얇습니다. 이처럼 사람이 가진 성격도 참 다양하고 다르기도 합니다.

우리는 법신불 부처님의 두렷함과 원만함을 닮아가야 합니다. 급할 때는 급해야 하고 느긋할 때는 느긋해야 하며 세심할 때는 세심해야 하고 또 대범해야 할 때는 대범한 것이 원만한 것입니다. 그런데 법신불 부처님의 원만함을 닮지 못했기 때문에 우리가 극과 극의 성격을 가지고 있는 것입니다.

법신불 부처님을 신앙하는 사람들은 이런 두렷한 법신불 부처님의 성격을 닮아가야 하는데 왜 이런 극과 극의 성격을 우리가 가지게 되었나 생각해보면 일상생활 속에서 일방적으로 마음을 쓰기 때문입니다. 계속 일방적으로 사용하기 때문에 극과 극의 성격이 형성되는 것입니다.

제가 서울에서 근무를 할 때 차가 없어서 전철이나 버스를 타고 다녔습니다. 한 번은 버스 토큰을 사려고 토큰 파는 곳에 500원을 놓았습니다. 토큰을 파는 사람이 제 얼굴은 쳐다보지도 않고 남자가 500원을 내니 버스 토큰이 아니라 솔담배를 주는 것입니다. 남자가 500원을 내면 솔담배를 주는 것이 습관처럼 되었던 모양입니다.

사람들의 사는 모습이 이러합니다. 500원짜리 담배를 얼마나 팔았기에 500원짜리를 주면 자연스럽게 담배를 주겠습니까. 이는 우리들의 성격이 일방적으로 치우쳐 있기 때문입니다.

우리가 법신불 부처님을 닮아가려면 성질이 급한 사람은 조금 느긋해져야 합니다. 이생에는 성질이 급하니 다음 생으로 미루면 다음 생은 더 급해집니다. 다음 생은 더 불같아지고 누가 접근조차 하지 못합니다. 그러니 지금 신앙을 통하여 법신불 부처님의 원만함을 얻어야 합니다.

그렇다고 급하게 해야 할 곳에서 느긋하게 굴면 또 그것처럼 답답한 것이 없습니다. 그 환경에 맞는 성격을 가지고 생활하는 두렷함을 우리는 신앙을 통해서 닮아가야겠습니다.

두 번째로 법신불 부처님은 가운데가 텅 비어있습니다. 그런데 텅 비어있지만, 가운데가 꽉 차있습니다. 안으로 꽉 차있는 것, 이것이 내실입니다. 우리는 이 신앙을 통해서 법신불 부처님의 안으로 꽉 차있는 내실을 닮아가야 합니다.

그런데 우리가 교당에 와서 기도하고 법회를 보는 것은 채우는 것이 아니라 비우는 것이 목적입니다. 교당에 살때 가끔 간사가 숙소 청소를 해줍니다. 그런데 며칠만 지나도 신문이며 공문 등이 방안에 쌓여 어지럽습니다. 제가 가만히 생각을 해보니 인간 생활은 잡다한 것들이 자꾸 쌓이는 생활입니다.

법신불 부처님을 닮아가는 것은 쌓는 것이 아니라 잡다한 것을 비우는 것입니다. 부처님은 비우기에 바쁘고 중생들은 채우기에 바쁜 것입니다. 그래서 우리는 비워야 합니다. 그런데 비우고 나면 텅 비어야 하는데 그렇지 않습니다.

부처님 속에는 텅 빈 가운데 가득 차 있는데 무엇으로 가득 차 있는가 하면 진실과 바른 기운입니다. 사람들을 보면 그 사람에게서 느껴지는 기운이 있습니다. 진실과 바른 기운이 가득 차 있으면 편안히고 안정됨이 느껴집니다. 그런데 엉뚱한 것으로 가득 차 있으면 불안해집니다. 그래서 우리는 법신불 부처님의 진실과 바른 기운을 닮아가고 신앙을 통해서 채워가야 합니다.

제가 익산에 살 때 학생들과 함께 군산에 갔다가 기차를 타고 오후 3시쯤 익산으로 오는 길이었습니다. 그런데 어떤 남자가 술을 얼마나 먹었는지 자기 몸을 가누지 못하고 비틀비틀하더니 우리 여학생들이 앉아있는 자리에 털썩 주저앉았습니다. 그러니 여학생들이 기겁하고 다른 데로 도망을 갔습니다.

사람이 사람을 만나면 반가워야 하는데 도망을 간다는 것은 그 사람 속에 진실과 바른 기운이 아니라 술이 가득 들어있기 때문입니다. 우리는 마음속에 진실과 바른 기운을 자꾸 채워가야겠습니다.

오늘 제가 부처님의 두렷함과 바른 기운을 닮아가자는 말씀을 드렸는데 우리는 기도와 신앙을 통해서 이 두 가지를 닮아갈 때 신앙생활이 더욱 성숙할 수 있습니다.

신앙과 불공이라는 것은
말로 설명해서 되는 것이 절대 아닙니다.
본인들이 체험하고 겪어봐야 압니다.

인연걸기

진주가 고향인 한 청년이 있었습니다. 그 친구가 하루는 대뜸 제 방에 찾아왔습니다.

"교무님하고 인연을 걸고 싶습니다."

"인연은 어떻게 거는 겁니까?"

"제가 그동안 공부한 이야기를 교무님께 들려주면 그걸로 인연이 걸리는 것 아닙니까?"

"그러면 그렇게 한번 해 보십시다."

이렇게 시작된 청년의 이야기는 다소 황당했지만, 진심이 담겨있었습니다. 특히 경주 불국사에서 있었던 이야기는 청년의 배포가 커서 어떤 일도 능히 감당할 것처럼 들렸습니다.

청년은 불국사에서 다보탑, 석가탑만 볼 것이 아니라 대웅전에서 삼배를 올리고 기도를 하면서 일심을 모았습니다. 한참 있다 보니 불국사와 전생에 인연이 있는 것처럼 느껴졌습니다. 대웅전 밖으로 나와 '이곳까지 온 걸음에 주지 스님을 만나야겠다'는 생각을 하고 근처에 있는 스님께 주지 스님을 좀 뵙자고 부탁했습니다. 그랬더니 불국사가 관광지이기 때문에 오가는 사람이 많고 주지 스님 뵙자는 사람도 한둘이 아니다 보니 "관광을 왔으면 다보탑, 석가탑이나 구경하고 가지 주지 스님은 왜 보려고 하느냐"는 핀잔부터 들었습니다. 이 청년이 정색하면서 "재가에서 불법을 닦는 신도가 주지 스님 좀 뵙는 것이 뭐가 잘못이냐"고 따졌습니다. 그랬더니 "불자냐?"고 재차 묻고는 주지 스님이 계신 곳으로 데려다주었습니다. 그때 주지는 불국사 조실에 계신 월산 스님이었습니다.

월산 스님은 불국신원에서 스님 3~40명 앞에서 힌칭 깅의를 하고 계셨습니다. 안내해 준 스님은 뒤에서 문을 열고 들어서면서 "저 앞에 앉아서 지금 설법하시는 분이 주지 스님이니까 여기서 주지 스님을 보고 절 한 번 하고 가라"는 것입니다. 일단 알았다고 말한 뒤에 청년은 선원생들이 앉아 있는 가운데를 뚫고 스님 앞으로 가서 큰절을 올렸습니다. 보통 배짱이 아닙니다. 뒤에서 살짝 절만 올리고 나오면 누가 다녀갔는지 모를 것 같더랍니다.

갑자기 절을 받은 월산 스님이 청년에게 물었습니다.

"그대가 누군데 나에게 절을 하는가."

"재가에서 불법을 닦는 원불교 신도입니다."

원불교 교도임을 확실하게 밝힌 것입니다.

"아, 그대가 재가에서 불법을 닦아? 그러면 광명, 아니 대궐 구경했는가? 대궐?"

느닷없이 대궐 구경했느냐고 물었는데, 순간 대산 종사님의 '대적광전'이라는 법문이 확 떠오르더랍니다.

"예, 제가 대궐을 한 두어 번 구경했습니다." 하고 큰소리로 대답을 했습니다.

"그래 오늘은 내 이야기는 그만하고 원불교 거사가 구경한 대궐 이야기나 한번 들어보자."

이제 일이 난 거예요. 월산 스님의 갑작스러운 제안에 선원대중들의 시선은 일시에 청년에게 쏠렸습니다. 그래도 당황하지 않고 이야기를 꺼냈습니다.

이 청년이 여수에 가기 위해서 삼천포에서 끼니를 때우려고 복국을 한 그릇 먹고 배를 탔답니다. 배가 뜨자마자 아프기 시작한 배가 시간이 지나자 배를 움켜쥐고 데굴데굴 구를 정도로 통증이 심해졌습니다. 주변 사람들은 사정도 모른 체 혀만 끌끌 차더랍니다. 청년은 그 순간 죽을힘을 다해 배 기둥을 잡고 기도를 올렸습니다.

'법신불 사은이시여! 제가 지금 죽을 운명이라면 딱 한 번만 용서해 주세요. 저는 아직 해야 할 일이 너무 많습니다. 남은 생은

원불교를 믿고 착하게 살겠습니다.'

이렇게 원을 세우고 있는 힘을 다해 '법신불이시여, 법신불이시여'를 외쳤는데 정신을 잃고 말았습니다. 얼마간 시간이 흘렀는지 누군가 청년의 등을 '툭툭' 치면서 "여수 다 왔으니 얼른 내리라"고 알려주더랍니다. 한숨 자고 일어난 것처럼 벌떡 일어나 그 길로 걸어 나가서 본래 목적했던 일들을 무사히 마치고 돌아왔답니다.

"스님! 제가 법신불이시여! 하고 지성으로 외친 그 자리가 대궐 아닙니까?"

"……."

"대궐 아닙니까? 월산스님!"

"진짜 대궐 구경했구먼."

"월산 스님! 제가 이런 대궐을 또 한 번 더 구경했습니다."

파란만장한 청년의 이야기는 계속 이어졌습니다.

한때 청년은 추풍령 넘어 고요한 산속에서 소를 키웠다고 합니다. 5월경 산에는 밤마다 개구리 울음소리가 삼천대천에 울려 퍼집니다. 청년은 그 개구리 울음소리를 풍악삼아 목탁을 치며 기도를 올렸습니다.

"일원은 언어도단의 입정처이요 ~ ."

일원상서원문을 독경할 때면 무슨 일인지 그 많던 개구리 소리가 일시에 뚝 끊어졌습니다. '아, 이상하다. 개구리 소리가 왜

안 나지?' 하고 독경을 안 하면 또 개구리 소리가 어디선가에서 개굴개굴 들립니다. 다시 마음을 모아 "~ 언어도단의 입정처이요." 하면 또 뚝 끊어진다는 것입니다.

"스님, 제가 송경을 할 때 개구리 소리가 끊어진 그 자리가 대궐 아닙니까?"라고 청년이 자신 있게 물으니 월산 스님은 "허~ 참, 송경삼매에 들었구먼." 하고 그 청년을 인정해 주었답니다.

이 청년이 구경한 두 가지 대궐 이야기는 결국 일심 정성의 극치를 말하고 있습니다. 일심 정성의 극치에 달하면 법신불 사은은 이와 같은 위력을 내립니다.

신앙과 불공이라는 것은 말로 설명해서 되는 것이 절대 아닙니다. 본인들이 체험하고 겪어봐야 압니다.

원불교 모든 교도님은 일원상 부처님의 저 한없는 위력을 빌리기 위해서 불공해야 합니다. 불공의 핵심은 바로 일심 정성으로 공들이는 마음입니다. 이 마음을 통해서 부처님의 한없는 은혜와 위력을 얻어갈 수 있기를 간절히 염원합니다.

일원상 서원문

"집에 누구 계십니까?"

"어디서 오셨지요?"

"천리교 김천 본부에서 나왔습니다."

"무슨 일이시죠? 우리 집은 원불교를 믿는데…."

"원불교요? 그 종교는 무엇을 믿습니까?"

"……."

오랜만에 병석에 계신 어머니를 뵈러 사가에 갔는데, 마침 천리교인들이 찾아 왔습니다. 이때 형수님이 대꾸하기 귀찮은 듯 문 앞에서 던진 말에 오히려 말꼬리를 잡히고 말았습니다.

"이 집에 아픈 사람 있지요?"

"아니, 어떻게 아셨어요?"

"우리 천리교에 나오면 그 병 다 낫게 해줍니다."

형수가 집에 환자가 있느냐는 말에 깜짝 놀라며 관심을 보이자, 젊은 천리교인들이 계속 말을 거는 것입니다. 주거니 받거니 하는 말을 방안에서 가만히 듣고 있자니 제가 답답해서 못 참겠더라고요. 알고 보면 워낙 작은 동네에서 오랫동안 누워있는 환자가 있다는 이웃 사정이야 금세 알아낼 수 있는데도 형수가 자꾸 그 젊은이들에게 말려드는 것 같아서 두고 볼 수가 없었습니다. 결국, 참지 못하고 제가 방문을 열고 나갔습니다.

"천리교는 무엇을 믿습니까?"

"우리는 천신님을 믿습니다."

"천신님은 어디 계십니까?"

"천신님은 어디 계시는 게 아닙니다."

거침없는 청년의 내납을 듣고 나시 물었습니다.

"그럼, 당신들은 천신님을 어떻게 믿습니까? 제가 천신님을 보여줄 테니 이리 와 보세요."

청년의 어깨를 잡고 마당을 나오다가 갑자기 등을 탁 치면서 "천신님이 여기 계시네요."라고 하니까 깜짝 놀라는 것입니다.

"젊은 사람이 믿으려면 손에 잡히는 것을 믿어야지, 보이지도 않는 것을 믿으면 되겠습니까? 보고 듣고 말하는 것도 모두 천신님을 통해서 보고 듣고 말해야 진짜 믿는 것이지요."

순식간에 벌어진 일에 천리교도들은 할 말을 잊고 그 자리에서 조용히 물러갔습니다.

'일원은 언어도단의 입정처'라고 했습니다. 그렇다고 없는 자리만 자꾸 이야기해서 찾아 들어가면 현실생활은 아주 무력해 집니다. 소태산 대종사님은 일원상을 유무초월의 생사문이라고 하며 현실의 모든 법과 연결해줬습니다. 〈일원상 서원문〉의 큰 뜻이 여기서 나오는 것입니다.

이어 '천지 부모 동포 법률의 본원이요 제불조사 범부중생의 성품으로'라는 대목에서는 일원의 진리와 현실과의 관계를 연결해주고 있습니다.

소태산 대종사님은 제불 조사 범부 중생에 있어서 그 순서는 부처가 제일이요, 그다음이 조사요, 이어서 범부요, 마지막으로 중생이라 했습니다. 이것은 성품을 깨달아 가는 단계에서 나눈 네 가지 부류로서 이 내용 속에는 일체 유정물이 다 포함되며, 우리 인간과 나와 일원상의 관계를 성품의 관계로 본 것입니다. 우리가 부처님을 '항상 한없는 위력을 내려 주시는 분'이라고 대하는 것도 우주 만유의 본원임을 알기 때문입니다.

〈일원상 서원문〉에서 일원상 부처님의 변화하는 모습을 구체적으로 설명해 준 '능이성 유상하고 능이성 무상하여 … (중략) … 이와 같이 무량세계를 전개하였나니'라는 대목이 있습니다.

이때 일원상은 우주의 수많은 변화를 일으키는 당처로 이 세상 전체가 하나의 큰 장으로 그대로 머물러 있는 법이 없습니다. 이러한 변화를 성주괴공 생로병사 육도변화로 보고 있으며 종합하면 진급과 강급 두 가지로 설명할 수 있습니다. 사람도 크게 보면 진급하는 사람과 강급하는 사람 두 부류로 나눌 수 있습니다.

우리가 교당에 나와서 진리를 믿고 기도하고 공부하는 것도 다 진급하기 위한 과정입니다. 반면에 강급하는 사람은 진리를 믿지 않고 세상을 막살아가는 사람입니다.

〈일원상 서원문〉에서 진급은 은생어해로, 강급은 해생어은이라고 말씀하셨습니다. 그런데 진급하자면 고난과 역경, 해로움 속에서 진급이 나오는 것입니다. 어려움을 겪지 않고 진급하는 것은 이불성설입니다.

인간은 대체로 은혜로움을 잘못 사용하여 은혜 가운데 해로움을 낳는 경우가 있습니다. 경계 속에서 은혜를 발견하는 경우가 더 많습니다. 복 가운데 있으면 그 복을 당연하게 알고 자만에 빠지게 됩니다. 교당의 교화도 마찬가지입니다. 그런 이치를 일원상 서원문에서 밝혀놓은 것입니다.

이어진 〈일원상 서원문〉에서는 '우리 어리석은 중생은 이 법신불 일원상을 체 받아서 심신을 원만하게 수호하는 공부를 하며,

또는 사리를 원만하게 아는 공부를 하며, 또는 심신을 원만하게 사용하는 공부를 지성으로 하여'라고 세가지 공부 방법을 말씀해 주고 있습니다.

세가지 공부로서 '심신을 원만하게 수호하는 공부, 사리를 원만하게 아는 공부, 심신을 원만하게 사용하는 공부'를 하다 말다 하다 말다 중단하지 말고 지성으로 하라고 구체적으로 설명해 놓고 있습니다. 이 수호하는 공부가 정신수양이며, 아는 공부는 사리연구, 사용하는 공부는 작업취사로서 바로 삼학입니다.

'지성으로 하라'는 말은 주야가 변화하듯이 변함없는 진리를 말합니다. 흔히 맛있는 밥을 지을 때도 마찬가지입니다. 뜸들이기 전에 자꾸 솥뚜껑을 열어보면 김이 새서 쌀이 설익거나 밥맛이 없어지듯이 그것을 알면서도 그새를 못 참고 뚜껑을 열어서 확인해 보는 사람들이 꼭 있거든요. 마찬가지로 의심하지 않고 지성스럽게 공부했을 때 진리를 닮아갈 수 있음을 알면서도 우리는 노력을 게을리하고 후회합니다.

〈일원상 서원문〉의 마지막에 '진급이 되고 은혜는 입을지언정 강급이 되고 해독은 입지 아니하기로서 서원함'이라고 나와 있습니다. 대종사님은 마지막 서원과 원력을 이 부분에서 다짐하셨습니다. 이것은 신앙입니다.

대종사님의 신앙은 '체성에 합하고 은혜는 입을지언정 해독은 입지 말자'라고 하셨습니다. 그런데 부처님은 해독도 주고 또 강급도 시키는 것이 부처님의 위력과 변화의 위력입니다. 항상 진급만 주는 것이 아니라 강급하는 것도 진리 변화의 한 측면이거든요.

우리가 이렇게 해야 하는 이유는 항상 은혜를 입고 항상 진급의 길로 가기 위함입니다. 진급을 하고 은혜를 입어 나가면 우리 스스로 일원과 같은 대 위력을 갖추게 되는 것입니다. 일원의 위력을 갖춘 전형적인 모습이 바로 대종사님과 같은 분입니다. 우리는 〈일원상 서원문〉을 하루에 한 번씩 꼭 해서 일원상 서원문의 위력을 얻도록 노력해야 하겠습니다.

일원상 서원문의 위력

　경전은 성현의 말씀이나 행실을 적어놓은 책입니다. 우리는 이 경전을 통해 성현의 가르침을 터득해 갑니다. 그런 점에서 경전에 대한 중요성을 새롭게 인식하고 신앙생활을 해야겠습니다.

　성현이 이 세상에 나오기 전, 진리는 눈에 보이지 않는 하늘에 있다고 생각했습니다. 그다음에 성현이 이 세상에 오시면 진리의 주체는 성현에 있습니다. 그런 다음 성현이 이 세상을 떠나고 나면 진리는 경전으로 남습니다. 이것이 순리입니다.

　성현이 오기 전에는 이 진리가 하늘에 있고, 성현이 오시면 진리가 성현에게 있고 성현이 떠나신 후에는 경전에 있습니다. 이렇게 소중한 경전을 사람들은 모르고 호기심만을 쫓아 살아갑니다. 흔히 지하철역, 버스정류장에 있는 각종 신문과 잡지, 책만 보더라도 표지부터 선정적인 사진과 문구로 사람들의 이목을 끌고 있습니다. 자꾸만 세상에 나오는 문자와 책은 사람들의 말초신경을 자극하는 방향으로 흘러갑니다. 책을 읽고 공부하고 글 쓰는 것은 분명 좋은 일인데 자칫 잘못하면 오히려 사심을 치성하게 할 수 있습니다. 그런데 우리가 경전을 사경하면 사심이 가라앉습니다. 경전을 자꾸 쓰다 보면 우리는 그 안에서 진리를 체득해 갈 수 있습니다.

주세불의 진수를 담고 있는 〈금강경〉은 불교의 대표적인 경전입니다. 이 경전은 성현의 경륜과 위력이 깊어 있어서 사마 악귀들이 범접을 못합니다. 그래서 경전을 대할 때는 그 깊은 뜻을 알고 제대로 공부해야 합니다. 간혹 어떤 사람들은 경전에 줄을 긋고 의미를 찾아 빈 여백에 적어가면서 공부한다고 합니다. 경전은 그렇게 공부하는 책이 아닙니다. 만약 지금까지 그러셨다면 새로 한 권을 더 사셔서 소중하게 모셔놓고 보시기를 권합니다. 이왕 줄을 친 것은 그대로 놔두고 더 열심히 공부하세요. 또 경전을 집안에 아무렇게나 놔두고 밟고 넘어 다니는 경우도 있는데, 이것도 안 될 말입니다.

그렇다면 원불교에서 소중하게 생각하는 경전은 무엇이 있을까요? 그것은 〈일원상 서원문〉입니다. 소태산 대종사님께서 26세에 대각하시고 53세에 열반에 이르기까지 28년간 법을 설하셨습니다. 그 많은 법문 가운데 〈일원상 서원문〉은 소태산 대종사님이 직접 지은 경문으로, 일원상의 진리·사은·삼학·인과의 이치 등 원불교의 기본교리가 집약되어 있습니다.

〈일원상 서원문〉이 탄생하게 된 일화가 있습니다. 원기 23년 총부 산업부에 근무하던 손학경 선생 집에서 법신불 봉안식이 있었습니다. 당시 일원상을 '심불 일원상'이라고 불렀는데, 이날 봉안식에는 대종사님의 시자였던 형산 김형오 선진님이 참석해 주례를 보았습니다. 일원상을 안치하고 식순에 의해 반야심경을 독송하고 무사히 봉안식을 마쳤는데 아쉬운 마음이 떠나지 않았다고 합니다.

그 길로 총부로 돌아온 형산님은 대종사님을 찾아뵙고 "대종사님, 심불 일원상을 모셨는데 반야심경만 외우니까 뭔가 서운합니다. 이런 의식에 외울 수 있는 우리의 경이 있었으면 합니다."라고 말씀을 드렸습니다.

이 말씀을 들으신 대종사님은 크게 동의하고 그동안 연마해 오신 생각들을 모아 〈일원상 서원문〉 작성에 심혈을 기울이셨습니다. 처음부터 〈일원상 서원문〉으로 불린 것은 아니었고 '심불 일원상의 내역 급 서원문'이라고 표현했습니다. 이때 대종사님은 주변 사람들에게 의견을 묻지 않고 오롯한 정성으로 붓대에 끼운 몽당연필이 닳아 없어지도록 쓰고 지우기를 여러 번, 온 정열을 쏟아서 〈일원상 서원문〉을 완성하셨습니다. 원기23년 11월경에 지어진 이 법문은 총 306자의 짧은 내용이지만, 원불교의 진리관, 신앙관, 수행관, 우주관 등이 담긴 대종사님의 핵심사상입니다.

이렇듯 〈일원상 서원문〉은 소태산 대종사님의 즉흥적인 감상에서 나와진 것이 아닙니다. 구원 겁래에 큰 서원을 세우고 깨달은 진리와 밟아 온 경륜을 통해 밝혀 준 경문입니다. 후레 대중이 이 길을 밟아 다 같이 견성 성불하여 불보살이 되도록 대자비를 베풀어 준 부촉의 경문이며, 소태산 대종사님의 서원이요 삼세제불과 일체 수행인의 서원이라 할 수 있습니다.

부모가 아이를 낳듯 오랜 산고 끝에 나온 〈일원상 서원문〉을 우리가 자꾸 외우다 보면 자신도 모르게 법신불 부처님의 위력과 가피를 입게 되어 있습니다. 〈일원상 서원문〉은 성인의 정력이 뭉쳐서 써진 글이기 때문입니다.

일원상 서원문과 천도재

　액자에 걸린 붓글씨, 그림, 사진을 보면 느낌이 모두 다릅니다. 특히 붓글씨는 억지로 쓴 글씨와 마음으로 쓴 글씨가 비전문가들이 봐도 확 차이가 납니다. 특히 선심禪心으로 써 놓은 글씨들은 정확한 필법이 아닌 듯하면서도 마음을 이끄는 묘미가 있고 심오한 기운이 느껴집니다. 이런 글들은 억지로 쓴다고 되는 것이 아닙니다. 마음으로 낳아야만 사람들의 마음을 끌 수 있는 것입니다.

　소태산 대종사님이 쓰신 문장도, 글씨도 마찬가지입니다. 익산에 있는 원불교 중앙총부 법은관 2층에 가면 대종사님의 친필인 〈성주聖呪〉를 나무에 새겨 걸어 놓았습니다. 요즘 학생들이 대종사님의 이 글씨를 보면 '어째 글씨가 엉망이네'라고 웃을지 모릅니다. 그러나 여기에서 대종사님의 일직심一直心이 느껴지거든요. 그런데 불가사의한 위력이 〈일원상 서원문〉에 그냥 나타나는 것이 아닙니다. 수지독송을 잘할 때 그 위력이 나타나는 것입니다.

예전에 부산에서 살다간 긱타원 장경진 교무가 신촌교당에 근무할 때 초상이 났습니다. '김혜숙'이라는 젊은 여자가 죽었는데 가족들이 모두 나가고 없는 집에서 세면장에 쓰러져 죽어 있는 것입니다. 지병도 없는 사람이 비명횡사했으니 가족들은 얼마나 기가 막히겠습니까? 우여곡절 끝에 초상을 치렀는데 영가의 언니가 갑자기 기절해 버린 것입니다. 깨어났을 때는 이미 딴사람이 되어 헛소리까지 하는 것입니다. 공군대령 부인으로 살면서 평소 얌전하게 살림만 했던 사람이 동생 영가가 붙어서 제랑을 남편이라고 부르고, 동생이 생전에 하던 행동을 따라하는 것입니다.

영가가 한 번 인간에게 둘러씌워 지면 스스로 아무리 벗어나려 하여도 쉽사리 벗어날 수 없습니다. 마침 가족들이 서둘러 원불교 의식으로 천도재를 지냈는데, 초재에서 언니는 제랑을 불러 "오늘 재비는 얼마 놓아"라고 부인처럼 시키는 것입니다. 천도재를 시작하자 언니는 집중을 못 하고 절을 하다가도 뒹굴며 고함을 지르는 등 주변을 소란스럽게 했습니다. 그런데 〈일원상 서원문〉을 시작하자 꼼짝 못하고 부들부들 떨며 '기운이 세다, 기운이 세다'라고 중얼거리는 것입니다.

이렇게 3재를 지내고 하루는 언니가 제랑을 다시 불렀습니다.

"내가 5재 지내주면 갈게. 그러니까 재를 잘 지내줘야 해."

이 말을 듣고 가족들이 온갖 정성을 다해서 5재를 지냈는데 어찌 된 일인지 영가가 쉽게 떠나지 않는 것입니다.

"내가 지금은 못 가겠어. 당신들 정성을 더 보고 갈 거야."

이렇게 해서 6재, 7재를 지내자 언니가 갑자기 너울너울 춤을 추며 동생 목소리로 "일원상 서원문 무섭다, 일원상 서원문 무섭다."라고 말하는 것입니다.

종재가 끝나자 동생 영가가 진짜로 언니한테서 떠났는지 궁금했던 주변 사람들은 언니의 행동을 유심히 살피기 시작했습니다. 잠깐이지만 동생 영가가 씌웠을 때는 생전 안타던 버스만 타고 다녔는데, 언제 그랬냐는 듯 언니는 다시 택시를 타고 얌전했던 시절로 돌아갔습니다.

이런 이야기를 들었을 때 대부분 사람은 영계의 소식을 잘 인식하지 못하고 긴가민가합니다. 그러나 예로부터 독경으로 액을 푸는 것이 관습처럼 있었습니다.

원불교의 천도재는 아주 기가 막힙니다. 왜냐하면, 교법이 진리적이고 주세성자이신 소태산 대종사님이 친히 낳아주신 〈일원상 서원문〉의 경문이 담겨있기 때문입니다. 우리가 〈일원상 서원문〉을 자꾸 독송하면 그곳은 맑은 기운이 생깁니다. 그러기 때문에 천도재의 의식이 그냥 입으로 독경만 하는 것 같지만, 영계나 주위에 미치는 영향은 대단하다는 것을 항상 느끼면서 살아야 되겠습니다.

〈일원상 서원문〉의 위력을 실감한 다른 일화도 있습니다.

군산에서 목사 아들이 교통사고로 죽었습니다. 아버지가 목사이니 얼마나 정성을 다해 기도를 올렸겠습니까. 그런데 아무리 기도를 해도 그 어머니 꿈에 항상 피투성이가 된 아들이 나타나는 것입니다. 교회 신도들까지 마음 모아 기도를 올렸는데도 그 꿈이 사라지지 않는 것입니다. 마음이 답답했던 부모는 수소문 끝에 군산교당을 찾아 왔습니다. 당시 희산 오철환 종사와 목사는 친분이 있었습니다.

목사 아들의 천도재를 지내자고 하니까 교도들은 고민이 생겨 신급회의를 소집했습니다. 개중에는 반대하는 사람까지 나왔습니다. 그런데도 오철환님은 "문제없다"고 큰소리를 치며 자신감을 내보였습니다. 이때 본타원 양혜경 교무가 목사 내외를 불러 앉혀놓고 질문을 했습니다.

"원불교 의식에 어떤 이유도 따지지 않고 따르겠습니까?"

"불전에 절을 올려야 하는데 목사님이 절을 하시겠습니까?"

"정성을 다해 재를 지내려면 헌공비를 내셔야 하는데 그렇게 하시겠습니까?"

이런 여러 다짐을 받은 후, 양혜경 교무는 총부에서 양산 김중

묵 종사를 초빙하여 천도재를 지냈습니다. 딱 한 차례 천도재를 지내자 피투성이로 나타났던 아들이 감쪽같이 꿈에서 사라진 것입니다.

어느 해인가 새해를 맞은 정산 종사님은 무본편 51장을 통해 제자들에게 '독경해액'이라는 제목으로 액을 풀고 복이 오게 하는 확실한 내용을 말씀해 주셨습니다. 그 내용의 하나로 "입으로만 경을 읽고 그 경의 본의를 모르면 자칫 미신으로 흐르기 쉽다."고 하셨고, 또 "남을 시켜서 독경을 할 것이 아니라 자신이 독경을 함으로 하여 액을 풀어야 한다."고 하셨습니다. 그리고 "경을 단 한 번 읽는 것으로 액을 풀려고 하지 말고 매일매일 독경하는 것으로 액을 풀어야 한다."고 하셨습니다.

더 나아가 경은 깨달음의 신비가 담겨있기 때문에 그 신비의 힘으로 액을 막는 면도 있지만, 사실인즉 경 속에는 모든 삶의 원리가 담겨 있기 때문입니다. 그 원리를 이해하고 실천하는 것이 곧 액을 풀고 복을 오게 하는 것입니다. 그래서 〈일원상 서원문〉을 우리 삶의 길이고 빛이고 생명으로 알고, 우리는 하루에 한두 번씩 일심으로 수지독송하여 우연 자연한 위력들을 힘입고 살아가시기 바랍니다.

일원상이 없는 삼학은 돛대 잃은 배와 같고
삼학 없는 일원상은 가지 없는 나무와 같다.

일원상과 팔조의 관계

교리도에 나타난 팔조八條의 위치

원불교 교리도는 진리의 상징적 표현인 일원상을 중심으로 두 가지 문門으로 구분하고 있습니다. 하나는 인과보응의 신앙문이고, 다른 하나는 진공묘유의 수행문입니다. 이 신앙문과 수행문은 그 중요성에 있어서 선후와 경중이 없이 상호보완적인 관계를 유지하고 있습니다.

인과보응의 신앙문 아래에 있는 사은(법률은, 동포은, 부모은, 천지은)은 신앙의 강령이고, 진공묘유의 수행문 아래에 위치한 삼학(작업취사, 사리연구, 정신수양)은 수행의 강령입니다.

다시 사은 아래 위치한 사요(자력양성, 지자본위, 타자녀 교육, 공도자 숭배)는 원불교 신앙(사실불공)의 발전적 방법 즉 당처불 중 하나인 인간불에 대한 불공의 방법을 말한 것이고, 마찬가지로 삼학 아래 위치한 팔조 '신信과 분忿과 의疑와 성誠으로써, 불신不信과 탐욕貪慾과 나懶와 우愚를 제거하자'는 삼학 수행의 발전적 방법을 설한 것입니다.

일원상과 삼학의 관계

일원상 진리의 위력적 측면을 통해 신앙문 교리가 형성되었다면, 일원상 진리에 내재된 보편적 속성은 삼학과 불가분의 관계입니다. 즉 일원상은 일체 유정물의 마음 표준으로 가장 원만한 보편성의 기준이 됩니다. 이에 비해 삼학이란 그 보편성의 표준을 탐구하여 가는 방법이라고 할 수 있습니다.

일원상 진리의 보편적 속성 첫 번째는 비었다는 것입니다. 비있다는 속성은 돈공頓空이란 단어로 나타나는데 진리의 속성이 비었다空는 것은 일체 유정물에게 있어 마음의 본래 자리를 지칭하는 것입니다.

일원상 진리의 두 번째 속성은 밝은圓 성격을 말합니다. 일체 형상과 분별성이 공空한 가운데 밝은 광명이 가득 차 있는 상태를 말하는 것입니다.

일원상 진리의 세 번째 속성은 바름正이라고 말할 수 있습니다. 여기서 말하는 바름이란 일원상 진리의 움직임에 대한 표현입니다.

원불교 신앙의 대상이요, 수행의 표본인 일원상 진리와 삼학과의 관계는 일원상 진리가 가진 이 세 가지 속성과 관계됩니다. 삼학 중 정신수양이란 바로 일원상 진리의 빈 속성에 합일하는 방법이고, 사리연구는 수행자의 지혜를 단련하여 밝음을 회복하자는 것입니다.

마지막으로 작업취사란 일원상 진리의 작용에 해당하는 바름을 체 받아서 닮아가는 방법이라고 할 수 있습니다.

결국, 일원상이 없는 삼학은 돛대 잃은 배와 같고 삼학 없는 일원상은 가지 없는 나무와 같습니다.

팔조의 진리적 근거

원불교의 교리 중 수행문에 속하는 팔조는 진행사조와 사연사조 두 가지로 구분할 수 있습니다.

진행사조는 추진하는 조목이고 사연사조는 반대로 버려야 할 조목으로, 수행을 추진함에 있어 취해야 할 것과 버릴 것을 제시한 것이 팔조 교리라고 할 것입니다.

팔조 교리의 진리적 근거는 먼저 일원상과 인성의 관계에서 찾아야 합니다. 일원상이 인성의 가장 보편적 성격이라면, 인성은 일원상의 보편적인 성격을 품부 받은 근원적인 동일성을 가진 개체성이라고 할 수 있습니다. 즉, 삼학이 일원상 진리 속성에 의한 수행강령이라면 팔조는 일원상 진리의 속성과 같기는 하지만 인간의 속성에 의하여 제정된 교리입니다. 이러한 점에서 인간의 성격을 고려한 팔조 교리는 반드시 뒤따라야 할 발전적 수행방법이라 하겠습니다.

진행사조의 신信, 분忿, 의疑, 성誠은 인격형성의 요소이기 때문에 인성에서 확충해 나가야 합니다.

이에 비해서 사연사조인 불신不信, 탐욕貪慾, 나懶, 우愚는 인격요소 중에서 점차로 제거해 나가야 인격완성에 가까워질 것입니다. 팔조의 이러한 수행성격은 진리와 인성을 합리적으로 연결해 수행의 실제 효과를 나타내줍니다.

팔조의 내용

진행사조의 신信은 일반적인 믿음이 아닌 공부길에 대한 믿음을 지칭힙니다. 구체적으로는 심학공부로 수행하면 원하는 진리의 세계로 반드시 도달할 수 있다는 믿음을 뜻합니다. 이 신이 기초가 되어야 비로소 삼학공부를 시작하게 됩니다.

분忿이란 용장한 전진심으로 신을 뒷받침해주는 공부의 원동력이며 신에서 세운 공부길을 추진하는 마음입니다.

또 의疑란 분심으로 나아가는 공부가 바른 공부길인가를 다시 점검해보는 마음을 뜻합니다.

마지막 성誠은 만사를 이루려 할 때 근원이 되는 정성심을 말하는데 의를 통해서 감정한 공부를 정성으로 밀고 나가는 마음입니다.

　이밖에, 인격을 파괴하는 요소인 사연사조 '불신, 탐욕, 나, 우'는 수행하는 공부인이 마땅히 버려야 할 요소입니다.

불평, 불만과 근심, 걱정은
우리 생활 속에서 다 일어납니다.
그런 근심 걱정과 불평 불만은
봄바람 때문에 일어나는 것이 아닙니다.
자기 스스로 살아있지 않기 때문에
일어나는 것입니다.

신심으로 경계를 이겨내자

"성현들은 사가 없이 평등하게 법을 설하여 주지마는 신 있는 사람이라야 그 법을 오롯이 받아갈 수 있나니라."

대종경 신성품 11장 말씀입니다. 저는 이 말씀이야말로 우리가 생활하는데 있어서 시사하는 바가 대단히 크다고 생각합니다.

죽은 나무가 봄바람을 나무란다고 가정을 해봅시다. 죽은 나무가 봄바람을 향해 "너 때문에 내가 자라지 못한다."고 말한다면 얼마나 우스운 일입니까. 자기가 죽어있으면서 봄바람을 탓하는 것은 말도 안 되는 일 아닙니까. 그런데 우리가 세상을 살아가다 보면 죽은 나무가 봄바람을 탓하는 일들이 흔하게 일어나고 있습니다. 이런 것들에 대해서 우리가 같이 생각해봐야겠습니다.

세상에는 수많은 불평과 불만이 있습니다. 우리 마음속에서 일어나고 있는 불평, 불만의 원인을 생각해 봅시다. 저는 모든 불평, 불만의 원인은 죽은 나무가 봄바람을 탓하는 것과 같다고 생각합니다. 사람들 사는 모습을 보면 불평, 불만뿐만 아니라 근심 걱정을 합니다. 근심, 걱정 역시 그 이면에는 죽은 나무가 봄바람을 탓하는 것과 같습니다.

세상을 살아가는 데 있어서 봄바람은 중요합니다. 사람이 세상을 살아가는데 주위 분위기가 좋아야 하지 않겠습니까. 그러나 그 봄바람보다 더 중요한 것은 자기 마음속에서 자기 스스로 사는 일입니다. 자기가 살아있으면 주위에 있는 봄바람의 기운을 흡수하고 전해줄 수가 있는 것입니다. 그렇다면 자기 마음속에서 자기 스스로 살아있게 하는 방법은 무엇일까요. 바로 신심입니다.

불평, 불만과 근심, 걱정은 우리 생활 속에서 다 일어납니다. 그런 근심, 걱정과 불평, 불만은 봄바람 때문에 일어나는 것이 아닙니다. 자기 스스로 살아있지 않기 때문에 일어나는 것입니다. 자기가 살아있지 못하다는 것은 자기 마음속에 믿는 신심이 부족하기 때문입니다. 그래서 이 불평, 불만과 근심, 걱정의 근원을 찾아가 보면 그 근원에는 신심이 있습니다. 그래서 오늘 설교는 신심으로 경계를 이겨내자는 것입니다.

사람들은 살면서 경계가 없기를 바랍니다. 그러나 그것은 허망한 꿈이며 이 세상을 허망하게 사는 사람입니다. 우리가 살아가는 앞길에는 언제 어느 때나 항상 일과 경계가 다가오기 마련입니다. 그러면 우리는 일과 경계를 무엇으로 극복해 가야 할까요. 우리는 종교인이기 때문에 신심과 믿음과 신념으로 모든 일과 경계들을 극복해 나가야 합니다.

신심이 있는 사람은 생활 속에서 다가오는 모든 경계와 일들을 아주 능동적으로 잘 극복할 수 있습니다. 그러나 신심이 없으면 무너집니다. 그래서 신심의 유무는 경계를 당해보면 알 수 있습니다. 일을 맡겨보고 그 일을 어떻게 처리하느냐를 보면 그 사람이 신심이 있는가 없는가를 확연히 알 수 있습니다.

평상시 우리는 모두 신심이 있어 보입니다. 그러나 경계를 당하면 와르르 무너집니다. 이런 신심을 '종이 신심'이라고 합니다. 경계 속에서 신심을 단련해야 하는데 제일 먼저 경계는 신심에 대한 시험입니다. 신심이 있고 없고를 시험하는 것이 경계입니다.

우리가 부처님에게 복을 달라고 비는데 부처님은 복을 주기 전에 반드시 경계를 주시고 시험을 합니다. 그 시험에 통과해야 부처님은 우리에게 복을 주십니다. 이것은 원리이고, 철칙이고, 우주의 법칙입니다. 복을 그냥 주는 것이 아닙니다. 부처님은 반드시 우리에게 경계를 주면서 시험을 합니다.

두 번째 경계는 우리 마음속에 있는 신심을 굳게 만들어 줍니다. 신심을 굳혀가는 역할을 하는 것이 우리 앞에 다가오는 경계입니다. 경계를 대했을 때 잘못 취사하면 신심이 완전히 깨지고 흩어져 버리지만, 잘만 활용하면 우리가 가진 신념과 신심이 굳어지는 계기가 됩니다.

제가 총부에 있을 때 교화부 간사를 데리고 살았습니다. 박동경이라고 대연교당 출신인데 육 개월 동안 제 옆방에 살았습니다. 그런데 방을 나란히 두고 같이 생활하다 보니 저를 그대로 닮아갑니다. 좌선을 갈 때도 식사시간에도 항상 그림자같이 따라다니는데 참으로 기특했습니다. 그렇게 육 개월을 살고 나니까 이 아이 마음속에 '교산님처럼 정남을 해야겠다'는 마음이 섰습니다. 그런데 추석을 보내기 위해 집에 딱 갔다 와서 하는 말이 부모님이 반대해서 정남을 못하겠다고 합니다. 부모님은 반대하는 것이 당연하지 않습니까. 이처럼 경계는 육 개월 동안 굳혔던 정남의 신심을 한 번에 무너뜨리기도 합니다. 하지만 반대로 더 열심히 하며 신념과 신심을 굳히는 계기가 되기도 합니다.

마지막으로 경계는 사람의 인격을 성숙시켜줍니다. 인격을 성숙시켜주는 것뿐만 아니라 그 인격을 완성해줍니다. 과거 성자들의 모습을 살펴보면 경계를 맞았기 때문에 비로소 인격을 완성할 수 있었습니다.

예수님이 십자가에 못 박히는 경계를 당하지 않았다면 예수님의 예수다움은 완성되지 못했을 것입니다. 기독교 신앙의 완성은 바로 십자가의 고행이기도 합니다.

대종사님도 경계가 있었습니다. 황이천이라는 유명한 일본 순사가 불법연구회에 파견을 나왔습니다. 이 사람의 원래 이름은 황가봉인데 대종사님을 감시하기 위해서 파견을 나온 것이었습니다. 그런데 대종사님께서는 황가봉을 황이천으로 변화시키셨습니다. 황가봉과 황이천은 엄청난 차이입니다. 자신을 감시하고 고발하기 위해 파견 나온 황가봉을 황이천으로 변화시킨다는 것이 얼마나 대단합니까. 여기서 대종사님은 주세불로서 뜨거운 정의와 감화력과 제도력이 증명됩니다.

우리는 마음속의 신심을 굳게 만들어야 합니다. 봄바람을 탓하지 말고 자기를 되돌아보는 공부가 생활 속에서 이루어질 때 우리의 신심은 강해지고 경계를 잘 넘을 수 있습니다.

인생에 있어서
진정한 행복과 최고의 즐거움은
고통을 이겨낸 경지입니다.

기도와 심고로 인생을 즐겁게

우리가 교당에 다니는 궁극적인 목적은 인생을 즐겁게 살기 위함입니다. 그렇다면 인생의 즐거움은 어디에서 올까요. 이 근원을 우리가 되새기고 생각하면서 인생을 살아가야 합니다.

사람은 자기만의 삶의 규범이나 목적을 가지고 있으며 이에 따라 즐거움과 행복이 다 다르게 나타납니다. 우리 원불교 교도들의 즐거움과 행복은 법신불 부처님의 신앙으로부터 옵니다. 법신불 부처님에 대한 신앙이 철저하면 철저할수록 즐겁고 행복하게 살 수 있습니다. 그러기 위해서는 일상생활 속에서 심고와 기도를 잘해야 합니다.

법회마다 제가 이 심고와 기도에 대한 말씀을 거듭 드립니다.

정기적으로 올리는 심고와 기도의 첫째는 법회에서 올리는 기도이며 두 번째는 특별기도입니다.

개인이 일상생활 속에서 올리는 기도의 원형은 조석으로 올리는 조석심고입니다. 원불교 교도라면 신앙생활의 출발은 조석심고인데 아침에는 5시에 올리고 저녁에는 9시 반에 올립니다.

그런데 교당에서는 목탁을 치기 때문에 가능하지만, 가정에서는 조석심고를 올리기가 쉽지 않습니다. 가족들이 따라 주는 경우도 있고 그렇지 못한 경우도 있기 때문입니다. 특히 가족 모두가 함께 사용하는 거실에 법신불을 봉안한 경우에는 더 어렵습니다. 이럴 때 우리는 법신불을 봉안하는 공간을 따로 마련하면 조석심고를 올리기가 쉬울 것 같습니다.

다음으로 조석심고 올리는 요령에 대해서 한 말씀만 드리겠습니다. 법신불이 봉안된 공간에서 목탁을 치는데 이게 참 좋습니다. 우리는 심고 목탁을 어떻게 치는지 배우셔야 합니다. 목탁소리가 참 좋지 않습니까. 땅, 땅, 땅 이렇게 칠 때 마음이 허공법계에 착 솟구칩니다. 그러다 빨라지면 마음을 모읍니다. 마음을 한번 착 올렸다가 또 마음을 모으는 것입니다. 이렇게 세 번을 하고 나면 '천지 하감지위', 호흡을 들이마시고 내쉬면서 '부모 하감지위', 또 호흡을 들이마시고 내쉬면서 '동포 응감지위', 또 호흡을 들이마시고 내쉬면서 '법률 응감지위', 이 사은의 명호를 열심히 부릅니다. 사은의 명호를 열심히 부르면 경지에 오릅니다. 이 경지가 '초기招氣', 즉 부를 초에 기운 기입니다. 기운을 부르는 것입니다.

대산 종사께서 조석심고는 접을 붙이는 것이라고 하셨습니다. 접을 붙이는 것은 중생의 마음을 끊어버리고 불보살 부처님의 마음을 접붙이는 것입니다. 우리는 이 조석심고를 통해서 불보살들의 열매가 주렁주렁 달리는 위력을 얻어 나가야겠습니다.

두 번째는 좋은 일과 나쁜 일을 당할 때 심고와 기도를 올리는 것입니다. 좋은 일을 당할 때도 심고와 기도를 올리고 나쁜 일을 당할 때도 심고와 기도를 올림으로써 우리는 인생을 즐겁게 살아가야겠습니다.

사람이 살다 보면 별일이 다 있습니다. 일요법회에 한 번도 빠지지 않고 참석하시는 교도님들도 살다 보면 엉뚱한 일이 생깁니다. 원래 살아가는 것이 그런 것 같습니다. 우리가 살다 보면 별일이 다 생기기 때문에 이런 경계와 역경을 심고와 기도로 극복해야 합니다.

좋은 일을 당할 때는 전부 다 즐거워합니다. 그러나 좋은 일을 당해서 즐거워하는 것은 참 즐거움이 아닙니다. 좋은 일을 당했을 때 법신불께 감사기도와 심고를 올리는 것이 참 즐거움입니다. 나쁜 일을 당할 때도 마찬가지입니다. 사람이 살다 보면 나쁜 일을 다 당합니다. 그게 괴로움이고, 고^苦입니다.

대산 종사께서 고^苦에 대한 법문을 세 가지로 말씀하셨습니다. 첫째는 인고^{忍苦}입니다. 고통을 참아내는 것입니다. 고통을 참는 경지는 절대로 참 즐거움이 아닙니다. 두 번째는 안고^{安苦}입니다. 고통이 편안해야 한다는 것입니다. 이것도 고통을 이겨내는 참 방법이 아닙니다. 세 번째는 낙고^{樂苦}입니다. 고통은 즐기는 것입니다. 이 고통을 즐거워하는 경지가 참 즐거움의 경지입니다.

대도를 깨달아 얻으신 모든 부처님께서는 고통이 있었습니다. 석가모니 부처님도 고통이 있으셨고, 예수님도 있으셨고, 공자님도 있으셨고, 이 세상의 모든 성자에게 다 고통이 있었습니다. 그런데 누구도 그분들을 고통스럽다고 하지 않습니다. 이유는 인고나 안고가 아니라 낙고를 하셨기 때문입니다. 고통을 즐거워하는 이 경지가 바로 참 즐거움이고 참 행복입니다.

인생에 있어서 진정한 행복과 즐거움은 좋은 일이 아니라 나쁜 일이 가져다줍니다. 그래서 우리가 살아가는데 최고의 즐거움은 고통을 이겨낸 경지입니다. 우리는 고통이 올 때 법신불 전에 심고와 기도를 올려야 참 즐거움과 참 행복이 온다는 것을 알아야겠습니다.

　원불교의 문은 항상 열려 있습니다. 언제든 수시로 찾아오셔서 심고와 기도를 올리고 어려움을 극복해나가는 생활을 통해서 즐거움과 행복을 찾으셨으면 좋겠습니다.

기운을 연하고 산다는 것은
지역사회와 희로애락을 같이해야 한다는 말로
우리 종교도 마음을 같이 따라가야
상가가 발전하고 사회가 발전하며
원불교도 발전할 것입니다.

상가 발전을 위한 기도

　몇 년 전, 인도 동부지역에 있는 콜카타에 간 일이 있습니다. 인구도 많고 차도 많았으나 거리의 풍경은 삭막했습니다. 세상의 온갖 종류의 버스가 거리를 달리는데 제대로 문이 달린 버스는 보기 어려웠습니다. 버스는 문짝이 다 떨어져 나갔어도 사람들은 그 버스에 용케 매달려서 다니고 있었습니다. 아슬아슬한 풍경은 인력거꾼이 이끄는 릭샤에서도 볼 수 있었습니다. 대부분 깡마른 다리를 가진 인력거꾼은 맨발로 힘차게 페달을 밟아가며 차와 사람들 사이를 요리조리 잘 다녔습니다. 까만 피부의 눈만 동그랗게 뜬 사람들이 버스 가장자리에 새까맣게 매달려 가던 인도의 풍경, 거리마다 홍수처럼 넘치는 사람들의 가난한 모습은 마치 그것이 인도의 전부인 양 인식됐습니다.

그런데 콜카타 시내에 있는 유적지를 방문하고 깜짝 놀랐습니다. 깨끗하게 잘 정돈된 사원과 번쩍이는 보석이 기둥마다 박혀 있는 것을 보면서 그 화려함에 놀랐고 가난한 사람들의 생활과 상반된 사원의 모습에 거듭 놀랐습니다. 부처님의 이마에 박힌 다이아몬드는 콜카타 시내에서 보았던 풍경과 너무나 대조적이었습니다. 종교가 인간 삶의 현장과 함께하지 않으면 이런 현상이 오는 것입니다.

상가발전을 위해 올리는 기도는 바로 우리 삶과 종교의 관계를 다시금 인식하는데 큰 의미가 있습니다. 특히 상가 지역 한복판에 있는 부산교당은 매 순간 지역민과 기운을 연하고 지역 상가의 발전과 함께해야 합니다. 원불교는 원불교, 지역에 있는 상가는 상가리는 식으로 서로 동떨어져서는 안 됩니다.

기운을 연하고 산다는 것은 지역사회와 희로애락을 같이해야 한다는 말로 우리 종교도 마음을 같이 따라가야 상가가 발전하고 사회가 발전하며 원불교도 발전할 것입니다. 반대로 지역사회 상가들이 어려움을 겪는다면 여지없이 그 기운은 원불교에도 미칠 것입니다.

우리가 올리는 기도법회는 원불교가 지역 주민들과 삶의 애환을 같이 하고 슬픔을 같이 하고 기쁨도 같이하는 노력의 일환입니다. 우리가 이 기도를 통해서 지역 상가의 발전을 함께 축원해 봅시다.

종교는 인간의 마음을 다스리는 정신적인 곳입니다. 시장은 우리 생활에 필요한 의식주를 제공해주는 곳입니다. 사람도 육신만 있고 정신이 없으면 사람이라고 하지 않습니다. 송장이라고 합니다. 반대로 정신만 있고 육신이 없으면 그때는 바로 귀신입니다. 온전한 사람이라면 정신과 육신이 공존해야 합니다.

시장은 육신의 생활에 필요한 의식주를 제공해 주는 곳이요, 종교는 인간의 정신에 일심과 알음알이와 실천 이 세 가지를 제공해 주는 곳입니다. 그래서 시장이 없는 종교는 육신 없는 귀신하고 똑같습니다. 그런가 하면 종교가 없는 시장은 육신만 있지 정신이 없는 송장하고 같습니다. 그래서 종교와 시장은 불가분의 관계가 되어 반드시 같이 가야 합니다.

가끔 저녁밥을 먹고 산책 삼아 시장을 한 바퀴 돌아보곤 합니다. 수중에 돈은 없어도 시장을 한 바퀴 돌다 보면 여기저기 보이는 채소, 고기, 생선, 과일가게에 진열된 온갖 과일들만 봐도 배가 부르고 마음마저 풍요로워집니다. 시장 사람들의 활기찬 에너지와 힘은 수행인의 정신까지 시원하게 합니다. 정적인 신앙 수행을 주로 하는 우리 같은 종교인은 이런 사람 사는 냄새를 통해

영육이 함께 잘 굴러갈 수 있도록 해야 할 필요가 있습니다. 제가 시장을 좋아하는 이유입니다.

세상은 어느 한쪽만 발전해서는 안 됩니다. 서로 유기적인 관계 속에서 함께 발전할 때 건전한 사회가 이뤄집니다. 그런 점에서 원불교만 발전해서는 의미가 없습니다. 종교는 인간의 마음을 다스려주고 시장은 인간의 의식주 삼권을 제공해 줘서 이 두 가지가 맞물려서 굴러갈 때 우리는 진정 풍요로운 삶을 누릴 수 있습니다.

물질적 풍요는 절대 기준이 없습니다.
우리를 행복하게 만드는 그 기준도 없는 것입니다.
언뜻 생각할 때 부자들은 다 행복할 것 같지만
천만의 말씀입니다.
그 사람들도 마음 속에
수 많은 불행의 조건들을 갖고 있습니다.
그렇다면 이 복잡한 시대에
과연 우리에게 행복을 가져다주는 조건은 무엇일까요?

내가 찾은 우리의 행복

인생이란 무엇인가에 대해 생각을 해보니 결국 인생은 행복에 대한 추구가 아닌가 싶습니다. 우리가 올린 많은 염원과 기원들은 결국 우리 삶에 있어서 어떤 기대이며 그 기대는 행복해지고자 하는 마음일 것입니다.

저는 행복이란 받는 것이라고 생각을 했었는데 지금은 마음에 변화가 생겼습니다. 행복은 받는 것이 아니라 자기 스스로 찾고, 자기 스스로 만들어 가는 것입니다. 가만히 있으면 절대로 행복은 오지 않습니다.

제가 찾은 이 행복은 첫째 베푸는 행복입니다. 세상 사람들이 볼 때는 베푸는 행복은 엉뚱해 보일 수 있습니다. 행복은 받는 것인데 베푼다고 하니 엉뚱하다고 느낄 수밖에 없을 것입니다. 그러나 우리는 받는 행복보다 베푸는 행복으로 방향을 정하고 행복을 찾아가야 합니다.

 대신교당 교무님과 젊은 사람들 몇몇이 인사를 하러 찾아왔습니다. 이들은 대신교당 원불교회 사람들로 15쌍으로 이루어진 부부회였습니다. 젊은 사람들이 참으로 대단하다고 칭찬을 했습니다. 그러면서 더 정진하라는 의미에서 부산교당하고 은근히 경쟁하도록 했습니다. 부산교당에도 금강단이라는 부부회가 있는데 우리는 40쌍을 만들려고 한다고 했습니다. 그러면서 만약 올해 25쌍을 만들면 상으로 총부 갈 때 대형버스 한 대를 대여해주겠다고 약속을 했습니다.
 연말쯤 되니 저를 초청했습니다. 가서 보니 1년 동안 준비를 했다며 28쌍의 명단을 보여줬습니다. 초청을 받고 혹시나 하는 마음에 돈을 준비해 갔었는데 얼마나 좋던지 약속한 금액보다 더 많은 40만 원을 줬습니다. 어떻게 옹골진지 아깝지도 않고 이런 일만 있으면 얼마든지 주겠다 싶었습니다.
 그 돈으로 총부에 갔는데 대각전 종을 치는 것도 보고 신정절 기념법회에서 종법사님 접견까지 하였습니다. 그날 대중이 1,200명이 모였더랍니다. 1,200명 앞에서 대신교당이 합창을 했는데 강당에 앉아있던 대중들이 눈물을 흘리더랍니다. 그러고는 감상담을 하는데 저와 한 약속부터 28쌍을 만들어 총부에 오기까지의 과정을 줄줄 이야기했습니다. 제가 40만 원으로 이렇게 옹골진 행복을 어떻게 받겠습니까.

총부에 다녀와서 인사를 하러 왔는데 시봉금이라며 봉투를 줘서 받았습니다. 받고 나서 내년에는 40쌍 만들면 두 배로 주겠다고 약속을 했습니다. 나중에 시봉금을 보니 50만 원이 들어있었습니다. 제가 준 것은 40만 원인데 10만 원이 더 보태서 왔습니다. 이것이 베푸는 행복입니다. 베풀어서 행복을 받는 기쁨이며 세상과는 반대되는 우리들의 행복입니다.

두 번째는 마음의 눈을 밝혀 가는 행복입니다. 사람의 눈은 두 가지가 있습니다. 하나는 육안肉眼이고 하나는 심안心眼입니다. 육안은 대난한 행복입니다. 눈이 안 보이면 얼마나 불행하겠습니까. 그런데 이 육안을 잘 쓰면 행복하고 잘못 쓰면 불행하고 고통스럽습니다.

제가 얼마 전 한겨레신문을 보니 임권택 감독의 춘향전이 설에 개봉한다며 인터뷰 기사를 실어냈습니다. 기사 내용이 좋기도 하고 춘향전이라고 하니 우리 교무들을 초청해서 보여주면 좋겠다 싶었습니다. 그래서 연락을 했더니 16명이 신청을 했습니다. 그런데 주변 사람들이 저에게 말하기를 이 영화가 너무 야하다면서 우려를 하는 것입니다. 춘향전인데 뭐가 어떠냐 싶어서 예정대로 교무들과 보러 갔습니다. 그런데 지금까지 살면서 이런 영화를 한 번도 보지 못했었는데 무슨 춘향전을 이렇게 찍어놨는지 눈이 고통스러워서 혼났습니다. 이처럼 눈이라는 것은 잘 쓰면 행복하지만 잘못 사용하면 불행과 고통이 따라옵니다.

육안을 사용하는 데 있어서 근본은 심안입니다. 마음의 눈은 무엇일까요. 지극히 원불교적인 진리를 빌린다면 심안이라는 것은 대소유무의 이치와 시비이해를 구별하는 눈입니다.

그런데 이 심안이 왜 필요한가 하면 우리 사회는 심안이 어두운 사회이기 때문입니다. 옳고 그름에 대해 구별을 하지 못합니다. 우리 교도들은 옳고 그름에 대한 것을 확실하게 알지만 우리와 함께 살아가는 많은 사람은 무엇이 옳고 무엇이 그른 것인가에 대한 구별을 잘하지 못합니다. 이것을 우리는 심안이 어둡다고 합니다.

인간 최대의 불행은 마음의 눈이 어두운데서 옵니다. 원불교는 해야 할 일과 하지 말아야 될 일을 분명하게 가르치고 있습니다. 사람이 중요한 것이 바로 이 옳고 그름에 대한 판단입니다. 우리가 교당에 다니면서 법회를 보고 경전을 읽고 설교를 듣고 기도를 하는데 이러한 과정에서 심안을 밝혀나갈 수 있습니다.

행복은 누가 가져다주는 것이 아니라 자기가 찾아서 만들어야 하는데 첫째는 베푸는 행복이고, 두 번째는 심안을 밝혀가는 것입니다. 우리 교도들은 이런 행복들을 다 같이 느끼면서 행복한 인생을 살아가는 데 도움이 되었으면 합니다.

행복의 조건

요사이 우리나라는 국가적 어려움에 처해 있습니다. 이 어려움은 우리 교도님 가정과 직장, 사업에도 미칠 것입니다.

새로운 고통에 직면해 있는 국민들은 곳곳에서 거품 빼기에 바쁘고 돌파구를 찾고자 고군분투하고 있습니다. 우리 성직자들도 답답하기는 모두 마찬가지입니다.

'무언가 시원하게 확 터져서 우리 국민들 모두 행복의 돌파구가 생기면 좋겠다'는 고민을 해 봤지만, 현실적인 경제문제는 당분간 어려울 것 같습니다. 그렇다면 우리 종교인들은 '행복의 조건'을 어디서 찾아야 할까요. 바로 정신세계에서 찾아야 합니다.

제가 생각하는 행복의 첫째 조건은, 풍요로움보다는 자기만족입니다. 보통사람들은 수입이 늘어나고 가진 것이 많아지면 행복하다고 느낍니다. 그러나 물질적 풍요와 소유는 있다가도 없고, 없다가도 있는 것입니다. 늘 돌고 돌면서 변하는 것이 물질적 행복입니다. 외부의 조건도 맑은 날이 있으면 흐린 날도 있기 마련입니다. 우리가 물질적 소유만을 갖고 행복과 불행을 판단한다면 만족할 사람이 몇 명이나 될까요?

부산교당 앞에 나가면 많은 식당과 각종 먹거리가 즐비합니다. 하루는 그 거리를 지나가는데 어릴 적 먹어봤던 뻥튀기가 고소한 냄새를 풍기면서 눈길을 사로잡았습니다. 순간 호주머니에 손을 넣었는데 웬걸 돈이 없는 것입니다. 아쉬운 마음으로 주인한테 "아주머니~ 매일 나오십니까? 다음에 꼭 사러 오겠습니다."라고 말하고 뒤돌아서서 왔습니다. 그때의 마음은 정말 불행히 더군요. 그리고 며칠이 지난 후에 다시 찾아갔는데, 그날은 비가 부슬부슬 내리니까 뻥튀기 장사가 안 나온 것입니다. 어찌나 속상한지 허탕을 치고 돌아왔습니다. 세 번째 가서 삼천 원을 주고 세 봉지를 사 가지고 왔습니다. 돌아오면서 길거리 커피를 파는 태영이 엄마에게 한 봉지를 줬더니 마침 아들이 와서 또 하나를 줬습니다. 어찌나 좋아하던지 그 모습을 보니 덩달아 기분이 좋아지데요. 그리고 지나오는데 '삼계제일' 가게가 보이더군요. 우리 교도는 아닙니다. 그래도 쓱 들어가서 뻥튀기를 건넸더니 "아,

우리가 찾는 행복 · 225

교무님 텔레비전 나오는 것 봤습니다."면서 아는 체를 해 주더군요.

　제 주머니에 돈이 있어도 뻥튀기를 못 샀을 때는 그렇게 불행하더니, 호주머니에 있던 돈이 나가서 없어지자 행복해지는 것은 무슨 이유일까요?

　물질이 있으면 행복하고 물질이 없으면 불행하다고 생각하는 것은 자기 소유의 정도에 따라서 행복과 불행이 나뉘는 것입니다. 그러기 때문에 우리는 이와 같이 가진 것만 가지고 따져서 행복을 느끼려고 하면 항상 불행하기 마련입니다.

　물질적 풍요는 절대 기준이 없습니다. 우리를 행복하게 만드는 그 기준이 없는 것입니다. 언뜻 생각할 때 부자들은 다 행복할 거 같지만 천만의 말씀입니다. 그 사람들도 마음 속에 수많은 불행의 조건들을 갖고 있습니다. 그렇다면 이 복잡한 시대에 과연 우리에게 행복을 가져다주는 조건은 무엇일까요? 있거나 없거나 스스로 만족할 때, 그 만족에서 우리는 한없는 행복을 가져올 수 있을 것입니다. 생각해 보면 이러한 행복은 역설적 행복입니다. 이 복잡한 시대에 절대 물질적 소유에서 행복을 찾지 말고 마음 속에서 스스로 만족하는 행복을 찾아가길 바랍니다.

　두 번째 행복의 조건은 은혜로움보다는 해로움을 행복의 조건으로 삼고 싶습니다. 보통 사람들은 바깥의 경계 조건들이 은혜롭게 될 때 행복하다고 느끼며 살아갑니다. 은혜로움은 순경을 말합니다. 반대로 해로움은 역경이요, 어려움을 말합니다.

보통사람들은 순경과 은혜로움 속에서 행복을 느끼는데 한 차원 깊이 들어가 보면 순경은 오히려 사람들의 마음을 나약하게 만들고 사람들의 정신을 퇴보하게 만들어버립니다. 반대로 이 역경과 어려움은 우리들의 마음을 강하게 만들어줍니다.

순경은 사람의 마음을 퇴보시키고 나약하게 만들기 때문에 반드시 다시 해로움을 불러오게 됩니다. 하지만 해로움은 역설적이지만 은혜로움을 불러옵니다. 그런 점에서 역경과 고통을 이겨내는 행복, 이것이 우리가 누려야 하는 참 행복입니다.

부산교당은 교당이 지어진 지 약 20년 만에 건물 수리를 했습니다. 대대적인 수리다 보니까 어마어마한 쓰레기가 나왔습니다. 금방 내다 버릴 수가 없어서 일단 옥상으로 올려놓았다가 얼마 후에 버렸는데 처리비용이 무려 80만 원이나 들었습니다.

제가 서원관에 근무할 때만 해도 학생들 숙소에서 나오는 신문지, 종이, 책 등 각종 재활용품을 모아놓고 고물상에 저울로 달아 팔아 요긴하게 사용했습니다. 그런데 소득이 높아져 만불 시대가 오니까 사람들은 이런 재활용품을 쓰레기로 취급하며 관심이 없어졌습니다.

국가적 어려움이 그냥 온 것이 아닙니다. 물질적 풍요가 가져다준 인간들의 안일함에서 온 것입니다. 그렇다고 너무 낙담할 필요도 없습니다. 고난과 역경 속에서 우리는 강인하게 다시 살아날 것이기 때문입니다.

마지막으로 행복의 조건은 믿음입니다. 저는 대중 앞에 서면 자아도취에 빠진 사람이 됩니다. 평소와는 달리 자신만만해집니다. '나는 괜찮은 사람이다, 나는 훌륭한 사람이다.' 이렇게 생각하는 것이 정신건강에는 참 좋다고 합니다. 그런데 혼자 가만히 생각해 보면 내가 너무했나 싶습니다. 자기도취에 빠지면 빠질수록 불행해지는 것입니다.

반대로 자기가 겸손하고 절대자 법신불 부처님께 믿음을 갖고 살면 행복해 집니다. 이 행복은 갓난아이가 어머니의 품 안에 있을 때 행복해지는 것과 같습니다. 가끔 아이들을 안아보면 제 엄마 품인지 아닌지 금방 알아봅니다. 조금만 불편해도 울고 몸부림을 칩니다. 곧 갓난아이의 믿음은 어머니의 따뜻한 품입니다. 이 아이들이 성장하면서 믿음의 대상은 자연스럽게 어머니의 품을 떠나 법신불 사은님으로 이어져야 합니다.

제 어머니는 중풍으로 7년간 누워계셨습니다. 제가 방학 때마다 어머니가 계시는 사가에 가면 기껏해야 이틀 정도 머물다 옵니다. 그러면 어머니는 "네가 왔냐? 네가 왔어?"라면서 좋아서 곁에 두고 꼼짝 못 하게 하십니다. 그렇게 이틀 밤을 자고 "어머니 저 갈랍니다."라고 말씀드리면 가지 말라고 붙잡기도 하십니다. 그때 제가 "어머니 저 전무출신 하지 말고 그냥 엄니 옆에서 살까요?"라고 하면 "아니다. 그건 안 된다."면서 등을 떠밀어 주셨습니다.

어머니를 떼어놓고 총부를 향해 발길을 돌리는 제 마음은 천근만근입니다. 이미 저는 믿음의 대상이 바뀌었습니다. 제가 앞으로 성장해 가기 위해서는 나에게 행복을 주고 나를 지도해 주는 그 행복의 대상, 믿음의 대상은 부처님입니다.

사람은 정신연령이 높아질수록 믿음의 대상은 승화되고 성장합니다. 그래서 우리는 이런 어려운 시대를 행복하게 살아가기 위해서는 궁극적으로 법신불에 대한 믿음을 통해서 슬기롭게 극복해 나가야 합니다.

감사생활로 세상을 사는 법

우리 주위에는 많은 사람이 함께 살아가고 있습니다. 그런데 둘러보면 세상을 편안하고 안정되게 살아가는 사람이 있는가 하면 항상 근심, 걱정을 달고 살아가는 사람이 있습니다. 우리는 이 세상을 잘 살아가는 사람의 마음씨와 그들이 일상생활에서 자주 하는 말이 무엇인지 생각해보았으면 합니다.

이 세상을 잘 살아가는 사람의 마음씨와 그들이 일상생활에서 자주 하는 말을 살펴보면 바로 원불교 신앙을 잘하는 사람으로 귀결됩니다. 법신불 부처님의 신앙을 잘하는 사람의 마음씨와 세상을 잘 사는 사람의 마음씨와 말씨는 하나입니다.

원불교의 신앙을 잘 하는 사람은 세상을 잘 살게 되고 세상을 잘 살면 원불교 신앙을 잘하게 되는데 우리가 이것을 알면 일생이 편안하고 영생길이 환하게 열립니다. 따라서 원불교의 교법은 세상 잘 사는 것과 하나입니다.

세상을 잘 사는 사람이 가지는 마음씨는 감사하는 마음씨입니다. 그리고 세상을 잘 사는 사람이 자주 하는 말은 "감사합니다"입니다.

감사하는 마음씨를 일상생활 속에서 찾아봅시다. 우리 교도님들은 식사하시기 전에 항상 합장기도를 해야 합니다. 저는 합장을 할 때 형식적으로 하는 것이 아니라 '천지, 부모, 동포, 법률님 감사합니다'라고 마음으로 기도합니다.

그리고 법회 끝나고 나면 항상 과일 공양을 하는데 특히 수박 먹는 것을 보면 안타깝습니다. 깨끗하게 다 먹지 않은 수박 껍질이 수북합니다. 이것은 복을 그냥 버리는 것입니다. 다 먹지 않은 수박껍질을 내놓고 합장을 하면 감사가 되겠습니까. 이 감사의 신앙은 일상생활 속에서 그대로 진행이 되어야 합니다.

또한, 수박 껍질을 저는 뒤집어놓는데 보통 사람들은 그냥 마구잡이로 던져놓습니다. 이빨 자국이 그대로 드러난 수박껍질을 보면 기분이 안 좋습니다. 그런데 감사하는 마음을 실천하는 사람은 수박을 먹는데도 그대로 행동에 옮겨집니다. 이런 생활을 하는 사람이 원불교의 신앙을 잘하는 사람이고 세상을 잘 사는 사람입니다.

우리는 식사를 할 때마다 "천지, 부모, 동포, 법률님 감사합니다."하고 기도를 하는데 그 감사기도의 결과는 깨끗하게 먹는 것입니다. 이런 실천들을 통해서 우리는 세상을 아주 편안하게 잘 살고 법신불의 신앙도 일상생활 속에서 잘하는 교도들로 성장해 갈 수 있습니다. 그것이 정말로 복된 생활이 될 것입니다.

두 번째는 우리가 식사할 때마다 감사의 기도를 하면 생활 속에서 대하는 모든 일마다 "감사합니다"라는 말을 저절로 사용하게 되는 이치입니다. 그 감사의 마음이 항상 우리들의 마음속에 깊아 있어야 합니다. 이것이 부처님 신앙을 잘 하는 사람의 마음씨입니다.

그런데 문제는 생활하다 보면 늘 감사할 수만은 없다는 것입니다. 어떤 때는 경계가 와서 힘들고 화가 나기도 합니다. 또 살다보면 눈에 거슬리는 일들이 얼마나 많습니까. 그런 경계를 만난다고 하더라도 우리는 "감사합니다"라고 대처하는 것이 세상을 잘 살고 법신불의 신앙을 잘하는 사람입니다.

절에 가서 부처님에게 절을 한다고 해도 일상생활에서는 부처님에게 절하는 그 마음 그대로 실천이 안 됩니다. 그러면 우리가 부처님에게 절하는 그 마음을 생활 속에서 어떻게 실천해야 할까요. 경계가 나에게 온다 하여도 그 오는 것에 "감사합니다" 라고 말할 때 바로 부처님에게 신앙을 잘하는 일이 될 것입니다.

괴정교당 재가 있어서 다녀왔습니다. 내외분이 교당을 함께 다니셨는데 부인은 착실하게 다녔고 남편은 가끔 행사 때만 나오는 행사 교도였습니다. 1남 2녀를 두셨는데 딸 둘은 결혼을 다 시켰고 아들은 동아대학교를 다니다가 제대 후 복학을 했습니다. 이 아들이 대학 요트동아리 회장이었다고 합니다. 그런데 친구와 함께 요트를 타러 갔다가 요트가 뒤집혔습니다. 요트가 뒤집어지자 친구들은 헤엄을 쳐서 나왔는데 이 아들만 심장마비로 죽고 말았습니다. 평소 동아리 회장을 할 정도로 요트를 아주 잘 탔는데 말입니다.

부인이 원불교 괴정교당의 아주 알뜰한 교도인 데다가 하나뿐인 아들을 잃었으니 얼마나 슬픔이 클까 싶어서 재에 참석했습니다. 그런데 부인은 원불교 공부를 하신 분이라 아들을 잃은 데에는 필시 인과의 이치가 있을 것으로 생각하셨습니다. 그래서 아들을 보내면서 아파하고 힘들어하면 안 된다며 환한 얼굴로 인사를 하는데 깜짝 놀랐습니다.

인과의 이치를 생각하며 아들을 편하게 잘 보내주겠다고 감사의 마음을 갖는 모습을 보고 원불교 신앙을 아주 잘하신 분이라고 생각했습니다. 이처럼 세상을 잘 사는 사람은 항상 당하는 모든 일을 감사로 돌립니다.

일상생활 속에서 항상 감사하는 마음이 충만할 때 우리 마음속에 있는 모든 근심 걱정 또한 다 녹아납니다. 근심 걱정하고 짜증을 내는 이유는 우리 마음속에 감사하는 마음씨가 메말랐기 때문입니다. 감사하는 마음씨를 항상 가지고 인생을 풍요롭고 아름답게 살아가기를 바랍니다.

우리는 기도를 통하여
사람의 힘으로 누릴 수도 있고,
누리지 못할 수도 있는 작은 복은
모두 자기에게 달려있다는
이치를 깨달아야 합니다.

큰 복을 준비하는 정성

옛말에 '소복小福은 재근在勤하고 대복大福은 재천在天'이라는 말이 있습니다. '작은 복은 부지런한 데 있고, 큰 복은 하늘에 있다'는 뜻입니다.

작은 복은 우리가 부지런히 노력만 하면 누구나 누릴 수 있는 복의 원리입니다. 달리 말하면 작은 복은 사람의 의지에 따라 좌우될 수 있으므로 누구나 열심히 노력하면 그와 같은 복을 누릴 수 있습니다. 그러나 사람에 따라서는 이러한 작은 복도 누릴 수 없는 사람이 있습니다.

부산교당에서의 일입니다. 하루는 교당 4층으로 건장하게 생긴 남자분이 들어오더니 대뜸 저에게 절을 하는 것입니다. 절을 받기는 받았는데 누군지 통 기억이 나지 않았습니다. 그런데 상대는 저를 잘 안다면서 하는 말이 "부산 국제시장에서 넝마주이 몇 명을 거느리고 있는데 이들을 다른 지역으로 보내기 전에 밥 한 끼라도 먹이고 싶다."는 것이었습니다. 그러면서 그 회식에 필요한 경비를 나에게 달라는 것입니다.

처음 절을 받았을 때까지는 그런대로 기분이 괜찮더니 그 소리를 들으니 기분이 별로 안 좋아지더군요. '사지육신 멀쩡하게 생긴 사람이 스스로 노력해서 해결할 생각은 안하고 아직도 이렇게 구걸하며 살아가나'라고 생각하니 더욱 씁쓸했습니다.

우리 사회가 아무리 어렵다 하더라도 건강한 육신을 가지고 자기 스스로 노력하면 자기가 먹을 수 있는 복은 얻을 수 있는 것이 하늘의 이치입니다. 그런데 아직도 이러한 이치를 모르고 놀고먹고 편안하게 구하려 하는 사람이 우리 주위에 있습니다.

우리는 기도를 통하여 사람의 힘으로 누릴 수도 있고, 누리지 못할 수도 있는 작은 복은 모두 자기에게 달려있다는 이치를 깨달아야 합니다.

그런가 하면 "대복은 재천이라." 큰 복은 하늘에 있다는 뜻입니다. 이 말은 사람의 힘으로 어찌할 수 없는 것이 큰 복이라는 것입니다. 우리가 큰 복을 구하려면 천력天力이 있어야 합니다. 하늘에 있는 큰 복을 누리려면 그 힘을 빌려와야 합니다. 우리가 올리는 기도는 부처님의 힘을 빌려서 큰 복을 가져올 수 있게 하는

우리가 찾는 행복 · 237

것입니다. 그런데 세상 사람들은 이러한 이치를 모르고 자기의 재주, 능력, 권리를 통하여 복을 가지려 합니다.

우리 사회에는 여러 문제가 생겨나고 있습니다. 대기업들이 일으키는 경제문제 중에는 서민들은 감히 상상도 할 수 없는 액수가 뉴스에 종종 보도되곤 합니다. 이는 인간의 힘과 권력을 통해서 큰 복을 구하려다 일어난 것입니다. 인간의 권력과 힘은 한계가 있고 한시적입니다. 절대로 영원한 것이 아닙니다. 그런데 세상 사람들은 인간의 능력, 권력, 재주를 믿고 거기에 의지하여 큰 복을 얻을 수 있다고 착각을 합니다.

좌산 종법사님께서 배내훈련원 봉불식에 오셨습니다. 종법사님을 영접한다고 목욕재계하고 깨끗한 한복을 꺼내 입고 새 구두까지 신고 종법사님을 모셨습니다. 종법사님을 모시고 배내 계곡을 올라갔습니다. 훈련원 부지의 풍광과 계곡의 장점을 자랑하면서 한참 올라가는데 개울이 나왔습니다. 한복을 입고 구두를 신은 제가 뛰기에는 조금 어려워 보였습니다. 순간 나무가 보여서 그 나무를 잡고 폴짝 뛰었는데 하필 썩은 나뭇가지였습니다. 나무가 뚝 부러지면서 깨끗한 한복과 구두가 물속에 빠졌습니다. 그일이 있고 나서 제가 어디에 의지했는가 살펴보니 살아있는 나무에 의지한 것이 아니라 썩은 나무에 의지하여 물속에 빠진 것입니다.

이 세상 사람들은 어디에 의지하고 있습니까? 인간의 능력, 권력, 재주에 의지하기 때문에 실의에 빠지고 실패하는 것입니다. 우리가 영원히 의지해야 할 곳은 바로 법신불 부처님입니다.

한진그룹 대표는 월정사를 단독으로 운영하고 있습니다. 그런가 하면 한진중공업 사장은 어려운 상황에서도 항상 마음을 법신불 부처님께 의지하여 돌파해 나가고 있습니다. 슬기롭고 지혜가 있는 사람은 자기의 힘에 의지하여 사업을 경영하고 자기의 힘만으로 모든 일을 처리해 가는 것이 아니라 부처님의 힘을 빌리고 의지하여 어려움을 극복해 가는 것입니다. 그런데 큰 복을 주신다 하더라도 자기 스스로 그 복을 받을 수 있는 자력과 그릇을 만들어 놓지 못하면 부질없습니다.

수년 전, 총부에서는 오동나무를 키웠습니다. 오동나무는 뿌리를 약 8cm씩 끊어서 땅에 심으면 다시 한 그루씩 자랍니다. 어느 날 잘 자란 오동나무 한 그루가 죽어서 뿌리째 뽑아서 태워 버린 일이 있었습니다. 이 사실을 대산 종사님이 아시고 하시는 말씀이 "오동나무 뿌리가 복덩어리였는데…. 복을 모르는 너희는 복을 내다 버렸구나."라고 한탄하셨습니다. 이렇듯 진리가 복을 주더라도 자기가 수용하지 못하면 소용이 없는 것입니다.

우리는 기도를 통해서 천력을 빌리고, 부처님의 위력을 빌리고, 자신의 그릇을 만들어야 하는데 그 그릇을 만드는데 조건은 바로 정직성과 공직성입니다.

왜 정직성과 공직성이 이를 수용할 수 있는 그릇이 되는가 하면 앞으로의 시대는 정보화 시대이기 때문입니다. 과거의 시대는 산업화 시대였습니다. 산업화 시대의 재화와 복의 근원은 피와 땀이었습니다. 열심히 하면 되었습니다. 그런데 정보화 시대의 재화와 복은 우리 인간들이 가지고 있는 정직성과 공직성입니다.

한 달 전, 시내의 모 음식점에 갔습니다. 해물탕을 시켰는데 음식은 너무 맛이 없고 직원들은 불친절하여 불쾌하기 짝이 없었습니다. 그뿐만 아니라 음식값도 너무 비싸서 식당을 나오면서 '이 집은 다시는 올 곳이 못 되는구나. 사람을 속여먹는 곳이야'라는 생각이 머릿속에서 떠나질 않았습니다. 정보화 시대에 이런 식으로 장사하면 금방 소문이 나 인심이 떠나게 됩니다. 부처님께서 주신 복을 사람들이 수용할 수 있는 그릇은 바로 정직성과 공직성입니다. 그런데 이 가게주인은 이런 기본적인 생각도 없이 식당을 운영하고 있으니 불 보듯 뻔했습니다.

우리는 각자 맡은 일속에서 정직성과 공직성에 바탕을 두고 살아가는 것이 기도를 올리는 의미입니다. 이 기도를 통해 그동안 경영하고 있는 사업이 법신불 부처님의 한없는 은혜와 위력을 받으면서 날로 성장해 가기를 바랍니다.

마음의 해탈은
외부의 일체 모든 조건에서 벗어나
자기 마음속에서 진정으로 우러나는
행복과 즐거움을 발견하는 것입니다.

인생에 있어 세 가지 즐거움

　사람이 세상을 살아가는데 필요한 조건을 손에 꼽으라고 한다면 헤아릴 수 없을 만큼 많을 것입니다. 그렇지만 보편적으로 행복을 추구하는 것이 인생이라고 말씀드릴 수 있습니다. 모든 사람은 인생에 있어 고통이나 괴로움보다는 행복과 즐거움을 찾기 위해 부단히 노력하고 있습니다. 그래서 오늘은 인생에 있어서 세 가지 즐거움이 무엇인가 이런 내용으로 다 같이 공부해보고자 합니다.

　사람마다 원하는 즐거움과 행복은 다 다릅니다. 경제적으로 어려운 시기에 부닥친 실직자들은 직장을 얻는 것이 최대의 즐거움일 것이고, 또 배고픈 사람들에게는 밥 한 그릇 먹는 것이 행복이고 즐거움이 될 것입니다. 이러한 여러 가지의 행복과 즐거움이 있지만, 우리의 가장 보편적인 생각 속에서 오는 행복과 즐거움이 어떤 것인가 생각해 봅니다.

첫 번째는 시련 뒤에 얻는 풍요로움, 이것이 우리를 행복하게 하고 기쁘게 한다고 생각합니다. 사람은 무엇인가를 얻을 때 행복하다고 느낍니다. 잃어버리는 것보다는 무엇인가를 얻을 때 행복해지고 즐거워지기 때문입니다. 사람들이 생활하는 근본 목적을 살펴보면 무엇인가를 자꾸 얻으려는 마음이 내면의 세계에 깔려있습니다. 그래서인지 우리는 무엇인가를 잃는 것 보다는 얻을 때 행복해진다고 느끼게 됩니다. 그런데 문제는 얻는다고 다 행복해지지 않는다는 것입니다.

제가 삼 년간 군대생활을 부산 수영에 있는 육군통합병원에서 했습니다. 수의학과를 나와서 주특기가 위생병이었는데 그때만 해도 군인들의 기강이 헤이해 저 있을 때였습니다. 당시 군인들이 사용하던 약이 전부 미제였는데 위생병들이 어떻게든 미제 약 하나를 훔쳐서 팔아먹으려고 혈안이 되어 있었습니다. 그들의 입장에서는 그런 행동이 얻는 것이라 여겼던 것 같습니다. 공으로 얻은 것이니 행복하다고 말입니다. 그런데 그렇게 얻어서 뭐 하는지를 가만히 살펴보니 가볍게 써버리는 것입니다. 약을 팔아서 돈이 생기면 하루 저녁 나가서 술 마시면 그만입니다.

쉽게 얻는 것은 절대로 사람들을 행복하게 하지 않습니다. 그러면 어떻게 얻는 것이 행복할까요. 어려움과 시련과 고난 뒤에 얻어지는 풍요로움이 우리를 진정으로 행복하게 하는 것입니다.

세상이 왜 병들었는지 아십니까. 예전보다 풍요롭게 살면서도 사람들은 행복함을 느끼는 것이 덜 합니다. 얻어가는 과정에 문제가 있기 때문입니다. 풍요로움을 위해 하나하나 우리가 수용해 가는 과정, 그것이 행복을 만들어가는 과정입니다. 우리는 절대로 쉽게 얻어서는 안 됩니다. 어려움과 시련과 고난 뒤에 얻어지는 작은 만족, 이것이 우리 인간들을 행복하게 하는 것입니다.

그런데 이렇게 얻어서 누릴 수 있는 일차적인 기쁨도 있지만, 더 큰 기쁨은 남에게 베풀 때 오는 행복입니다.

신년하례식을 하면서 교무들이 저한테 용돈을 조금씩 주었습니다. 받은 것을 계산해 보니까 상당히 모였습니다. 얻는 즐거움이 있더라고요. 그래서 이걸 어떻게 쓸까 고민을 했습니다. 부산교구에 어려운 교당이 있는데 그중 7개 교당을 선별해서 형편에 따라 십오만 원, 십만 원씩 구별해서 보냈습니다. 그랬더니 여기에서 내가 얻어서 베풀었다는 즐거움과 행복이 자연스럽게 따라왔습니다.

한 달 동안 부산 시내 교당을 돌아다니면서 법회를 봤습니다. 법회를 다 보고나니까 모두 칠십만 원이 모였어요. 그래서 이것을 어떻게 할 것인가 또 고민했습니다. 마침 토성교당 교무님이 신협에 빚을 갚느라 애쓴다는 이야기를 들었습니다. 토성교당 교무 통장으로 칠십만 원을 보냈는데 한 달 동안 설교해서 번 돈을 보내고 나니 가슴에서 '아, 나도 토성교당의 아픔에 동참했다'는 행복감이 밀려오는 것입니다. 이렇듯 얻는데 기쁨과 행복이 있고 또 더 나아가서는 베푸는데 기쁨과 행복이 있습니다. 이런 실천들을 우리 다 같이 해 나갑시다.

두 번째는 건강과 활동의 행복입니다. 사람은 건강해야 합니다. 사람에게 가장 큰 재산은 육신의 건강입니다. 가정에서 제일 큰 도둑은 바깥에 있는 것이 아니라 병마입니다. 그래서 일차적으로 행복은 자기가 건강해야 합니다. 저도 건강한 편인데 병이 하나 있습니다. 젊어서는 괜찮았는데 나이 들면서 변비가 오기 시작하더라고요. 변비가 있다고 하니까 처빙도 많더군요. 변비에 좋은 과일도 먹어보고 변비에 좋다는 요가 등을 해봤지만 그래도 고통스러웠습니다. 그러던 어느 날 갑자기 어느 분이 변비에 좋은 식품이라면서 한 삼 개월을 먹으라고 주더군요. 처음에 먹었을 때는 잘 모르겠더니 삼 개월이 가까워 오자 효과가 있었습니다. 그 후로 그분을 보면 생명의 은인 같았습니다. 변 하나만 해결이 돼도 더 없이 행복해지는 것을 알았습니다.

그런데 사람이 건강하다고만 해서 모두 행복해지는 것은 아닙니다. 건강한 사람이 건강한 육신을 가지고 적당하게 움직이고 활발하게 일할 때 행복해 집니다. 진리는 왜 인간에게 육신을 주었느냐, 그 육신을 준 이유가 반드시 있습니다. 일하고 활동하라고 준 것이시 매일 앉아서 놀라고 준 것이 아닙니다. 놀기만 하면 오히려 자꾸만 아파요. 움직이고 활동할 때 인간의 행복이 오는 것입니다.

곤타원 백원정 법사님께서 교당에 물김치를 가져다주셨는데 맛있게 잘 먹었습니다. 제가 물김치 맛있게 먹었다고 하니까 우리 곤타원님이 "우리 교무님 만세!"라고 하시더군요. 이 어른이 팔십이세요. 움직이고 활동하면서 행복해지는 것 아닙니까. 적당한 일을 적당하게 하면서 움직이고 활동할 때 인간은 행복해지는 것입니다.

세 번째는 마음에서 오는 즐거움과 행복입니다. 이 마음에서 오는 즐거움과 행복은 우리가 누릴 수 있는 행복의 최고 경지입니다. 경제적 풍요로움에서 오는 행복은 한계가 있고 일시적인 것입니다. 돈은 나갈 때도 있고 들어올 때도 있지 않습니까. 육신의 건강과 활동에서 오는 행복도 일시적인 것입니다. 언젠가는 사람들이 병들고 아파 죽습니다.

그러면 궁극적으로 영원한 행복은 어디서 찾아야 할까요. 우리는 마음속에서 찾아야 되고 그 마음속에서 찾는 것이 바로 해탈에서 오는 즐거움입니다. 이 마음의 해탈은 외부의 일체 모든 조건에서 벗어나 자기 마음속에서 진정으로 우러나는 행복과 즐거움을 발견하는 것입니다. 이것은 우리 교도님들께서 궁극적으로 갖추어야 할 그런 행복이 아닌가 싶습니다.

또한, 해탈의 행복은 어느 누구도 빼앗아 갈 수 없습니다. 경제적인 풍요로움, 건강은 빼앗아갑니다. 그런데 해탈의 즐거움, 해탈의 행복은 아무도 빼앗아 갈 수 없는 영원한 자기 만의 행복입니다. 인생을 살아가면서 즐거운 인생을 다 같이 살 수 있는 우리 교도님들 되시기를 마음속으로 염원합니다.

바른 선을 행하는 길

얼마 전, 어느 동기가 저한테 선물을 주었습니다. 봉투를 열어보니 복권 한 장과 당첨이 되면 교화 기금으로 사용하라는 메모가 들어있었습니다. 평소 복권에 관심이 없다가 선물로 받아보니 처음으로 당첨발표하는 날이 기다려졌습니다. 확인을 해보니 숫자 하나가 맞아서 새 복권 한 장과 바꿔왔습니다. 그다음부터는 어디다뒀는지 관심을 갖지 않았습니다.

우리가 살다 보면 뭔가 팍팍하고 일이 잘 풀리지 않을 때가 있습니다. 이럴 때 뭔가 한번 탁 터지길 바랍니다. 그러나 소태산 대종사님께서는 법문에서 이 세상에서 가장 최고의 선은 바른 신심이 나서 영겁의 길을 한번 착 열어주는 것이라고 하셨습니다.

많은 사람이 선을 실천해야 한다는 생각들은 다 가지고 있습니다. 그러나 어떻게 하는 것이 선을 실행하는 것이고 참으로 좋은 일인지는 잘 알지 못합니다.

어느 교무님이 제가 부산에 부임했다고 하니까 바다 구경할 겸 인사를 왔습니다. 함께 송도해수욕장 근처를 갔는데 음식점마다 호객행위를 하는 통에 시끄러워서 조용히 거닐 수가 없었습니다. 또한, 음식점마다 소매끝을 잡아당기니 정작 어느 음식점에 들어가야 할지 망설이게 되었습니다. 조용하게 거닐고 싶어도 시끄러운 세상이 지금 우리 교도님들이 살아가는 세상의 분위기가 아닐까 싶습니다.

이런 복잡한 상황 속에서 대종사님께서는 "선을 행하는 길의 처음을 금전이나 의식을 혜시惠施하라"고 요훈품 37장에서 말씀해 주셨습니다. 금전이나 의식을 다른 사람에게 베풀어주는 것이 가장 기본적으로 우리가 선을 실천하는 길이라는 말씀입니다. 그런데 금전을 베푸는 것도 아무에게나 그냥 할 수는 없습니다.

제가 서울에 있을 때 화교계 남자교도가 연말연시에 좋은 선을 실천한다고 오만 원을 몽땅 동전으로 바꿨다고 합니다. 그리고는 그 돈을 만나는 사람마다 줬는데 사람들이 이유 없이 받으려 하지 않으니 베풀고 싶어도 그 오만 원을 다 쓰지 못했다고 합니다.

이처럼 선을 행하고 싶어도 진정한 상대를 만나기가 어렵습니다. 그래서 대종사님께서는 '공공기관을 통해서 물질 혜시의 선을 실천하라'고 하셨습니다.

신문을 보니까 충무동 육교 밑에서 항상 지게를 지는 지게꾼이 있는데 그 사람 별명이 '지게꾼 장학회장'이라고 합니다. 재산이라고는 지게 하나에 손수레 한 대가 전부인데 집도 없어서 온종일 일을 하고 나면 목욕탕 청소를 도와주고 그곳에서 잠을 잔다고 합니다. 이렇게 매일 일과를 반복하는데 일을 하고 백만 원이 생길 때마다 신평초등학교에 갖다 줬다고 합니다. 신평초등학교는 예전 철거민들이 다니던 학교인데 악착같이 벌어서 갖다 주니 그 돈이 수 천만 원이 넘었습니다. 부산시장이 이 이야기를 듣고 시민의 날 표창을 했는데 그 자리에도 나오지 않았습니다. 나중에 기자가 찾아가서 물었더니 그 사람이 하는 말이 '인생은 공수래공수거'라고 하면서 이 원리를 실천하기 위한 것 뿐이라고 말을 했답니다.

우리 사회는 메마른 것 같아도 숨은 곳에서 이런 선을 실천하는 많은 사람이 있습니다. 제가 생각할 때 이 분은 공수래공수거의 원리를 훤히 잘 알고 있습니다. 물질 보시를 하면 복 받는다는 것을 알고 있다는 것입니다.

그런데 우리는 나눔을 실천하기가 어렵습니다. 왜냐하면, 마음속에 있는 자기의 욕심 때문입니다. 물론 그렇다고 해서 물질 보시를 절대 무리하게 해서는 안 됩니다. 우선 생활의 터전을 소중하게 살피고 진리를 아는 우리는 물질 보시를 통해서 선을 지어나가는 일들을 차근차근히 해나가야 하겠습니다.

두 번째는 정법회상에 바른 신심을 일으키는 것입니다. 이것은 큰 선을 행하는 길입니다. 우리 대종사님의 법문을 보면 물질 혜시보다도 더 높은 단계의 선이 사람들의 바른 신심을 일으키는 것이라고 했습니다.

여기에는 두 가지가 있습니다. 하나는 자기 스스로 정법회상의 정법에 바른 신심을 일으키는 것입니다. 두 번째는 한 단계 더 나아가 다른 사람을 바른 회상의 정법에 신심을 일으키게 하는 것입니다. 이것이 진짜 큰 선이라고 하셨습니다.

이 말씀은 보시나 혜시를 하면서 더 큰 실천으로써 바른 신심을 일으키는 노력을 해야 한다는 것입니다.

저의 첫 담임은 염타원 장혜성 교무님입니다. 당시 대구교당

부교무님으로 계셨는데 기억에 많이 남습니다. 그분이 제가 원불교에 다닐 때 바른 신심으로 이끌어주셔서 제가 전무출신을 하게 되었습니다.

염타원님으로 인해 전무출신을 한 제가 기숙사에서 이십 년간 600명의 교무님을 가르치는 일을 했는데 이 공덕도 저를 바른 신심으로 이끌어 주신 스승님께 가는 것입니다. 얼마나 좋은 일입니까. 이처럼 바른 신심을 이끌고 인도해 주는 일이 선 중에서는 가장 큰 선입니다.

제가 부산에 와서 교도님들을 뵈니까 부산 교도님들의 신심이 대단했습니다. 이것은 우리 부산교당을 다녀가신 많은 선진 교무님들께서 법으로 잘 이끌어주셨기 때문에 교도님들의 단계가 높다는 말씀입니다. 그런데 사람의 인연과 계기라고 하는 것이 참 희한합니다.

제가 총부에서 점심을 먹고 제 방에 가보니 아주 예쁘게 생긴 고등학생 한 명이 방문 앞에 걸터앉아 있었습니다. 그냥 방에 들어가려다 말을 걸었습니다. 제 방에서 이런저런 이야기들을 나누다가 대산 종사님께서 송대에 나와 계셔서 이 학생을 데리고 갔습니다. 이 학생이 하는 이야기를 들어보니 자기는 소설 읽는 것을 좋아하는데 부모님이 좋은 학교에 가서 돈을 벌라고 한다는 것입니다. 부모님과의 마찰이 심해지니 출가할 생각으로 일단 총부를 왔는데 인연이 닿으면 있고 아니면 산속으로 들어갈 작정이었다고 합니다. 대산 종사님께서 학생을 잘 지도하라고 하셔서 하룻밤 재우고 집으로 돌려보내면서 공부 잘하고 다음에 다시 오라고 했습니다. 그 때 그 학생이 대구보화당 원장까지 지냈습니다.

제 방문 앞에 앉아 있던 인연으로 학생에게 건넨 말 한마디가 계기가 되어 한 사람의 인생 방향을 바꿔 놓기도 했습니다.

우리는 숨은 교도를 찾고 인연을 찾는 운동을 평소 해나가야 합니다. 다 같이 바른 신심을 일으킬 수 있는 사람 한 명씩을 선택해서 공을 들여 나갑시다. 포기하지 않고 계속 공을 들이면 언젠가는 그 사람도 바른 신심이 날 것입니다.

큰 선을 실천하는 길은 우리 마음속에 욕심을 항복 받아서 물질혜시를 많이 하는 것이며, 이보다 더 큰 선의 실천은 다른 사람을 정법회상으로 이끌어 바른 신심을 일으키는 것입니다.

고난에 대처하는 법

우리가 이 세상을 살아가다 보면 항상 즐거움만 있는 것도 아니고 또 항상 괴로움만 있는 것도 아닙니다. 이 즐거움과 괴로움은 생활 속에서 순서없이 찾아옵니다. 부처님께서는 즐거움과 고통을 예고 없이 우리에게 주십니다.

부산에 있을 때 저는 이 괴로움을 살짝 피해 보려고 일주일간 훈련을 하고 다음 날 군포병원에 입원해서 수술을 받은 적이 있습니다. 시설이 좋아서 부산보다도 병원이 극락이라고 생각했는데 하루 이틀 지나니 교도님들이 보고 싶어서 일찍 퇴원하고 왔습니다. 그런데 이것도 가만히 생각을 해보면 즐거움과 고통입니다. 항상 즐겁고, 항상 괴로움이 있는 것이 아니라 즐거움이 있으면 고통이 있고 고통이 있으면 즐거움이 있습니다.

그래서 오늘은 이 어려운 고난을 슬기롭게 대처할 방법이 무엇인가 생각해 보고자 합니다.

지금 같이 고통과 고난이 있는 시대야말로 우리들의 슬기로움과 지혜로움이 필요할 때입니다. 우리가 잘못 대처를 하면 몸도 마음도 상합니다. 슬기롭고 지혜롭게 대처함으로써 우리가 다 같이 겪고 있는 이 고통을 헤치고 나가야 하겠습니다.

우리는 종교인이기 때문에 제일 먼저 기도로써 이 어려움을 대처해 나가야 합니다. 능력도 있고 재주도 필요하지만 어떤 어려움과 고난이 다가오면 법신불 부처님의 위력을 빌리기 위해서 기도를 해야 합니다.

산세를 다 꿰뚫어보시고 사생의 자부이시고 만덕을 겸비하신 대종사님께서도 어려움의 경계를 당하면 당신 능력이 아니라 기도로 극복하셨습니다. 우리 인류를 깨우는 최대의 고난과 재난을 대처하는 방법이 바로 산상기도인 것입니다.

원불교 구인 선진님들께서 방언공사를 하셨는데 그 당시에는 인간의 힘으로 가능한 것이 아니었습니다. 그래서 세상 사람들이 다 조소를 했습니다. 저축조합으로 번 돈을 바다에 다 집어넣는다고 말입니다. 방언공사가 사람들이 생각할 때는 불가능한 것이었기 때문입니다. 그 불가능한 방언공사를 가능하게 하신 것이 우리 구인 선진님입니다.

　방언공사 할 때의 일화입니다. 법성에 장대한 청년이 한 명 있있다고 합니다. 방언공사에 참여하면 돈을 벌 수 있다는 말을 듣고 이 청년이 공사에 참여했습니다. 그런데 이 청년이 얼마나 장대한가 하면 몸도 좋고 목이 황소 목같이 탄탄하게 생긴 사람이었습니다. 힘이 세고 일도 얼마나 잘하는지 흙을 짊어지고 오는데 다른 사람들의 두 몫을 했다고 합니다.
　그런데 일을 할 때 대종사님께서 흙을 부을 곳을 지팡이로 짚어주시는데 이 청년이 대종사님의 말씀을 듣지 않고 다른 곳에다가 부어버렸습니다. 청년이 대종사님 골탕을 먹인 것입니다. 세 번째도 말을 듣지 않자 대종사님께서 가지고 있던 지팡이로 청년이 메고 있는 지게를 딱 치면서 '이놈' 했다고 합니다. 그런데 이 청년이 쓰러져버렸습니다.
　청년이 졸도했다가 한참 만에 일어나서 하는 말이 대종사님은 참으로 대단한 분이시라며 지게를 딱 쳤는데 눈에 불이 번쩍하면서 벼락이 치더랍니다. 그것이 대종사님의 위력입니다. 그다음부터는 대종사님의 말씀을 잘 듣고 방언공사에 일조했다고 합니다. 이런 기적의 역사를 이루면서 방언공사를 성공하셨습니다.

　불가능할 거라고 했던 방언공사를 성공하니 구인선진님들이 얼마나 기뻤겠습니까? 그런데 대종사님께서는 앞으로 다가올 창생의 도탄이 한이 없다고 하시며 새로운 고난과 새로운 과제를 생각하셨습니다.

대종사님께서는 창생의 도탄을 해결하는 방법으로 산상기도를 선택하셨습니다. 우리 교도들이 고난과 어려움을 해결하는 최대의 슬기가 기도로 대처하는 것입니다. 우리의 능력과 힘으로 난관을 극복하려고 하지 말고 기도를 해야 합니다.

가정에 어려움이 생기고 걱정거리가 생길 때도 우리는 기도부터 해야 합니다. 원불교인의 큰 무기는 구인선진님들이 선택하셨던 기도입니다. 이를 통해서 우리가 당하고 있는 어려움을 극복해 나가는 슬기로움을 가져야 합니다.

두 번째 방법은 받아야 할 고통을 미루지 않는 것입니다. 정업난면定業難免이라고 지은 업은 면하기 어렵다고 했습니다. 우리가 이왕 받아야할 것이라면 아주 기쁘게 받아들여야 합니다. 살짝 피하고 미루면 미룰수록 받아야 할 고통은 더 커집니다.

저는 일찍이 수술을 두 번 했습니다. 처음 다쳤을 때 의사가 저에게 수술 여부를 물었습니다. 의사 말을 들어 보니 수술을 안 하면 반깁스를 하고 일주일 동안 있다가 부기가 빠지면 통 깁스로 바꾸고 4주를 있어야 된다고 했습니다. 그런데 수술을 하면

통 깁스를 하지 않고 4주 동안 있으면 된다는 것입니다. 주변에 깁스를 해본 사람들의 이야기를 들어보니 불편하다고 해서 수술하기로 했습니다. 잠시 깁스하는 고통을 피하려고 수술을 한 것입니다.

그런데 수술 부위에 있던 핀을 제거하지 않고 그냥 뒀는데 좌선을 할 때마다 닿아서 아팠습니다. 다시 핀을 제거하는 수술을 받고 활동을 활발히 하는 것이 좋겠다는 생각에 또 수술을 받았습니다. 간단한 수술인 줄 알았는데 처음 할 때나 두 번째 하는 것이나 똑같았습니다. 처음부터 깁스하고 지냈으면 괜찮았을 텐데 그것을 면해 보려고 했다가 고통을 또 받고 있는 것입니다.

고통이라고 하는 것은 절대로 미뤄서는 안 됩니다. 이왕 받을 업이면 그때 그 순간에 달게 받아야 합니다. 지금 세상이 얼마나 어렵습니까? 이 어려운 세상을 기도를 통해서 극복하고, 받아야 될 고통이면 달게 받아서 극복해 나갑시다.

원불교에 다니면서 공부를 하는 사람은
'나는 누구인가'라는 이 질문에 대해서
스스로 대조하고 반조하면서 살아야 합니다.
그렇다면 나는 누구일까요?

나는 누구인가

원불교에 다니면서 공부를 하는 사람은 '나는 누구인가'라는 이 질문에 대해서 스스로 대조하고 반조하면서 살아야 합니다. 그렇다면 나는 누구일까요?

보통 사람들은 이런 질문에 "누구긴 누구야. 나는 나지"라고 대답을 합니다. 그 말이 맞긴 합니다. 하지만 '참 자기'는 모르고 '엉뚱한 자기'에 매달려서 일생을 살아가는 사람들이 많습니다. '나는 누구인가' 이것에 대해서 우리는 깊이 생각을 해보고 이런 생각의 바탕에서 살아 가야겠습니다.

보통 사람들이 자기 자신에 대해 생각하는 것을 살펴보면 대략 세 가지 정도로 나눌 수 있습니다.

첫째는 보통 사람들은 외형적인 모습의 자기 자신을 생각합니다. 이것은 아주 일차적인 자기입니다. 그런데 사람들은 일시적으로 표출되는 외형적 자기 모습에만 집착하며 살아갑니다. 그런데 이것은 말짱 헛일입니다. 외형적인 것은 변하는 것입니다. 외형적인 자기는 절대로 참 자기가 아니라는 것을 알아야 합니다. 그런데 보통 사람들은 여기에 묻혀서 삽니다.

두 번째는 경력을 가진 자기 모습입니다. 자기가 가지고 있는 경력만으로 자기를 생각하는 것입니다. 과거에 무슨 일을 했었는지, 무슨 자격증을 가졌는지 잊어버리지 않고 계속 지니고 살아갑니다. 그리고 그 경력으로 자신의 모습을 결정하고 형성합니다. 이 사람들은 추억 속에서 사는 사람들입니다.

왕년에 안 좋았던 사람 어디 있습니까. 왕년에는 다 잘 나갔습니다. 흔히 군대 갔다 온 남자들이 모이기만 하면 군대 이야기를 하는 것처럼 사람들은 과거의 경력만을 가지고 그것이 자기의 전부인 양 착각합니다.

원불교의 진리로 볼 때 지나온 과거의 모든 작용은 업식이 됩니다. 업 業 자에 알 識 자입니다. 경력의 업식이 계속 저장이 되면 결국 자기로 딱 굳어지고 형성되어 버립니다. 우리는 순간

순간 경력들을 잘 지어야지 만약에 잘못 지으면 안 좋은 업식의 자기로 굳어져 버립니다.

우리가 교당에 와서 수도하고 공부하고 기도합니다. 이것은 과거의 안 좋은 업식을 청소하는 것입니다. 그렇다고 대재에 와서 제사를 지내고 나면 업이 다 소멸할 거라고 생각을 하는데 진리로 볼 때는 절대로 그렇지 않습니다. 한 번으로는 절대 업식을 소멸할 수 없습니다. 지난 경력의 업식이 계속 저장이 되면 가짜의 자기가 정형화됩니다. 과거의 추억 속에 사는 사람들은 여기에서 빨리 벗어나야 합니다.

마지막은 인식주체의 자기입니다.

옛 선지자가 표현하길 여기에 한 물건이 있으니 공간적으로 펼쳐 보면 시방에 가득 차고 좁히면 겨자씨에도 들어갔다 나왔다 하는데, 시간상으로 보면 시작한 바가 없고 마친 바가 없다고 했습니다. 그리고 이 한 물건이 밝기로 말하면 태양보다 더 밝고 어둡기로 말하면 칠흑보다도 더 어둡다고 했습니다.

삼세의 모든 부처님은 외형적 자기도 벗어났고 지나온 경력의 자기, 업식의 자기도 모두 벗어났습니다. 이것은 참 자기가 아닙니다. 그것은 모두 변하는 것이며 참 자기는 영원히 변하지 않습니다. 삼세의 부처님들은 이런 변하지 않는 참 자기를 발견하신 분들입니다.

우리가 교당에서 법회보고 공부하는 이유는 궁극적으로 인식의 주체가 되는 참 자기를 찾기 위함입니다. 이것은 알고 보면 이 세상의 모든 것으로 다 나타납니다.

어떤 승려가 조주趙州에게 "어떤 것이 조사가 서쪽에서 오신 뜻입니까?"라고 묻자, 조주가 "뜰 앞에 있는 잣나무니라."라고 답했습니다. 이 뜰 앞에 잣나무가 우리가 가지고 있는 이 한 물건입니다. 우주만유 시방세계에 모든 것들이 다 한 물건 아님이 없다는 말입니다. 참 자기, 이것을 알아야 합니다.

어린아이들은 아직 자기의 관념과 자기의식이 형성되지 않았기 때문에 이 한 물건이 작용을 잘합니다. 그래서 세 살 정도의 아이들을 보면 전생에 하던 행동을 그대로 따라 합니다. 이때는 한 물건의 작용이 자기의 관념과 상으로 묻히지 않았을 때입니다. 그러나 성장하면서 이 한 물건이 관념과 상으로 자기 업식이 자꾸 생겨나면서 자기라고 하는 업이 생기게 되는 것입니다.

우리들도 이 한 물건을 찾아야 합니다. 이 한 물건은 세상의 보배입니다. 앞으로 한없는 과학의 문명 세계를 맞이합니다. 이런 과학문명 세계를 잘 맞이하고 멋지게 활용하기 위해서는 참 자기를 찾아야 합니다. 이것이 바탕이 되어 있을 때 어떤 경우 어떤 상황이 되더라도 우리는 주체적으로 잘 활용해서 잘 살 수 있는 세계를 맞이할 수 있을 것입니다.

우리는 외형적 자기에 집착하지 말고 경력의 자기에도 집착하지 말고 인식의 주체가 되는 참 자기를 이번 기회에 모두 공부하고 찾아 가기를 바랍니다.

타성과 일상성에 떨어진 사람은
살았으되 죽은 사람입니다.
그런데 문제는 사람들이
이런 일상성이나 타성에 떨어져 있으면서도
거기에 떨어져 있는 줄 모르는 것이
더 큰 불행입니다.

일상성에서 벗어나는 삶

　우리가 살아가는 데 있어서 '어떻게 하면 인생을 보람 있고 뜻 있게 살 것인가'라는 생각을 해봅니다. 남보다 조금 더 보람이 있고 뜻있게 살다가, 인생을 마무리 지을 때 멋지게 살았다 할 수 있으려면 무엇을 주의해야 할까요. 살아가는 데 있어서 주의해야 할 점은 여러 가지가 있을 것입니다.

　특히 우리 인간들의 생활이라고 하는 것은 하루하루가 반복되는 생활이지요. 매일, 매주, 매월, 매달, 매년의 반복이지 않습니까. 이 반복되는 시간의 흐름 속에서 살아가는 사람들의 모습은 거의 다 똑같습니다. 그래도 이 생활 속에서 좀 더 인생을 보람 있고 뜻있게 살기 위해서는 주의해야 할 것들이 있습니다.

그것을 저는 '타성'이라고 생각합니다. 타성으로부터 어떻게 벗어나느냐에 따라서 인생의 성패가 결정된다고 하겠습니다. 이런 타성을 다른 말로 바꿔서 말하면 '일상성'이라고 합니다. 조금만 더 자각하고 각성 있게 살면 타성과 일상성으로부터 벗어날 수가 있는데 보통사람들이 사는 것을 보면 다 거기에 떨어져서 그냥 살아갑니다.

이렇게 사는 사람은 열심히 살기는 삽니다만 인생을 보람 있고 즐겁게 살았다고 할 수는 없는 것 같습니다. 그래서 타성과 일상성이라고 하는 것은 자기 발전에 가장 무서운 적이라고 할 수 있습니다.

자기 자신을 발전시키는 데 있어서 타성과 일상성에 떨어지면 그것에 정체되어 더 이상의 발전이 오지 않습니다. 타성과 일상성에 떨어진 사람은 살았으되 죽은 사람입니다. 꼭 우리 목숨이 따 끊어져야만 죽은 것이 아닙니다. 살아있을 때 죽은 사람이 있는데 그것이 바로 타성과 일상성에 떨어진 사람이라고 할 수 있습니다. 이런 사람은 살아 있되 바로 죽은 사람입니다. 그런데 문제는 사람들이 이런 일상성이나 타성에 떨어져 있으면서도 거기에 떨어져 있는 줄 모르는 것이 더 큰 불행입니다.

제가 군포병원에 입원해 있을 때 저를 아주 잘 아는 정토회원의 극진한 보살핌을 받았습니다. 수간호사였는데 제가 주례를 맡았던 인연도 있어 시간만 있으면 안부를 살피고 이런저런 이야기도 주고받았습니다. 그런데 어느 날 정토회원이 저한테 질문을 하나 했습니다.

"교산님, 한국의 보편적인 남성들이 퇴근하고 집에 와서 잠잘 때까지 하는 일이 뭔지 아십니까?" 그런데 아무리 생각을 해봐도 제가 가정생활을 안 해 봐서 잘 모르겠다고 하니 그 정토회원이 하는 말이 밥 먹고 나면 잠들 때까지 텔레비전 리모컨으로 채널 돌리는 게 일이랍니다. 전부 '리모컨 채널 운전사'라는 거예요. 흔히 텔레비전을 '바보상자'라고들 하지 않습니까. 그런데 통계를 내어 보니 이런 리모컨 채널 운전사가 90% 이상이라고 합니다.

저는 총부에서 25년간을 살면서 제 방에 텔레비전이 없었습니다. 저는 리모컨 채널 운전사인 적이 없어서 참으로 안타까웠습니다. 저녁시간이 사람에게 있어서 참으로 멋진 시간 아닙니까.

모든 사람은 한량없는 자기의 창조적 에너지가 있습니다. 그런데 그 창조적 에너지를 스스로 사장해 버리는 것과 같습니다. 그 많은 창조적 에너지가 자기 안에 있는데 그것을 모르고 스스로 사장시키는 대부분의 남편분들은 자기가 일상성과 타성에 떨어져 있는데도 떨어져 있다는 것도 모르고 살고 있습니다. 여기에 인생을 보람 있게 살지 못할 요소가 있는 것입니다.

또 어떤 사람들은 교당 좀 나오시라고 말하면 반드시 교당을 못 오는 이유가 있습니다. 아이 좀 키워 놓고 오겠습니다. 제가 지금 무슨 일을 하고 있는데 이 일만 해 놓고 교당 나가겠습니다. 그렇게 말하는 사람 치고 교당 찾아오는 사람이 별로 없습니다.

그러니까 자기가 경계에 떨어져 있으면서도 타성과 일상성에 떨어져 있는 줄도 모르고 그 일이 끝나기를 기다리고 있는 것입니다. 이것 역시 타성이고 일상성입니다. 이렇게 살다가는 모든 사람이 다 가지고 있는 창조적 에너지와 힘이 무기력과 경계에 사로잡혀서 그곳에 떨어져 버립니다.

그렇게 되면 사람이 자기 자신을 개척해 가는 지혜도 일상성의 테두리가 딱 정해져 버립니다. 자기 자신의 지혜를 밝혀 나가는 것, 이것이 바로 자기 안에서 나오는 창조적 에너지거든요.

그렇다면 타성과 일상성에 우리가 왜 떨어지는지 그 원인을 생각해보면 바로 믿음과 신앙심이 퇴보될 때입니다. 이 믿음과 신앙심이 항상 생생 약동하게 나올 때는 절대로 일상성이나 타성에 떨어지지 않습니다.

우리 초창기 교단에 이만갑, 구남수, 장적조 여러 훌륭한 분들이 계셨습니다. 이분들은 〈대종경〉에도 나옵니다만 대종사님이 변산에 계실 때 보니 이만갑, 구남수, 장적조 이 할머니들의 신심이 넘쳐흐르는 것입니다. 대종사님께서 그 모습을 보시고

"정말로 그대들의 신심이 장하다. 내가 그대들에게 똥을 먹으라고 하면 먹겠느냐." 하고 말씀하셨어요. 그런데 그 말씀이 떨어지자마자 세 분이 봉래정사 옆에 있는 변소에 가서 똥을 퍼서 나뭇잎에 싸서 대종사님 앞에 가지고 갔어요. 그러니까 대종사님께서 "그대들의 거동을 보니 똥보다 더한 것도 먹겠구나. 오늘의 이 마음으로 계속 일관하고 똥은 먹지 마라."고 하셨어요.

이 믿음과 신앙심이 항상 마음속에서 충천할 때 우리는 타성에 떨어지지 않고 항상 창조적 에너지가 샘솟듯이 쏟아져 나옵니다.

우리의 믿음과 신앙심이 퇴보할 때 타성에 젖어버리고 타성에 젖어버리면 자기 신념이 약화되고 자기 신념이 약화되면 안일과 무기력을 불러옵니다. 그래서 우리는 이 일상성과 타성에서 벗어나는 방법으로 신심과 믿음을 확고히 해야 합니다.

교무님들이 저를 보고 아이디어가 많다고 이야기들을 합니다. 저는 머리도 좋지 않고, 아이디어가 잘 나온다는 생각조차도 하지 않습니다. 다만 법회를 보더라도 항상 하는 대로 따분하지 않게 해야겠다는 기본적인 생각과 신념으로 고민하다 보면 이런저런 생각들이 계속 나옵니다. 이 생각이라는 것은 목적의식이 뚜렷하기 때문에 가능한 것입니다. 목적의식과 신념이 뚜렷해야 아이디어도 나옵니다. 그래서 우리는 일상성에서 벗어나는 방법으로 자기의 목적을 뚜렷하게 해줘야 합니다. 목적의식과 신념을 뚜렷하게 갖고 우리의 삶을 엮어가야 되겠습니다.

두 번째로 이것을 벗어나는 방법으로 새로운 경험에 도전해야 합니다. 그런데 사람들은 타성과 일상성에 떨어지면 새로운 경험과 도전을 싫어합니다. 나이를 먹을수록 더욱 그러한 모양입니다.

사람에게는 반드시 미지의 세계가 있습니다. 자기가 알고 자기가 경험한 것이 전체가 아닙니다. 자기가 아는 지혜가 전체가 아니고 자기가 본 세상이 세상 전부가 아니라는 것입니다. 이 세상에는 한량없는 지혜의 세계도 있고 미지의 세계도 있고 우리가 경험하고 눈으로 본 세계도 한량없습니다.

그래서 부처님께서는 삼천 세계를 두루 다 통달하고 계십니다. 부처님과 같은 이런 지혜에 도달하기 위해서는 자기가 가지고 있는 지혜와 자기의 경험에 만족해서는 안 됩니다. 그로부터 우리가 벗어나야 합니다.

그래서 저는 두 가지 방법을 제시했습니다. 하나는 믿음과 신심을 돈독히 하는 것이고 또 하나는 새로운 경험에의 도전입니다. 교당 법회에 나오는 것도 창조적인 에너지를 가지고 참석하고 가정생활이나 인생의 생활을 즐겁고 멋지게 보내는 우리들이 되기를 염원합니다.

결실의 계절에 우리가 거둬야 할 것

얼마 전 어느 교무님께서 알밤을 보내주셨습니다. 당신이 데리고 있던 부교무가 추석에 고향에 다녀오면서 알밤을 가져왔는데 좀 먹어보라고 보낸 것이었습니다. 알밤이 굵고 동글동글한 것이 반짝거렸습니다. 제가 그 알밤을 보는 순간 세상에 순환하는 이치는 그대로구나 하는 생각을 했습니다.

이처럼 일 년 동안 자연의 이치는 돌고 돌아 가을에는 결실을 맺습니다. 그렇다면 우리는 어떤 결실을 거둬야 할까요. 결실의 계절에 우리가 거둬야 될 두 가지를 생각해봅니다.

첫째는 복 짓는 농사의 결실을 거두는 것입니다. 우리 교도님들이 교당에 오셔서 공부하고 법회를 보시는 것이 농사를 짓는 것입니다. 바로 복 짓는 농사입니다. 우리는 정신, 육신, 물질 이 세 가지를 통해서 복 짓는 농사를 합니다.

그런데 물질이 풍부하다고 복을 잘 짓는 것이 아닙니다. 다른 사람이 가질 수 없는 특별한 정신 하나만 가져도 복을 잘 짓고 풍성한 수확을 할 수 있습니다. 정신으로 복 농사를 짓고 육신으로 복 농사를 짓는 것입니다.

원로교도인 안타원님은 아직도 교당 일을 열심히 하십니다. 다른 교당에 가보면 안타원님 같은 위치에 계신 분들은 교당 일에 일일이 신경 쓰지 않습니다. 그런데 안타원님은 주야로 열심히 하십니다. 이런 노력이 바로 복 짓는 농사입니다. 꼭 물질만 가지고 복을 짓는 것이 아닙니다. 복을 잘 지으면 거둘 수확이 많고 복을 잘 못 지으면 거둘 수확이 없는데 일반 사회에서 농사짓는 것도 이와 똑같습니다.

그런데 사람이 짓는 복이 간혹 다를 때가 있습니다. 복을 지었는데 아직 때가 오지 않아 수확이 늦어지는 경우입니다. 그리고 수확이 조금 적다고 느껴질 때 이 복을 다시 투자하고 다시 짓는 노력, 이런 대결단을 가졌는지 다시 한 번 생각해 봐야합니다.

은혜의 집에서 빈민 교화를 했던 길광호 교무가 안타깝게도 젊은 나이에 폐암으로 열반을 했습니다. 길 교무가 제일 처음 한 일이 심장병어린이 돕기였습니다. 30일간 자전거타고 전국을 돌면서 모금을 했는데 다녀와서 저에게 한 말이 "사람들 인상착의만 보면 성금 낼 사람과 안낼 사람이 구분된다."는 것입니다.

어떻게 구분을 하느냐고 물어보니까 실내장식이 잘 된 가게는 성금을 내지 않고 노점에서 채소 같은 것을 조금씩 파는 할머니들이 성금을 냈다고 합니다. 또 옷을 잘 입는 신사들은 성금을 안 내고 촌사람같이 어수룩하게 생긴 사람들이 성금을 냈다고 합니다.

이 말은 돈이 있고 잘 버는 사람일수록 복 짓는 농사를 소홀히 한다는 것입니다. 우주의 이치는 돈 없는 사람이 돈을 벌고 또 돈을 벌어놓은 사람이 돈을 잃는 순환의 연속입니다. 이것이 우주의 공정한 이치가 아닐까 싶습니다.

두 번째는 마음 농사의 결실을 거두는 것입니다. 만약 누군가 원불교는 뭐 하는 곳이냐고 묻는다면 저는 세상에서 못 짓는 농사를 짓는 곳이라고 말하고 싶습니다. 못 짓는 농사는 바로 마음 농사입니다.

마음농사는 땅 한 평 없어도 지을 수 있습니다. 마음농사는 사람이 짓는 농사 중에서 최고급 농사입니다. 아무나 지을 수 없는 농사이기 때문입니다.

소태산 대종사님께서는 이 마음농사를 심전계발이라고 하셨습니다. 마음 밭을 계발한다고 말씀해 주셨는데 원불교의 교도님은 마음 밭을 일구는 사람들입니다. 그리고 교무들은 마음 밭 일구는 방법을 지도하는 교사입니다. 이것이 원불교의 본질입니다.

그런데 마음농사를 짓는데 중요한 것이 하나 있습니다. 곡식농사를 지을 때도 잡초가 곡식에 섞여 있지 않습니까. 그와 마찬가지로 마음농사를 짓는데도 마음의 잡초가 있고, 마음의 곡식이 있습니다. 이 두 가지를 구별할 줄 알아야 마음농사를 잘 지을 수 있습니다. 곡식농사를 짓는 사람이 잡초와 곡식을 구별하지 못하면 농사를 망치게 되는 것과 같습니다.

교단 초창기에 융타원 김영신 법사님이 계셨는데 당시 경기여고 출신이있습니다. 서울에서 전무출신해서 왔는데 총부에서 공동생활을 할 때였습니다. 전체가 공동출역을 하는데 그날은 조밭을 매는 것이었습니다. 그런데 일을 해본 적 없는 융타원님이 조와 풀을 구별하지 못하고 다 뽑아버렸습니다.

마음공부하는 사람은 마음의 잡초와 마음의 곡식을 잘 구별해야 합니다. 잘 구별하지 못하면 마음의 곡식은 뽑아버리고 마음의 잡초는 남겨놓고 맙니다. 곡식과 잡초를 잘 구별할 수 있는 사람이 마음농사를 잘 짓는 사람입니다.

그런데 우리가 살다보면 마음의 곡식하고 마음의 잡초가 구별이 잘 되지 않을 때가 순간적으로 있습니다. 대종사님께서 심지는 원래 요란함이 없건마는 경계를 따라 있어진다고 하셨습니다. 요란한 마음, 어리석은 마음, 그른 마음 이 세 가지 마음은 생활 속에서 순간적으로 일어나는 마음들입니다. 이런 잡초들을 우리는 다 뽑아버려야 합니다.

문제는 자기 마음이 요란해졌는데도 요란해진 줄을 모를 때입니다. 사람들이 스트레스 쌓인다고 하는데 이것은 마음이 요란해지는 것을 말합니다. 자기 마음대로 안 되면 스트레스가 쌓이기 마련입니다. 우리는 일상생활 속에서 마음농사를 지어야 하는데 이때 스트레스가 쌓이지 않게 해야 합니다. 그리고 본래의 마음농사를 잘 지어서 풍성한 수확을 할 수 있는 계절을 맞이해야겠습니다.

복 짓는 농사, 마음 잘 다스리는 농사법을 통해서 풍성한 수확을 거두시기 바랍니다.

콩나물국 맛

　부산교당 청년이 원불교 교도의 명예를 걸고 김해에서 콩나물을 길러 팔았습니다. 이 청년이 파는 콩나물은 일반 시장에서 파는 콩나물과는 달랐습니다. 국산 콩 가격이 수입 콩보다 한 되에 2~3천 원이나 비싼데도 고집스럽게 국산 콩만 사용했습니다. 또 이 콩으로 콩나물을 키우는데 비료나 성장촉진제와 같은 화학약품은 절대 사용하지 않고 깨끗한 물만 사용하다 보니 다른 콩나물과는 모습부터 달랐습니다. 이전까지는 시중에 나온 통통한 콩나물들이 좋은 줄 알았는데 알고 보니 이 청년이 키운 콩나물처럼 삐쩍 마른 콩나물이 맛도 좋고 건강에도 그만이라는 것입니다.
　바자회 때 이 콩나물을 사 와서 저녁식사시간에 콩나물국으로 끓여 놓았는데 그 맛이 확연히 달랐습니다. 국물 맛은 시원하고 콩나물은 고소하고 무어라 표현하지 못할 만큼 개운했습니다. 제가 평소 소식을 하는데 그 국은 한 그릇 더 먹고도 모자라 숟가락을 들고서 '내가 숟가락을 놓을까 말까?' 미련을 못 버리고 한 그릇 더 퍼 왔습니다.

이 콩나물을 먹으면서 문득 한 가지 감상이 들었습니다. 사람들이 세상살이를 해 나가는 데 있어서 콩나물국 같은 맛이 무엇이 있을까요? 우리가 교당에 다니는데도 이 콩나물국 맛 같은 구수함이 있으면 교당에 오지 말라고 해도 앞 다투어 나올 것입니다.

그러고 보면 추석 명절이 바로 콩나물국 같은 맛이 아니겠느냐는 생각이 듭니다. 추석 전에 부산교구 교무님들과 경주 남산에 다녀온 적이 있습니다. 전문 해설가를 대동해서 남산을 둘러봤는데 그동안 몰랐던 내용을 새롭게 알게 되는 좋은 기회가 됐습니다. 해설가의 설명에 의하면 남산에는 불상과 불탑이 하늘에 있는 별 만큼이나 많다고 하더군요. 경주 남산의 크기는 작은데도 말입니다.

그곳을 돌아보고 오는데 추석을 앞두고 곳곳에 "고향에 오신 것을 환영합니다. 즐거운 추석 보내십시오." 하는 현수막이 붙어 있었습니다. 그곳이 고향이 아닌데도 그 문구를 보니 마음이 푸근해지더군요. 우리가 살아가는데 이런 날이 일 년에 한 달만 있으면 좋겠어요. 아무 부담 없이 말입니다. 이것이 우리 민족의 공통된 명절이기 때문에 이런 맛이 나는 것은 아닌가라는 생각을 해 봤습니다.

또 콩나물 국물 맛 같은 것은 자기다움의 맛입니다. 사람은 혼자 못 삽니다. 함께 살고 더불어 살아가는 것이 사람의 속성입니다. 혼자 사는 것이 좋을 것 같아도 절대 그럴 수 없고 공동체와 더불어 사는 것이 진정 아름다운 모습입니다. 그런데 더불어 살고 함께 살면서 행복보다는 불행을 느끼는 중요한 이유가 있습니다. 그것은 다른 사람들과 비교를 해서 오는 열등감 때문입니다.

저도 그런 경험이 있습니다. KBS 열린 음악회에서 故 김수환 추기경님이 가요를 부르는 장면이 나왔습니다. 마이크를 잡고 '애모'를 열창하셨습니다. 속으로 '무슨 추기경이 이런 노래를 다 부른다냐'라고 생각을 했는데, 얼마 후에 교무님들과 45인승 전세버스를 타고 해인사에 갈 일이 있었습니다. 그 버스 안에서 노래를 부를 일이 생겼는데 갑자기 저에게 '애모'를 불러달라는 것입니다. 그런데 저는 그 노래를 몰랐거든요. 그래도 기어이 부르라니 사람 미칠 노릇이었습니다. 저도 추기경님처럼 마이크 잡고 폼 나게 노래를 부르면 좋겠는데 그게 쉽습니까? 얼마나 답답했는지 모릅니다. 그때 '나는 추기경님 따라가려면 아직 멀었구나'라는 생각이 들면서 순간 너무나 불행했습니다.

충분히 행복을 느낄 수 있는 처지에 있는데도 불행을 느끼는 것은 자기다움의 맛을 찾지 못했기 때문입니다. 그러면 이 불행을 넘어서는 방법을 찾아야 합니다. 제가 애모 못 부른다고 해서 뭐 잘못된 것 있습니까. 못 부르는 것이 정상이지요. 그 순간 나는 나일 수밖에 없다는 비교의 상대적 심리상태 속에서 벗어나 진정한 자기다움의 맛을 발견할 때 거기서 우리 인간은 콩나물국 맛 같은 그런 구수한 맛이 생겨날 것입니다.

부산교당에서 제가 받은 용금은 이십만 원입니다. 개인적으로 저는 대학 졸업장이 둘이나 있었고 사회적으로도 인정받는 사람입니다. 그런데 용금은 이십만 원이었습니다. 그렇다면 월급을 이백만 원씩 받는 사람보다 불행해야죠. 그러나 전혀 불행하지 않습니다. 그것은 제 마음 속에 확신과 믿음으로 진정한 자기다운 맛을 느끼기 때문에 그렇습니다.

설교 제목을 콩나물국 맛이라고 했는데, 사실 수많은 음식 중에서 콩나물국이 얼마나 맛이 있겠습니까? 그런데 이 맛은 반드시 그 콩나물이라야 나는 맛이기 때문에 그런 것입니다. 마찬가지로 사람도 항상 자기다움의 맛을 느낄 때 행복해지는 것입니다.

그래서 콩나물국 이야기 한번 더할게요. 그 이튿날 우리 지하 씨가 또 콩나물국을 끓였는데 그 맛있던 콩나물하고 물오징어를 같이 넣어서 끓였더라고요. 한술 떠먹어보니까 콩나물 맛도 아니고 오징어 맛도 아닌 짬뽕이 되어 버렸어요. 오징어는 오징어대로 맛이 있지 않습니까. 물오징어하고 무하고 적당히 썰어 넣고 끓여 놓으면 시원하고 맛있습니다. 그런데 엉뚱한 재료끼리 섞어 놓으니까 이 맛하고 저 맛하고 짬뽕이 되어 버렸어요. 사람도 이런 것입니다. 누구나 고유의 맛이 있습니다. 저는 왜 이성택이겠습니까? 이성택이라는 자기다움의 맛이 있거든요. 부처님께서도 "천상천하에 유아독존이라."고 하셨습니다. 하늘 아래 땅 위에 자기 혼자 있는 거예요. 그래서 우리 인생의 즐거움은 자기다움의 맛을 느낄 때 그때부터 행복해지는 것입니다.

이렇게 자기다운 맛을 느끼고 진진한 재미가 있어도 원불교에 다니는 교도님은 한 단계 맛이 더 있어야 합니다. 그것은 바로 마음공부의 맛입니다. 자기다운 맛은 바깥에서 누가 가져다주는 맛이지만 마음공부의 맛은 자기 안에서 스스로 만들어 내는 맛입니다. 원불교에 다닌다면 궁극적으로 마음공부의 맛을 느껴야 합니다. 이 맛은 자기의 마음을 스스로 들여다보는 재미에서 찾아야 합니다.

자기의 마음을 자기가 들여다봅시다. 우리는 말을 하고 행동을 할 때는 바깥으로 표현됩니다. 그런데 사람들에게는 바깥으로 표현되지 않는 것이 있습니다. 그것은 자기 안에서 작용하는 마음입니다. 누구나 자기 안에 마음이 있습니다. 그런데 마음공부 맛을 아는 사람은 자기의 마음을 자기가 들여다보면서 '아하 내가 이런 마음작용을 하고 있구나' 하고 혼자 미소를 지으면서 '들여다보고 있으니까 이 생각이 나는구나'라고 생각합니다.

마음공부의 맛을 아는 사람은 경계마다 자기 마음속에서 작용하는 것을 잘 들여다봐야 합니다. 자칫 묻혀버리거든요. 자기의 마음작용을 들여다보는 것처럼 재미있고 희한한 경험도 없습니다. 이런 구수한 공부 맛을 아는 것이 콩나물국 맛과 같은 것입니다. 우리가 교당에 오는 궁극적인 목표는 마음공부 하는 이 맛을 느끼기 위해서입니다.

콩나물국 맛을 가지고 추석 명절의 맛, 자기다운 맛, 마음공부의 맛으로 말씀드렸는데 각자 마음속의 즐거움과 행복을 잘 만들어 모두 맛있게 생활하시기를 바랍니다.

이 법을 누구에게 전할꼬

새로운 출발이 없는 사람은
희망이 끊어진 사람입니다.
희망이 끊어진 사람은
육신은 살았으되 마음이 죽은 사람입니다.
희망이 있는 사람은
어떤 어려움에서도 거뜬하게 새로 출발하고
미래의 자기를 창조해 나갈 것입니다.

희망찬 인생의 새 출발

일찍이 대종사님은 요훈품 12장에서 "희망이 끊어진 사람은 육신은 살아 있으나 마음은 죽은 사람이니, 살도음殺盜淫을 행한 악인이라도 마음만 한 번 돌리면 불보살이 될 수도 있지마는, 희망이 끊어진 사람은 그 마음이 살아나기 전에는 어찌할 능력이 없나니라. 그러므로 불보살들은 모든 중생에게 큰 희망을 열어 주실 원력願力을 세우시고, 세세생생 끊임없이 노력하시나니라." 라고 말씀하셨습니다.

법회를 준비하면서 문득 제가 처음 교당에 나갔던 일이 떠올랐습니다. 저는 대구교당에서 입교했는데, 어찌 된 일인지 법회에 3개월 넘게 다니도록 누구 한 명 입교를 시켜 주기는커녕 말도 안 꺼내는 것입니다. 한참 뒤 우여곡절 끝에 입교는 했는데 내심 환영해 줄까 싶어 기다렸더니만 그런 것도 없었습니다. 그래도 아랑곳하지 않고 교당은 열심히 다녔습니다.

흔히 우리는 인생을 요람에서 무덤까지라고 이야기합니다. 인생행로는 대단히 역동적이고 그 속에는 아주 많은 의미가 담겨 있습니다. 인간은 한시도 평탄한 순간이 없습니다. 즐거움이 있는가 하면 슬픔이 오고 괴로움이 있는가 하면 행복하고 성공이 있는가 하면 실패가 있고 돌고 도는 과정에서 살아가는 것이 우리들의 모습입니다. 인간의 이런 복잡한 행로에서 무엇보다 타성에서 벗어나기 위해서는 자기 변신을 끊임없이 시도해야 합니다.

새로운 출발이 없는 사람은 희망이 끊어진 사람입니다. 희망이 끊어진 사람은 육신은 살았으되 마음이 죽은 사람입니다. 희망이 있는 사람은 어떤 어려움에서도 거뜬하게 새로 출발하고 미래의 자기를 창조해 나갈 것입니다.

저는 새로 출발하는 의미를 두 가지로 말씀드리고 싶습니다.
첫째, 미래의 자기 창조를 위한 새 출발입니다. 과거에 머물러 살아가는 사람은 자기 발전과 창조를 본인 스스로 하기보다는 어떤 절대자에게 맡기는 경향이 있습니다.
절에 가면 흔히 볼 수 있는 풍경이 있습니다. 그것은 부처님 앞에서 쉼 없이 엎드려 절을 하는 사람들입니다. 그들은 속으로 '부처님, 저에게 복을 내려주소서'라고 빌면서 절을 합니다. 그런 가 하면 교회에서 기도하는 것도 절대자에게 계속 매달리는 것입니다. 나의 인생과 운명을 누구에게 맡기고 있습니까? 예수님, 하나님, 부처님께 맡기고 있습니다. 이런 생활을 하는 사람은 주인공이 자기 자신이 아닙니다. 자기의 행복과 불행이 어떤 절대자에게 달려 있다고 생각합니다.

그러나 원불교에서는 자기를 창조하는 사람은 바로 자신입니다. 예수님, 부처님, 어떤 절대자가 아닙니다. 자기의 창조주는 바로 자기 자신입니다. 우리는 자기의 운명을 절대자에게 맡길 것이 아니라 자기의 운명을 자기가 창조해 나갈 수 있어야 합니다.

미래의 희망적인 삶보다는 과거에 집착하며 사는 사람이 이외로 많습니다. 단적인 예로 철학관에 자주 드나드는 사람들입니다. 과거의 자기에 집착하여 오늘을 살지 말고, 희망찬 미래를 창조해 가는 자신을 끊임없이 발견해 가기를 바랍니다.

둘째, 새 출발의 의미는 '내면의 자아'를 발견하는 것입니다. 과거에 매달려 사는 사람들은 자기가 누구인가를 끊임없이 묻지만, 그것은 내면의 본래 자기보다는 무엇에 집착되어 사는 모습입니다. 육신의 모습, 밖으로 드러난 어떤 직책과 지위, 이것을 자기인 양 착각을 합니다.

저는 주로 한복을 입고 다닙니다. 30대 초반부터 두루마기를 걸치고 다녔더니 사람들이 "그렇게 나이가 많지도 않았으면서 왜 영감짓을 하고 다니느냐"고 말들이 많습니다. 어쩌다 양복을 입고 나가면 사람들이 '와~ 진짜 젊다, 멋지다'고 난리입니다. 이때 사람들은 저를 '한복을 입고 다니는 사람'이라는 밖으로 나타난 모습만 볼 뿐 마음의 모습은 보지 못합니다. 보통 사람들은 내면의 자아를 찾지 못하고 밖으로 드러난 모습에만 집착하며 사는 것이 현실입니다.

가만히 앉아서 세상 돌아가는 것을 보면 '왜 사람들이 저렇게 살아갈까?'하는 의심이 일어나곤 합니다. 사회적인 문제의 근원을 살펴보면 결국 물질에 대한 인간의 한없는 욕망에서 비롯됩니다. 이것이 세상을 혼란스럽게 만들고, 문제를 일으킵니다. 그런데 물질을 쫓아 사는 사람들이 과연 행복할까요? 그것도 아닙니다. 물질의 만족은 인간의 삶의 질에 행복을 가져다주지 않습니다. 우리 인간에게 행복을 주는 기본적인 조건은 정신입니다. 정신이 풍요로운 사람만이 행복합니다.

부산교당에 살 때 숙소는 교당 꼭대기 6층이었습니다. 얼마나 덥겠습니까? 그런데도 제 방에는 에어컨도 선풍기도 없었습니다. 그래도 6층에 올라가면 마음이 편안하고 더위도 잊습니다. 너무 더운 날은 바람이 부는 통로를 찾아 앉아서 부채만 살랑살랑 부쳐도 나름 시원했습니다. 세상 사람들은 이런 것을 모릅니다.

인생의 행복, 즉 삶의 풍요로움은 정신에서 오는 것이지 절대로 물질에서 오는 것이 아닙니다. 물질로써 모든 인생의 행복을 추구하는 이 시대에 우리는 정신의 자기발견을 통해서 인생의 풍요로움을 누려보길 바랍니다.

책임과 의무

새해를 맞이하여 "각자의 책임과 의무에 충실하자"는 말씀으로 원단元브을 기념하고자 합니다.

근세 이후 우리 인류의 인지가 크게 열리어 인권과 자유에 대한 자각이 높아짐에 따라 인권과 자유가 크게 신장하여 참으로 다행한 일이나, 그에 따르는 새로운 문제 또한 없지 않아서 인권은 이기적 월권을, 자유는 방종을 유발하여 인류 사회를 어둡게 하고 있으니 이는 실로 큰 걱정이 아닐 수 없습니다.

일찍이 소태산 대종사께서는 "상하를 막론하고 그 책임만 이행한다면 이 세상은 질서가 서고 진보가 될 것이다." 하시고 "각자의 책임 이행도 잘하려니와 또한 남의 책임이행도 방해하지 말라."고 하셨습니다. 그러므로 인권과 자유를 신장시켜 가면서도 책임과 의무에 대한 자각을 높여 월권과 방종으로 흐르는 폐단을 막아야 하겠습니다.

우리 몸에 있어서 안이비설신의眼耳鼻舌身意 육근의 세포 하나하나까지도 각각 자기 몫과 역할을 함으로써 생체의 질서를 유지하며 생명을 보존할 수 있고, 이 우주 역시 하늘과 땅의 모든 사물이 각각의 몫과 역할이 있어서 우주의 질서를 유지하며 만물의 형태를 보존해 가고 있습니다.

우리에게는 진리로부터 무한한 은혜를 받음과 함께 각기 주어진 책임과 의무도 부여받았음을 자각하여야 하겠습니다. 천지·자연과 법률·도덕에 대한 책임과 의무를 비롯하여 부모로서 자녀로서 남편과 아내로서 형과 아우로서의 책임과 의무가 있으며, 사회 구성원과 국민과 세계 시민으로서의 책임과 의무, 그리고 오늘을 살아가는 사람으로서 미래에 대한 책임과 의무가 있습니다.

이 책임과 의무는 사소한 것에서부터 큰일에 이르기까지 총망라될 뿐만 아니라 사소한 책임과 의무라 할지라도 대단히 소중한 것입니다. 우리 각자가 자기 쓰레기는 자기가 책임을 지고 처리한다면 이 세상은 한없이 맑고 깨끗한 도량이 될 것입니다. 이 사소한 자기 책임과 의무를 저버리기 때문에 이 사회는 크게 몸살을 앓고 있습니다.

지금 이 사회는 책임과 의무에 대하여 병든 지 오래되었고 그 뿌리도 깊어져서 이대로 내버려둔다면 우리의 앞날이 크게 염려되지 않을 수 없습니다. 만일 우리 인간이 이 책임과 의무를 다하지 아니하고 이기적인 월권과 방종으로 산다면 결국은 우리 자신도 불행할 뿐 아니라 이 세상도 크게 퇴보하고 말 것입니다.

삼세의 모든 성인께서는 스스로 시방세계와 육도사생에 대한 책임까지 짊어지셨고 제생의세의 의무까지 담당하셨습니다. 불보살들은 책임과 의무를 끝없이 지기에 바쁘고, 범부는 자기 수용의 몫을 찾기에 바쁩니다.

소태산 대종사께서는 "중생은 영리하게 제 일만 하는 것 같으나 결국 자신이 해를 보고, 불보살은 어리석게 남의 일만 해주는 것 같으나 결국 자기의 이익이 된다."고 말씀하셨습니다. 따라서 책임감과 의무감으로 산 사람은 자기 일을 하고 간 사람이요, 자기가 수용할 몫만 요구하고 간 사람은 결국 남의 일만 하고 간 사람입니다.

어느 단체나 기관을 막론하고 책임·의무의 주장과 실천이 풍성한 곳은 희망이 있고 발전이 있을 것이나, 각자 수용할 몫에 대한 주장만 무성한 곳은 희망이 없고 장래가 어두울 뿐입니다. 그러므로 세계 모든 종교와 선지식들이 다 함께 나서서 책임과 의무를 깨우쳐, 권리·자유와 함께 책임과 의무를 다할 수 있도록 이끌어 가야 하겠습니다.

　무아봉공과 희생정신에 바탕을 둔 책임과 의무는 그 무엇으로도 비교할 수 없는 거룩함입니다. 우리는 책임과 의무의 폭을 넓혀서 그 몫을 더 크고, 더 깊고, 더 넓게 하는 동시에 그러한 사람들이 많아지도록 노력해 나가야 하겠습니다. 그렇게 된다면 이 땅, 이 사회는 대명천지가 되고 모든 동포가 상부상조하여 복조가 넘치는 은혜로운 세상이 될 것입니다. 이 책임과 의무를 다하여 시방일가 사생일신의 주인공인 불보살들이 많이 나오기를 염원합니다.

원불교가 왜 이땅에 오셨을까

기도를 올리는 것이야말로 대단히 행복한 생활이 아닐수 없습니다. 일요일마다 법회를 보면서 부처님과의 인연을 돈독히 하는 법회의식을 가집니다. 우리가 세상을 살아가는데 이 인연이라고 하는 것이 대단히 중요하다는 것을 알아야겠습니다.

우리가 일요일마다 법회를 보는 것이 별것 아닌 것 같아도 일생을 생각하고 영생을 생각할 때 이 인연은 대단히 중요한 것입니다. 사람이 일생을 살다 보면 인연관계가 한정되게 마련이어서 새로운 인연들을 개척해 가는 것이 대단히 중요합니다. 새로운 인연을 만나고 부처님과 인연의 고리를 건다고 생각하면 참으로 신나는 일 아니겠습니까. 이런 것을 생각하면서 새롭게 만나는 인연들을 가꾸어 가야겠습니다.

교당에 처음 오신 분들을 위하여 '원불교가 왜 이 땅에 출현했느냐' 그 이유에 대하여 몇 말씀 드리려고 합니다.

소태산 대종사님께서는 왜 원불교라는 새로운 역사를 만드셨을까요. 새로운 시대에 적합한 종교 신앙을 만들어가고 이에 맞는 모델을 만들기 위해서 소태산 대종사님께서 원불교를 창조하셨다고 생각합니다.

히말라야 산이 있는 네팔에 간 적이 있었습니다. 인도의 갠지스 강이 히말라야의 설원에서부터 시작되는데 그곳에서는 사람이 죽으면 강가에서 화장하고 그대로 갠지스 강에 던져버립니다. 주변 사원에는 참배하기 위해 사람들이 줄지어 서 있습니다. 또 사원에 꽃을 올리고 참배를 마친 후 갠지스 강에서 목욕을 하는 것으로 그 사람들의 일과가 시작됩니다. 그 모습을 유심히 지켜보니 참으로 희한하게 생긴 대상에게 꽃을 바치고 절을 하면서 신앙생활을 하는 겁니다.

지금까지 우리 인류의 정신을 이끌어 오고 우리 인류의 신앙의 대상이 되어왔던 모든 신앙이 가지각색이고 교조 신앙이고 인격 신앙이었습니다. 다른 종교들은 그 신앙의 대상에 참배할 수가 없었습니다.

그런가 하면 우리 한국사회에서는 불상 훼손사건과 단군상 훼

손사건이 일어났습니다. 우리 사회에 이런 문제가 생기는 것은 앞으로 인류가 지향할 보편적 신앙의 대상이 아니라고 생각하기 때문입니다.

그렇다면 원불교의 신앙의 대상은 어떤 것일까요. 원불교는 교조를 신앙하지 않고 보편적 진리를 신앙합니다. 그러면 지금까지 기성종교의 신앙의 대상은 개별적으로 나누어진 인격적 신앙이었습니다. 원불교는 지금까지의 모든 종교의 신앙을 통일시키는 이와 같은 성격을 가지고 소태산 대종사님께서 원불교를 만드셨습니다.

두 번째는 이성적이고 과학적인 도덕으로 인류를 인도하기 위함입니다. 지금은 시대가 변했습니다. 세상도 변했습니다. 시대와 세상이 바뀌니 사람도 변했습니다.

우리가 지금까지 종교 도덕의 가치는 이적과 신비적인 것을 지향했습니다. 이적으로 끌려가고 신비로운 요소가 있어야 종교에 접근되었다고 할 수 있습니다. 그래서 지금까지 기성 종교들은 합리적인 이성을 가지고는 접근이 대단히 어렵습니다. 그런데 원불교는 합리적인 이성을 가지고 과학적인 사고를 하고 접근하면 할수록 더욱더 타당해집니다.

소태산 대종사님께서는 처음 대각을 하시고 누구 하나 이를 알아주는 사람이 없을 때 김제 금산사로 가셨습니다. 천하를 움직일 수 있는 포부와 경륜이 있는데 세상 사람들이 아직 알아주지 않은 상태로 있다 보니 대종사님께서 방편을 쓰셨습니다.

어느 날 금산사에 있는 젊은 스님 한 분이 낮에 땀을 뻘뻘 흘리면서 기어 다니다가 엉겁결에 숨을 멈춘 일이 생겼습니다. 그러니 절이 발칵 뒤집어졌을 것 아닙니까. 금산사의 뒷방 송대에 계신 대종사님께도 그 연락이 닿았습니다. 그 순간 대종사님께서 작심하고 나오셔서 그 젊은 스님의 이마에 십자를 딱 그리셨습니다. 십자를 그리자마자 죽은 스님이 벌떡 일어나니 금세 소문이 났습니다. 소문을 듣고 김제 경찰서에서 대종사님을 잡아가서 문초를 받으셨습니다. 문초를 받고 나오셨는데도 소문에 소문이 나서 김제에 있는 사람들이 구름같이 몰려와 제자를 거듭 얻으셨습니다. 우리 교전에 구만수, 이만갑, 송적벽 이 분들은 대종사님께서 죽은 스님 이마에 십자 한번 그려서 이적 한번 나투시고 얻은 제자들입니다.

그런데 대종사님께서는 사주를 봐주고, 환약 같은 것을 만들어 사람들의 환심 사는 것을 철저하게 금하셨습니다. 신비적이고 이적행위 같은 것을 다 놓으시고 오직 사람이 가야 할 도리, 그 도리를 밝히기 위해서 대종사님께서는 원불교를 만드셨습니다.

종교가 타락하고 부패하는 제일 조건은 이적과 신비, 치병으로 나갈 때입니다. 이적으로 나가고 치병으로 나갈 때 종교가 타락하게 되는 것입니다. 종교가 너무 영적이고 신비한 것으로 나가면 이성이 마비되어 버립니다. 이성이 마비되면 사람으로서 할 수 없는 일들을 저질러버리고 맙니다. 원불교는 이런 것에서 완전히 벗어나서 오직 사람으로서 아주 기본적으로 가야 할 도리를 밝히고 있습니다.

원불교는 21세기 새로운 시대의 종교입니다. 우리는 새 시대를 이끌어갈 새로운 종교를 선택했음에 긍지와 자부심을 가져도 좋습니다.

사람은 누구나 자기가 살아가는 현실에
집착을 하게 됩니다.
영생의 진리를 얻은 사람은 인간생활에서 오는
각박하고 촉박하고 조급한 것으로부터 벗어납니다.
이것이 해탈입니다.

깨달음의 빛 나누는 기쁨

원불교는 새로운 불교로 소태산 대종사님의 깨달음에서 비롯되었습니다. 1916년 4월 28일 새벽 동천에 해가 뜰 때 소태산 대종사님께서 큰 깨달음을 얻으셨습니다. 이때가 바로 원불교의 시작입니다. 성자의 탄생이 교단의 시작이 아니라 소태산 대종사님의 깨달음이 교단의 시작이 되는 것입니다.

소태산 대종사님의 대각은 세계사적으로 볼 때도 획기적인 일입니다. 소태산 대종사님은 깨달음을 위해 이십 년간 끈질긴 의심을 품으시고 단 한 번도 해찰하지 않으셨습니다. 그 결과 대각이라는 큰 깨달음으로 나타난 것입니다.

한편으로 이것은 평범한 사람도 대종사님과 같은 과정을 다 거치고 나면 부처님으로 새롭게 거듭날 수 있다는 것을 당신의 역사를 통해서 보여주신 것입니다. 그래서 원불교는 육신이 태어난 날이 중요한 것이 아니고 정신이 태어난 날, 깨달음을 얻은 그 날이 원불교 교단의 최고의 경절입니다. 소태산 대종사님의 깨달음의 빛이 무엇인지 우리는 생각해봐야겠습니다.

소태산 대종사님께서는 영생의 진리를 깨달으셨습니다. 이 영생의 진리라고 하는 것은 우주와 인생은 영원불멸하다는 것입니다. 한자로 불생불멸不生不滅이라 하는데 '나는 것도 없고 멸하는 것도 없다'는 뜻입니다. 이것이 영생永生입니다.

그런데 세상 사람들은 공포감이 있습니다. 마지막 죽음의 순간을 어떻게 맞이할 것인가 생각하면 두렵습니다. 하지만 영생의 진리를 깨달은 사람은 죽음에 대한 공포가 없습니다. 이 영생의 진리를 깨달은 사람은 육신에 대한 관심에서 정신에 대한 관심으로 옮겨갔기 때문입니다. 이처럼 영생의 진리를 깨달아 정신이 주가 되는 사람은 해탈할 수 있습니다.

사람은 누구나 자기가 살아가는 현실에 집착을 하게 됩니다. 영생의 진리를 얻은 사람은 인간생활에서 오는 각박하고 촉박하고 조급한 것으로부터 벗어납니다. 이것이 해탈입니다. 이런 진리를 깨달으셔서 우리에게 알려주신 어른이 소태산 대종사님이시며 그것이 깨달음의 빛입니다.

소태산 대종사님의 깨달음은 인과의 이치입니다. 우주와 인생은 영원불멸하면서도 변하는 이치가 있습니다. 그것을 우리는 인과의 이치라고 합니다.

우리 소태산 대종사님께서는 영생의 이치를 아시고 한 걸음 더 나아가 우주와 인생이 변하는 인과의 이치를 깨달으셨습니다. 이것을 깨달으시고 부처님이 되신 것입니다.

우리 교도님들은 이 깨달음의 빛을 우리만 알지 말고 모든 사람들에게 나누어주는 기쁨을 대각개교절을 맞이해서 함께 해 나가야겠습니다.

소태산 대종사님께서는
스스로 발심하시고
스스로 구도 하시고
스스로 대각을 하셨습니다.
소태산 대종사님께서는 스스로 깨치셨는데
당신의 연원을 석가세존으로 정하셨습니다.
이것이 성자의 심법입니다.

근원의 물줄기

　원불교에서는 4축 2재를 지내는데 4축이라고 하는 것은 원불교 4대 경절이라는 뜻으로 여기에 부처님오신날이 포함되어 있습니다. 부처님오신날은 전통불교의 최대 경절인데 왜 원불교의 4대 경절에 들어가 있는지 우리가 한번 알아봐야 될 것 같습니다. 그 이유를 살펴보고 부처님오신날을 거룩하게 맞이할 마음의 준비를 해야겠습니다.

　석가모니 부처님은 원불교를 창시하신 소태산 대종사님의 연원불입니다. 연원이란 단어는 한자로 '못 연淵' 자에 '근원 원源' 자입니다. 물이 흘러오는 근원의 물줄기를 말합니다. 우리 교도님들도 원불교에 들어올 때 연원이 있었을 것입니다.

제가 아는 남자분이 교화실천 사례담을 발표했습니다. 원래는 건강했는데 병이 들어 한쪽 다리를 완전히 쓰지 못하고 목발을 짚고 다녔습니다. 목발을 짚고서도 열심히 살아가려고 노력하는데 서른이 되도록 혼인신청이 들어오지를 않았다고 합니다. 동생은 청혼이 들어와서 빨리 결혼을 시켜야 하는데 형인 자신이 결혼하지 못하고 있으니 얼마나 고민스럽겠습니까. 그래서 동생을 먼저 결혼을 시켰는데 그리고 나서도 마음이 편치 않으니까 죽어야겠다고 수면제를 먹었다고 합니다. 자신이 집안의 거추장스러운 존재라고 생각을 하니 죽어야겠다고 마음을 먹었다는 것입니다.

다행히 위세척하고 살아났습니다. 다시 살아나고 보니 인생을 새롭게 살아가야겠다는 각오가 생기더랍니다. 그래서 보험회사에 들어갔는데, 하루에 세 건의 보험가입을 성취하지 못하면 집에 들어가지 않겠다고 결심을 했습니다. 목발을 짚고 집집이 돌아다니며 세 건의 보험가입을 하고 와보니 자정이 넘었는데 집에 와서 보니 목발을 하도 짚고 다녀서 피가 벌겋게 났더랍니다.

이 사람이 보험가입뿐만 아니라 한 달에 원불교 입교 세 명을 시키겠다는 마음을 먹었습니다. 교도를 어떻게 만들어 가는가 하면 자기 친구한테 천 원을 빌린답니다. 그리고 천 원을 받으면 극락행 티켓 하나를 끊어준답니다. 극락행 티켓이 뭐냐 하면 법명이 적힌 원불교 교도증입니다. 원불교에 입교하면 입교증을 받데 그것이 바로 극락 가는 티켓이라는 것입니다. 이것이 연원입니다.

저의 연원은 항타원 이경순 종사님입니다. 항타원님의 연원은 부친 훈산 이춘풍 법사님입니다. 훈산님의 연원은 정산 종사님입니다. 정산 종사님의 연원은 대종사님입니다. 이 연원들이 저는 항상 자랑스럽습니다.

이처럼 우리가 연원을 찾아 올라가다 보면 여기 모이신 모든 교도님의 연원은 소태산 대종사님께로 돌아갑니다. 연원의 물줄기를 찾아서 가면 소태산 대종사님이 계십니다. 그리고 소태산 대종사님의 연원은 바로 석가모니 부처님입니다.

소태산 대종사님께서는 스스로 발심하시고 스스로 구도하시고 스스로 대각을 하셨습니다. 소태산 대종사님께서는 스스로 깨치셨는데 당신의 연원을 석가세존으로 정하셨습니다. 이것이 성자의 심법입니다.

우리 소태산 대종사님께서는 석가세존을 만난 적이 없습니다. 하지만 2,500년의 시공간을 초월해서 당신의 연원을 석가모니 부처님으로 정했습니다. 이러한 이유로 불교는 원불교의 큰집입니다. 원불교는 불교의 작은 집입니다. 원래는 한 살림을 했습니다. 한 살림을 했는데 지금은 따로 나와 불교를 큰집 삼은 것입니다. 결국, 하나의 조상, 하나의 뿌리입니다. 원불교의 뿌리는 소태산 대종사님이시지만 소태산 대종사님의 뿌리는 석가모니 부처님입니다. 석가모니 부처님은 소태산 대종사님의 연원불이기 때문에 우리 교단의 경절로 모시고 있습니다.

우리가 대각개교절을 거룩하게 모셨는데 부처님오신날도 대각개교절에 못지않게 성스럽고 거룩하게 받아들여야 합니다.

등불을 밝히는 이유

　부처님 생신날 등불을 쓰면 일 년 동안 신수가 대통하고 가정의 평화와 건강이 증진된다고 합니다. 그래서 해마다 교화가 불꽃같이 일어나라는 염원을 담아 등불을 썼습니다.
　사람들이 등불을 쓰는 이유는 부처님께서 삼계의 대도사요 사생의 자부이시기 때문입니다. 이 세상에 높은 사람들이 많지만, 부처님만큼 높은 어른은 안 계시기 때문에 우리가 오늘날 부처님의 생일을 거룩하게 모셔 드리는 것으로 생각합니다.

　경주에 가면 석굴암에 부처님이 계시는데 부처님의 모습 중에서는 최고의 걸작이 아닐까 싶습니다. 그러나 석굴암에 모셔진 부처님은 사람의 모습을 형상화한 하나의 문화 예술로서의 가치를 가진 것이지 2천년 전의 석가모니 부처님의 참모습은 아닙니다.

그러면 부처님의 참모습은 어디에서 찾아야 할까요. 부처님의 발심과 출가에서 참모습을 찾아야 합니다. 부처님은 우리 모든 중생과는 다르게 특별한 발심을 하신 분입니다. 마음으로 발심하신 분입니다.

부처님은 태자로 있을 때 가비라성迦毗羅城 밖으로 놀러 나갔다가 동문 밖에서는 노인을, 남문 밖에서는 병든 사람을, 서문 밖에서는 죽은 사람을, 북문 밖에서는 승려를 만나, 인생의 네 가지 괴로움인 나고生 늙고老 병들고病 죽는死 괴로움을 보고 출가를 결심하셨습니다.

제가 전무출신 출가를 할 때 우리 교단 여성계의 어른인 구타원 이공주 종사님을 뵈었습니다. 하루는 구타원 종사님께 인사를 드리면서 "제가 원불교에 출가서원을 하고 지금 총부로 떠납니다."라고 말씀드렸습니다. 그때 제가 경북대학을 졸업하고 군대까지 마친 후였는데 구타원 종사님께서 하시는 말씀이 "아이고, 이 사람 참 훌륭하다. 예전에 석가모니 부처님께서 유성 출가하는 맞재비는 된다." 그러시더라고요. 그때는 당연하게 출가하였는데 지금 생각하니까 이 출가와 발심이라는 것이 얼마나 거룩한 것인지를 알겠더라고요.

환경이 좋은 곳에서 살아왔던 사람은 특별한 발심을 내고 출가하기가 참으로 어렵습니다. 그에 비해 어려운 상황에 있는 사람들이 특별한 발심을 내기는 비교적 쉽습니다.

좋은 환경, 좋은 조건 속에서는 우리 인간들의 마음이 나태해져 버립니다. 그런데 석가모니 부처님께서는 그 좋은 환경 속에서도 특별한 발심을 내고 출가를 하셨습니다. 이것이야말로 부처님의 참모습이 아닐까 싶습니다.

두 번째는 수도와 수도의 과정에서 보여주신 부처님의 참모습입니다.

출가하시고 구도를 하셨는데 석가모니 부처님의 구도를 딱 한 마디로 표현하면 설산 6년 고행이라고 합니다. 그런데 이 설산은 히말라야를 말합니다. 히말라야는 세계의 지붕이라고 합니다. 이 설산에서의 6년 고행이 얼마나 어려운 과정이었는지 알아야 합니다. 석가모니 부처님은 6년 동안 한 번도 마음이 흔들리지 않으셨습니다. 석가모니 부처님은 고행하시다가 마지막에는 부다가야에 오셔서 큰 보리수나무 아래서 정좌를 하셨습니다.

부처님께서 보리수나무 아래에서 구도하실 때 읊으신 시가 있습니다.

「허공에서 칼과 몽둥이가 비 퍼붓듯 하여 내 육신이 갈기갈기 찢기어도 내가 만약 도를 깨치지 못하면 이 나무 밑을 끝끝내 떠나지 않으리.」

부처님의 각오가 얼마나 거룩합니까. 부다가야 보리수나무 밑에 있는 흙이 중요한 것이 아니라 부처님의 이 결심이 중요한 것입니다.

부처님이 수하항마(팔상의 하나, 나무 밑에서 악마를 항복시킴)를 하셨을 때의 모습은 피골이 상접했습니다. 부처님은 왕가의 태자라는 신분도, 건강도, 진리에 모든 것을 놓아주셨습니다. 그리고 부처님의 일체를 다 가져간 진리는 부처님에게 대각성도라는 깨달음을 주었습니다. 이것이 부처님의 참 모습입니다.

모든 가정에 석가모니 부처님의 한량없는 대자대비가 있길 바라며 부처님의 두 가지 참모습을 다시 새롭게 새기는 부처님오신 날이 되길 간절히 염원합니다.

구천에 사무치는 정성

　소태산 대종사님의 명령을 받은 구인 선진님께서 기적과 같은 백지혈인의 법계인증을 받은 날이 바로 법인절입니다. 그래서 법인절은 우리 스스로가 기뻐하고 경축해야 하는 날입니다. 도탄에 빠진 창생을 건지고자 하는 대종사님의 간절한 염원을 구인 선진님께서는 구천에 사무치는 큰 정성과 위력으로서 100일간의 산상기도를 올렸습니다. 그리고 그 산상기도의 결과가 마지막 날 백지혈인의 이적으로 나타난 것입니다.

　구인 선진님께서는 전라남도 영광군 백수면 길용리 옥녀봉 아래의 도실에 모였습니다. 그 동안 소태산 대종사님의 명령에 의해서 100일 동안 산상에서 열흘씩 끊어서 기도했던 그 위력의 표본이 아직 나타나지 않았기 때문에 마지막 서원의 기도를 올리기 위해 도실에 모인 것입니다.

그래서 사무여한死無餘恨이라는 글귀를 적고 각자 이름을 그 밑에 쓴 후 인주를 찍지 않고 허공법계에 고하는 의미로 당신들의 이름 밑에 하나하나 지장을 찍어 갔습니다. 이렇게 허공법계에 서원을 올리는 백지장을 찍고 난 후 엎드려서 천지신명을 향하여 지성으로 기도를 올리고 그 기도가 끝난 후에 사무여한의 증서를 바라보았습니다. 그런데 구인 선진님 한분 한분이 찍었던 백지장에 붉은 혈인의 이적이 그대로 나타났습니다.

이 증서를 보시고 대종사님께서는 한없이 기뻐하시면서 "여러분의 정성의 결과가 이 한 장의 종이에 나타났다. 그리고 우리 회상은 도탄에 빠진 창생을 건질 수 있는 그와 같은 대임을 맡고 태어난 회상이라는 것을 저 음부계로 부터 인증을 받았다." 하시면서 기뻐하셨습니다. 그 모습을 지금 이 시간 다시 한 번 생각해 봐야겠습니다.

비록 우리는 지금 영광 구수산 99봉의 산봉우리는 아니지만 곳곳에서 선진님들의 명호를 한 단 한 단 모시고 기도를 올려봅시다. 다만 우리는 구인 선진님께서 도탄에 빠진 창생을 책임지는 기도를 올리신 것과 같이 이 법인기도를 통해서 우리 주위에 있는 사람들의 도탄을 어떻게 하면 건질 수 있을 것인가 하는 서원의 글귀 하나씩을 써 올려야겠습니다.

구인 선진님께서는 도탄에 빠진 창생을 우리 것으로 삼으시고 그 도탄을 우리가 건지기로 약속하셨습니다. 우리들은 구인 선진님의 후예들입니다. 구인 선진님들의 후예인 우리는 주위에 있는 많은 사람들의 도탄을 우리가 건져야 할 책임을 가지고 있습니다.

　우리 주변에는 대종사님의 일원대도를 모르고 살아가는 많은 사람들이 있습니다. 우리가족 주위에서도 소태산 대종사님의 일원대도를 모르고 사는 사람들이 있습니다.
　우리는 이 법인기도를 통해서 무엇을 해야 할 것인가라는 소박한 서원의 글귀 하나씩을 구인 선진님의 명호 앞에 바치고 다 같이 정신을 새롭게 가다듬는 거룩한 기회를 마련했으면 합니다.

무엇을 위해 살 것인가

"그대들의 전날 이름은 곧 세속의 이름이요. 개인의 사사 이름이었던 바 그 이름을 가진 사람은 이미 죽었고, 이제 세계 공명인 새 이름을 주어 다시 살리는 바이니 삼가 받들어 가져서 많은 창생을 제도하라." (대종경 서품 14장)

소태산 대종사님의 법문 말씀입니다. 이 법문 말씀은 소태산 대종사님께서 구인 제자들에게 산상 기도를 명하시고 마지막 혈인을 나투신 후에 내려주신 것입니다. 사람이 살아가는 모습이 다 같은 것 같아도 어떤 목적을 가지고 살아가는가에 따라 삶의 방향이 완전히 달라진다는 것을 알아야 합니다.

그러므로 우리는 '무엇을 위해서 살아갈 것인가' 이런 반문들을 생활 속에서 자꾸 해야 합니다. 삶의 목적을 어떻게 정하고 사느냐에 따라서 인생은 행복해 질 수도 있고 그렇지 않을 수도 있기 때문입니다. 그래서 '무엇을 위해 살 것인가'에 대한 두 가지 말씀을 드리고자 합니다.

첫째는 과제를 가지고 살아야 합니다. 과제라고 하는 것은 우리가 해야 될 일입니다. 살면서 해야 될 일이 없는 것처럼 불행한 일은 없습니다. 우리가 이 인생을 행복하게 살기 위해서는 과제를 가지고 살아야 합니다. 이 과제라고 하는 것은 거창한 것이 아닙니다. 소소하고 작은 과제에도 재미가 있고 행복이 있습니다.

저는 교당에 근무할 때 아무리 바빠도 교당에서 재가 있거나 하면 항상 다녀옵니다. 재를 지내고 나면 교무님들이 야속이나 했는지 꼭 십만 원씩 주십니다. 십만 원을 받으면 굉장히 행복합니다. 왜냐하면 이 돈을 꼬박꼬박 모아서 형편이 어려운 교당이나 청소년 교화를 잘하는 교당으로 보내 주는 것이 소소한 행복이기 때문입니다.

이처럼 과제는 먼 곳에서 찾지 말고 아주 소박하고 가까운 곳에서 찾아야 합니다. 과제를 가지고 사는 사람은 일상생활 속에 자기의 목표와 방향이 뚜렷해서 노력을 하며 살아갑니다. 노력하는 그 자체에 인생의 재미가 있고 행복이 있는 것입니다. 또한 과

제가 없는 사람은 돈이 생기면 엉뚱한 곳에 쓰게 됩니다. 참 행복은 반드시 써야 할 곳에 쓰는 것입니다.

제가 부산교당에 있을 때 작은 과제는 돈을 모아서 교당에 주는 것이었고, 큰 과제는 2000년 대법회였습니다. 2000년 대법회 하면 또 삼·하나운동입니다. 그런데 2000년 대법회나 삼·하나운동이라는 과제는 너무 큽니다. 과제가 크면 클수록 재미와 행복이 작아지고 과제와 목적이 치밀하고 집약될수록 행복과 재미는 커지는 이치입니다. 그래서 주위 사람들에게 '교당 갑시다'라고 말하는 작은 과제로 2000년 대법회라는 큰 과제를 해결할 수 있는 실천의 노력을 했습니다.

두 번째는 자기 일과 자기 살림의 범위를 넓혀가는 것입니다. 내 일과 내 살림살이를 자꾸 넓혀 가는 것이 무엇을 위해 살 것인가에 대한 해답입니다. 살다 보면 자기라는 존재가 자꾸만 좁아집니다.

그런데 이것을 말로 설명하고 이해시키기가 힘들어서 우리 대종사님께서 선택하신 것은 산상기도였습니다. 기도라는 방법으로 넓혀가는 것을 알려주신 것입니다.

제가 출가 후 처음 기숙사에 입사해서 방을 배정받았는데

12명이 함께 사용했습니다. 그 방에서 출가생활의 첫 시작을 한 것은 전무출신 생활 중에서 가장 보람 있는 일이었습니다. 왜냐하면, 기숙사 방 구들을 소태산 대종사님께서 감리하시고 직접 놓으셨기 때문입니다.

12명이 사는 방이니 꽤 크지 않겠습니까. 그런데 방이 클수록 구들을 잘못 놓으면 아랫목만 따뜻합니다. 그런데 소태산 대종사님께서 직접 감리한 이 방은 신기하게도 윗목부터 따뜻해져서 아랫목까지 전체가 따뜻했습니다.

그런데 우리 선진님들 말씀이 이 방은 구들을 세 번 만에 놓은 것이라고 합니다. 처음에 토수土手가 구들을 놓았는데 아랫목만 따뜻했다고 합니다. 다시 한 번 구들을 놓았는데도 또 아랫목만 따뜻했다고 합니다. 그래서 세 번째는 우리 소태산 대종사님께서 직접 감리하시고 직접 구들을 놓았는데 신기하게도 윗목부터 아랫목까지 온 방이 따뜻하게 된 것입니다.

당시 12명이 함께 생활할 때 제 표준이 '나만 잘하면 된다.'는 것이었습니다. 일과를 정말 충실히 했습니다. 그렇게 6개월을 지내고 나니 사생장이 되었습니다. 사생장이 되니 '우리 남학생 전체가 다 잘해야 한다'로 표준이 바뀌었습니다. 졸업하고 나니 사감이 되었는데 사감을 하는 20년 동안의 제 표준은 우리 교역자들을 잘 가르쳐서 대종사님의 제생의세의 교법을 세상에 널리 전하는 것이었습니다.

 이것은 개인의 일에서 남자기숙사 전체로, 교단의 일로, 세계의 일로, 자꾸 커 가는 과정이었습니다. 이처럼 사람은 목적과 현안이 정체되어서는 안 됩니다. 이 목적과 현안을 우리는 자꾸 넓혀가야 합니다. 넓혀 가는 것이 인생을 보람 있고 행복하게 하는 것입니다.

 우리 교도님들도 충분히 하실 수가 있습니다. 내가 어떻게 할 수 있겠느냐 하시면서 빠지지 마시고 우리는 충분히 내 일과 내 살림살이를 자꾸 키워 나갈 수가 있다고 생각하고 실천해야겠습니다.

바른 발원과 나쁜 발원의 갈림길은
순간적인 취사에 달려 있습니다.
순간적으로 그 사람에게 어떻게 하느냐에 따라
바른 발원이 되기도 하고
나쁜 발원이 되기도 합니다.

바른 발원 나쁜 발원

정산 종사님께서 말씀하시기를 "남에게 이익을 줌이 길이 많으나 바른 발원 하나 일어나게 하는 것에 승함이 없고, 남에게 해독을 줌이 길이 많으나 나쁜 발원 하나 일어나게 하는 것에 더함이 없나니, 발원은 곧 그 사람의 영생에 선악의 종자가 되는 까닭이니라." 정산종사법어 무본편 15장 말씀입니다.

이 법문 말씀을 다시 한 번 생각해 보면 사람은 살아가는 데 있어서 주위 분위기와 환경에 따라서 우리의 생각과 마음이 자꾸 변화해 간다는 것을 알 수가 있습니다. 아무리 자기 마음을 돈독하게 세우고 그 마음을 추진해 나간다 하더라도 주위의 협력이 따르지 않으면 좌절하게 됩니다. 반면 주위의 협력이 잘 따르면

뜻하는 바를 실현하기 쉽습니다.

정산 종사님께서 말씀하신 바른 발원이라고 하는 것은 남에게 이익을 주는 가장 큰일입니다. 나쁜 발원은 남에게 해독을 주는 가장 큰일입니다. 큰 이익을 주려면 그 사람에게 바른 발원을 일으키게 해주어야 합니다. 반면 가장 큰 해독은 그 사람에게 좋지 않은 마음의 씨를 심어주는 것입니다.

그래서 정산 종사님은 바른 발원은 그 사람에게 선의 종자를 심어주는 것이고, 나쁜 발원은 그 사람에게 영생을 통해서 악의 종자를 심어주는 것인데, 이익과 해독을 주는 데 있어서 바른 발원과 나쁜 발원 이 두 가지가 갈림길이 된다고 말씀하셨습니다.

사람이 이 세상을 살아기는 데 있어서 여러 가지 힘들고 복잡한 일들이 참 많습니다. 그중 제일 힘들고 복잡한 일은 사람과 사람이 살아가는 인간관계입니다. 특히 가장 가까운 인간관계가 제일 힘들다고 합니다. 가장 가까운 인간관계는 부부가 있습니다. 세상에서 제일 좋은 관계가 부부관계이면서 다른 한편으로는 가장 힘들고 복잡한 관계가 부부관계입니다.

제가 편지를 한 통 받았습니다. 10년 전 서울에서 결혼생활을 하며 어려움을 겪던 여자 분인데 제가 몇 번 상담을 해주었던 적이 있었습니다. 편지 내용은 자신이 10년 동안 살아오면서 겪었던 부부관계, 고부관계에 대한 어려움이 적혀 있었습니다. 그러면서 저에게 들었던 이야기들을 새기면서 눈물을 흘렸다고 합니다.

이 세상 살아가는데 가장 힘들고 복잡한 것이 사람과 사람의 관계입니다. 그 관계를 어떻게 잘할 것인가? 이것이 인생을 살아가는데 큰 과제입니다.

정산종사법어 무본편 15장은 대인관계를 잘하라는 것입니다. 상대방에게 바른 발원이 나도록 협력해서 이익을 줘야지 나쁜 발원을 일으키는 대인관계를 맺어서는 안 된다는 말씀입니다.

바른 발원과 나쁜 발원의 갈림길은 순간적인 취사에 달려 있습니다. 순간적으로 그 사람에게 어떻게 하느냐에 따라 바른 발원이 되기도 하고 나쁜 발원이 되기도 합니다.

제가 군포병원에 입원하고 있을 때 제 옆방에 만덕산에 근무했던 남학생이 입원했습니다. 이름이 현덕이었는데 디스크가 있어서 군에서 제대하고 진찰을 해보니 수술을 해야 한다고 해서 입원을 했습니다. 그런데 수술한 날 저녁에 현덕이 어머니가 아들이 발작한다고 저를 급하게 불렀습니다. 간호사를 데리고 병실에 가보니 발작을 하며 벽을 쾅쾅 두드리고 있었습니다. 어머니는 놀라서 어쩔 줄을 모르고 간호사는 진통제를 놓았으니 기다리라는 말만 하는 것입니다.

제가 가만 생각해보니 마음 발작이 났는가 싶었습니다. 그래서 현덕이 손을 잡고 천천히 단전호흡을 시키니까 신기하게도 발작이 멈췄습니다. 그 다음 날 현덕이 어머니가 저에게 와서는 "아이고! 교무님 기도가 진통제보다도 나은 것 같습니다."라고 말하며 고마워했습니다.

제가 생각할 때 수술을 하고 마음도 어지러워 열이 오른 것입니다. 순간적인 취사가 그 사람에게 안정을 줄 수도 있고 발작을 일으키게 할 수도 있습니다. 이 세상을 살아가는 데 있어서 순간적 취사 속에서 다른 사람에게 바른 실천을 할 수 있도록 만들어 가야 할 것 같습니다.

바른 발원을 일으키게 하는 방법으로 주위 사람의 일에 너무 간섭하지 말아야 합니다. 사람들 사는 것을 보면 주위 사람들의 일에 필요 이상으로 간섭하다가 자기도 모르게 시비이해에 휘말리게 됩니다. 쓸데없는 일에 간섭하지 말아야 하겠습니다. 대종사님 법문에 '무관사에 동하지 말라'고 하셨습니다. 괜히 무관사에 동해버리면 자기도 모르게 시비이해에 빠져버리고 맙니다.

장기를 두는 사람을 보면 반드시 훈수꾼이 붙습니다. 자기가 장기를 둘 때는 잘 안 보이는데 옆에서 보면 잘 보이는 모양입니다. 그런데 나중에 보면 장기를 둔 사람들은 다 어디 가고 훈수꾼들끼리 싸움이 붙어버립니다. 우리는 주위의 쓸데없는 일에 간섭해서 시비이해에 드는 이러한 어리석음을 범하지 말아야 합니다.

대신 누군가가 도움을 청하면 진심으로 함께 해주어야 합니다. 도움을 청할 때 진심으로 함께 해주고 그러지 않은 상황에서는 동하지 않는 공부를 해야 주위의 모든 인연과 부작용이 나타나지 않습니다.

두 번째는 원불교 교당 일에 협력하고 복 짓는 일에 협력하는 것입니다.

정산 종사님께서 바른 발원 나쁜 발원 이 두 가지를 말씀하셨는데 처음부터 바른 발원으로 나갈 수 있습니까? 그것은 쉽지 않습니다. 무엇이 바른 발원인지를 모르기 때문입니다. 교당을 다니다 보면 제일 먼저 교당에 무슨 일이 있으면 협력을 해야 합니다. 그리고 우리가 살다 보면 복 짓는 일이 생깁니다. 복을 잘 지을 수 있도록 협력하는 것이 바른 발원을 일으키도록 인도해가는 과정입니다. 바른 발원으로 인도해 가는 데 있어서 정법에 신심을 일으키게 해 주는 것입니다.

요즘 생각해보면 어떻게 원불교에 발심을 내서 전무출신을 하고 지금 이런 생활을 하고 있는지 희한합니다. 다른 사람이 저를 보고 기특하다고 합니다. 그런데 참으로 옹골진 것이 무엇인가 하면 자기가 자기를 생각했을 때 참으로 기특하구나 하는 생각을 하는 것입니다. 소태산 대종사님의 일원대도 정법에 신심을 가졌고 출가를 해서 이 생활을 할 수 있었다는 것이 얼마나 기특한 일입니까? 저 같은 전무출신은 아닐지라도 법당에 나와서 다 같이 공부하며 불법의 인연을 맺어주는 것. 이것이 바른 발원 중에서 최고의 발원입니다.

일원상 서원문에 보면 '은혜는 입을 지언정'이라는 말이 있습니다. 해독은 입지 아니하기로써 우리가 진리로부터 은혜를 입는 것이 무엇인가 하면 바른 발원을 하는 것이고 다른 사람에게 바른 발원을 심어주는 것입니다. 이런 노력이 우리의 생활 속에서 이뤄지기를 마음속으로 염원합니다.

선업을 짓는 법

대부분의 보통 사람들은 복 받기는 좋아하나 복 짓기는 게을리 합니다. 생활이 좀 편안해지면 그곳에 만족해서 타락해 버리는 경우가 많기 때문입니다. 그런데 불보살 성현들은 복을 받으면 더 큰 복을 짓는 분들이고 편안함 속에 안주하지 않고 미래를 개척하신 분들입니다. 이것이 중생과 불보살의 차이가 아닐까 싶습니다. 살아가는 모습은 다 똑같지만, 사람들의 마음 작용에 따라 엄청난 차이가 있습니다. 그 차이가 평범한 사람과 공부하는 사람의 차이입니다.

중생들은 자꾸 극락을 부수고, 지옥을 만드는데 바쁩니다. 그런데 불보살 성현들께서는 지옥을 부수고 극락 만드는데 바쁩니다. 그러므로 중생들은 강급 되는 일에 바쁘고, 불보살 성현들은 진급되는 일에 바쁩니다.

과거 자기가 지은 죄업을 어떻게 처리하느냐에 따라 중생과 불보살로 나뉩니다. 지금 우리가 받고 있는 일체의 모든 일은 과거의 업들입니다. 우리가 이 과거의 업을 어떻게 수용하느냐에 따라서 중생이 될 수도 있고 불보살이 될 수도 있습니다.

오늘은 자기가 지은 과거 업을 잘 다스리는 방법 세 가지에 대해서 생각해 보고자 합니다.

과거 지은 업을 잘 처리하고 잘 다스리려면 첫 번째로 자업자득의 이치를 알아야 합니다. 자업자득이란 자기가 짓고 자기가 받는 것입니다. 자업자득을 모르는 사람은 없지만, 실제 일을 당하면 잊어버리고 맙니다. 우리는 우리가 과거에 지은 업을 잘 다스리는 사람이 되어야 합니다.

사람이 살다 보면 가까운 사이도 틀어질 때가 있습니다. 부부 사이가 그렇고 부모와 자녀 사이가 또 그러합니다. 또 한편으로는 아무 이유도 없이 애먹이는 사람들도 있습니다. 이럴 때 보면 대부분의 사람은 상대편을 걸고넘어집니다. 저 사람은 이 사람 때문이라고 하고, 이 사람은 저 사람 때문이라고 합니다. 그렇게 되면 업이 소멸하는 것이 아니라 더 얽히게 됩니다. 이럴 때 자업자득을 생각해야 합니다. 내가 짓고 내가 받는다는 마음으로 서로의 마음을 알고 행동해야 업이 풀리게 됩니다.

부산교당 앞에 국일주차장이 있습니다. 그런데 주차장 뒤편에 있는 집을 밀고 확장공사를 했습니다. 이 사람들이 밤낮없이 기계를 가져와서 공사하는데 문을 열어놓으면 매우 시끄럽고 먼지가 다 들어왔습니다. 그렇다고 문을 닫으면 너무 더워서 있지를 못할 정도였습니다. 마음이 안 좋아서 파출소에 신고하고 싶은 마음마저 났지만 참았습니다. 참으면서 자업자득이다 생각했습니다. 알고는 있지만, 실제 경계를 당하면 쉽지가 않습니다. 하지만 자기가 짓고 자기가 받는 자업자득의 이치를 잘 알아야겠습니다.

두 번째는 낮은 업은 수용하자는 것입니다. 낮은 업은 안 좋은 업이며 상극의 업입니다. 상극의 업은 되돌아오는 이치가 있습니다. 이 업이 우리에게 돌아올 때 방법은 딱 한 가지입니다. 그것은 무조건 조건 없이 수용하는 것입니다.

우리가 살다 보면 안 좋은 업이 돌아올 때 구차한 자기변명이 생깁니다. 구차한 변명으로 둘러대면 둘러댈수록 그 업은 없어지지를 않습니다. 그래서 이 낮은 업이 돌아올 때는 아무 조건 없이 그냥 수용해 버려야 합니다.

사람들은 누구나 낮은 업이 자기에게 돌아올 때 괴롭고 갈등이 생기고 고민하고 원망스런 마음이 들게 마련입니다. 그런데 그런 마음가짐을 갖는 사람은 세상에서 가장 멍청하고 지혜롭지 못한 사람입니다. 왜냐하면, 이런 마음가짐을 가지면 업의 수레바퀴에 말려 들어가기 때문입니다.

그런데 낮은 업이 돌아올 때 수용하기가 쉽지 않습니다. 그것을 수용하는 방법은 얼른 포기하는 것입니다. 포기하지 않으면 더 괴롭고 원망스러운 마음이 생깁니다.

제가 부산교당에서 교단적인 사업을 하나 해보려고 계획했습니다. 교단적으로 좋은 복도 짓고 교화에도 큰 도움이 되는 사업을 계획했었는데 좀처럼 진행이 잘 안됐습니다. 계속 꼬여가니까 원망스럽기도 하고 고민도 됐습니다. 그런데 그 일을 포기하니까 오히려 마음이 홀가분해졌습니다.

낮은 업을 잘 수용한다는 것은 윤회의 수레바퀴를 끊어버리는 것입니다. 자기가 받고 다시는 안 굴러가게 끊어버리는 것이 업을 소멸시켜나가는 과정이 아닌가 생각합니다.

세 번째는 선업은 받으면서 다시 짓자는 것입니다. 선업은 좋은 업입니다. 그런데 선업은 낮은 업, 안 좋은 업과는 다스리는 방법이 정반대입니다. 좋은 업은 자기가 다 받아 버리면 안 됩니다. 좋은 업을 받으면서 그것에 만족하지 않고 다시 더 지어야 된다는 말입니다. 그래서 악업은 남기지 말고 싹 다 받아들이고 선업은 다 수용하지 말고 다시 베푸는 것, 이것이 우리가 업을 잘 다스리는 방법입니다.

악업은 뿌리를 뽑아 버려야 하지만 선업은 뿌리를 남겨두어야 합니다. 선업의 뿌리에서 새로운 싹이 돋아나게 하는 것이 우리가 과거에 지은 업을 잘 다스리는 방법입니다.

우리 불보살 성현들은 복이 무궁무진하다고 합니다. 그 무궁무진하다는 뜻이 받으면 짓고 받으면 짓고 반복하면서 선업을 계속 굴러가게 하는 것입니다.

우리가 교당을 다니면서 공부를 하는 것은 과거에 자기가 지은 업을 맑히는 것입니다. 악업은 받아서 선업으로 돌리고 선업은 받아서 베푸는 우리 교도님이 되시기를 기원합니다.

우리가 어떤 일을
성공하게 하고 공을 들이는데도
시간적인 여유를 가져야 합니다.
조급증을 내지 말고 욕속심을 극복하고
계속해서 공을 들이는 그 마음속에
우리들의 서원은 성취되는 것입니다.

어떻게 공을 들일 것인가

사람이 가진 아름다운 모습은 어떤 것일까요? 밖으로 드러난 겉모습이 아니라 내면 안에 간절한 염원을 가진 것을 말합니다. 내면에 있는 간절한 염원이 행동으로 자연스럽게 표출될 때 그 사람의 아름다움이 드러나는 것입니다. 그렇다면 염원을 가진 사람의 표현은 어떻게 나타날 것인가 생각해봅시다.

저는 내면에 염원을 가진 사람의 모습은 간절하게 공을 들이는 것이 아닐까 싶습니다. 우리가 정성스럽게 공을 들이는 모습이 사람을 가장 아름답게 가꾸어 간다고 생각합니다.

예로부터 특별한 인격을 갖추고 특별한 일을 한 사람들은 염원을 마음속에 챙기고 그 염원을 가지고 공을 들였습니다. 우리도 공들이는 생활이 수반되어야 아름다워집니다. 우리가 일요일에 교당에 와서 법회를 보고 기도를 올리고 법신불 부처님께 염원하는데 이 모든 것이 공들이는 것입니다.

그렇다면 왜 공을 들이는 것일까요. 그것은 간절히 공을 들이면서 과거 자기의 업력들 하나하나를 소멸시켜 나가는 것입니다. 공을 들이면 과거 자기의 업력들이 하나하나 풀어지기 때문입니다.

세상 사람들이 사는 것을 봐도 마찬가지입니다. 예를 들어 무당도 공을 들이지 않으면 안 된다고 합니다. 내림굿을 받고 한 번 무당이 되면 평생 무당인 줄 알았습니다. 그런데 신기도 계속 쓰다 보면 떨어져서 충전해야 한다고 합니다. 그것이 바로 공을 들이는 것입니다.

제가 한국 신악회 회원으로 히말라야를 정복했던 교무님과 함께 태백산을 다녀왔는데 그 산에 한배검이라는 제단이 있습니다. 태백산 한배검은 신기가 좋아서 한국에 있는 무당들이 와서 정성스럽게 기도를 올린다고 합니다. 이 세상 모든 것은 공들이지 않으면 그 효과가 나타나지 않는 것 같습니다.

정암 조광조 선생은 30대 젊은 나이에 왕도정치를 부르짖다가 사화의 이슬로 사라진 분인데 인품이 대단했습니다. 우리나라의 역사에 정암 조광조 선생만큼 큰 학문의 경지를 이룬 사람이 별로 없습니다. 이런 정암 조광조 선생이 공을 어떻게 들였느냐 하면 동쪽 하늘에 해가 뜨면 의관을 정제하고 갓을 쓰고 도포를 입고 해가 지기 전에는 절대 벗지를 않았다고 합니다. 쉬운 것 같지만 실천하기는 대단히 어렵습니다.

정암 조광조 선생이 의관을 정제하고는 글을 읽는데 읽을 때마다 몸을 앞뒤로 가볍게 흔들었다고 합니다. 의관을 정제하고 있으니 글을 읽을 때마다 매달린 구슬이 상에 닿아서 부딪치는 소리가 나는데 그 소리가 하루종일 끊이지 않았다고 합니다. 이렇게 예전 어른들도 자기만의 공들이는 방법이 있었습니다.

우리 교도님들도 염원을 가지고 법신불 부처님께 공들이는 노력을 지속해 나가야 하겠습니다. 그런데 공을 드려도 우리는 그 방법을 잘 알고 해야 합니다. 방법을 알아야지 무조건 공만 들여서는 안 됩니다.

첫 번째는 염원하는 내용이 명확하고 간결해야 합니다. 막연한 생각과 막연한 내용으로 공을 들이면 허사가 됩니다. 우리는 염원하는 내용을 분명하고 간결하게 담아 공을 들여야 합니다.

낚시할 때 보면 낚시 바늘이 구부려져 있습니다. 그래야 고기가 걸리고 빠지지 않습니다. 만약 낚시 바늘이 구부러져 있지 않다면 아무리 고기가 물어도 잡히지 않고 미끼만 다 빼먹어 버립니다.

우리는 공을 들일 때 낚시하듯 해야 합니다. 낚시처럼 딱 걸려야 됩니다. 걸린다는 것은 자기가 공들이는 내용과 염원의 내용을 간결하게 해서 분명히 하는 것입니다. 염원의 내용이 마음에 걸리면 멈추지 말고 계속해서 공을 들여 나가야 합니다.

요즘 저는 인연복을 강조합니다. 인연복이 제일이라고 강조를 하는데 우리가 인연을 만날 때도 막연한 인연을 갈구해서는 안 됩니다. 인연복을 지어나가는 것도 구체적으로 명확하게 대상을 분명히 해야지 막연하게 해서는 안 됩니다.

며칠 전, 서울에서 알고 지내던 교도님으로부터 전화를 받았습니다. 제가 기도해 준 자녀가 졸업하고 대기업에 취업했다는 것입니다. 이제 아들 장가민 보내면 되니까 기도 좀 해 달라는 부탁 전화였습니다. 이 교도님은 열성이 대단한 분입니다. 지금은 시집을 갔지만, 딸이 있었는데 교도님이 전철을 타고 가다가 멋지게 생긴 총각이 눈에 싹 들어오더랍니다. 저 총각을 어떻게든 사위 삼아 봐야겠다는 생각이 들면서 가던 길도 잊고 그 총각을 따라갔답니다. 한참을 따라가다 보니 대궐 같은 집으로 들어가더랍니다. 총각이 사는 집까지 확인을 하고 나니까 사위 삼고 싶은 마음이 더욱 들었는데 집에 와서 가만히 생각해 보니 정신이 퍼뜩 들더랍니다. 부모 마음이 그런가 봅니다.

이 교도님은 공들이는 내용의 목표가 분명합니다. 사위 삼고 싶은 마음으로 전철에서 만난 총각을 집까지 따라 갈 정도로 내용과 대상이 분명하니 계속해서 공들일 수 있는 마음의 동기가 유발된 것입니다.

좌산 종사님께서는 교화를 하는데도 목표와 대상을 분명히 하라면서 '표적 교화'라는 말씀을 해 주셨습니다. 우리가 활을 쏠 때 표적을 향해 쏘지 않습니까. 활을 쏠 때 표적을 향해 쏴야지 허공에 쏘면 어디로 갈지 모릅니다. 표적을 분명히 해서 인연의 복을 지어 나가야겠습니다.

공들이는 방법의 두 번째는 정성이 쉬지 않아야 한다는 것입니다.

소태산 대종사님께서 28년간 법문을 하셨는데 선 때마다 하시는 예화가 몇 가지가 있었습니다. '날라리 법문'인데 날라리(나나니)라고 하는 곤충 이야기입니다. 이 날라리는 산천을 돌아다니다가 벌레 하나를 자기 집에다 물어다 놓는 답니다. 벌레 하나를 물어다 놓고는 계속 들여다보고 앉아서 날개로 벌레에게 바람을 자꾸 쐬주면서 "날날날날 날 닮아라, 날날날날 날 닮아라"라고 계속한답니다. 그렇게 공을 들이면 날라리가 되어버린답니다.

이 법문을 소태산 대종사님께서는 제자들을 불러 모아 놓고 품에 안고 "날날날날 날 닮아라" 계속하셨는데 이것이 바로 정성입니다. 정성을 들이면 기적이 일어납니다. 날라리가 되어버리는 것이 기적 아닙니까.

공을 들이다 보면 반드시 역경이 찾아 옵니다. 힘이 드는 경계가 있기 마련인데 우리는 이 또한 정성으로 극복해야 합니다. 그리고 조급증을 극복해야 합니다. 공을 들이다 보면 얼른 이루고 싶은 마음에 조급증이 생깁니다. 그것을 욕속심이라고 합니다.

우리는 교당에 업력을 녹이러 다니는데 이 업력이 쉽게 녹지 않습니다. 우리가 어떤 일을 성공하게 하고 공을 들이는데도 시간적인 여유를 가져야 합니다. 조급증을 내지 말고 욕속심을 극복하고 계속해서 공을 들이는 그 마음속에 우리들의 서원은 성취되는 것입니다.

오늘 제가 정성을 들이는 데는 목표와 내용이 분명해야 하고 그 공은 계속되어야 한다는 두 가지 말씀을 드렸습니다. 우리 교도님들 모두가 공들이는 마음을 일상생활 속에서 지속함으로써 우리들의 모습을 부처님의 모습같이 아름답게 가꿔가길 간절히 바랍니다.

염원念願을 갖고 살자

새해를 맞이해서 세상을 향해 던져야 할 선물이 과연 무엇인가 생각해 봤습니다. 이 선물은 제가 오랫동안 염원해 온 것이기도 합니다.

불과 얼마 전, 우리는 희망찬 새 출발을 다짐했습니다. 그런데 새해 새 기분으로 출발했던 분위기는 며칠 만에 오간 데 없고 세상은 대단히 어수선합니다.

요사이 일어나는 이런저런 사회 현상을 혼자 보고 듣자니, '과연 어느 것이 옳은 목소리인가?' 하는 의심을 품게 되었습니다. 옳고 그름을 제대로 구분하지 못하고 살아가는 사람들이 대부분입니다. 이럴수록 종교인들은 더욱 기본에 충실하고 바른 자세를 갖추고 다시 한 번 마음을 점검해야 할 것입니다.

특히 극한 대립의 상황에 치닫고 있는 우리 사회에서 상호이해는 물론이거니와 상대방의 처지를 진정으로 생각해주는 사실불공이 어느 때보다 절실합니다. 이것이 곧 대종사님이 말씀하신 진리불공과 사실불공을 실천하는 길이기도 합니다.

사람이라면 누구나 이 세상을 아름답게 살고자 합니다. 얼마나 아름다워지려고 애를 쓰는지 옷 한 벌에 몇 천만 원짜리 하는 옷을 입고 다니는 사람들도 있다고 합니다. 도대체 어떻게 생긴 옷이길래 그렇게 비쌀까요? 그런데 그 천만 원짜리 옷은 집에 보관을 못 하고 많은 경비를 지급하여 따로 보관을 시킨다니 우리 같은 사람은 참으로 이해하기 어려운 일이 아닐 수 없습니다.

비단 아름다움에 대한 사람들의 욕구는 의복에만 머물러 있는 것이 아닙니다. 부산에는 '허심청'이라는 목욕탕이 있습니다. 그곳의 풍경을 상상해 봅시다. 모두 아름다워지려고 몰려든 사람들로 가득 차 있고, 이들의 욕망을 채워주기 위해서 각종 인위적인 시설까지 갖추고 있습니다. 그 안에는 미장원도 있고 이발관도 있는데 모두 사람들의 욕구를 만족시키기 위해서 생긴 것들입니다.

그러나 인간의 모습 중에서 가장 아름다운 모습은 무엇일까요? 그것은 외모에 나타난 모습만을 말하는 것이 아닙니다. 마음속에 염원을 갖고 살아가는 사람은 다른 사람의 눈에도 아름답게 비칩니다.

입시철이 되면 아이들을 시험장에 보내 놓고 어머니가 교문 밖에서 기도하는 장면들이 종종 텔레비전에 비칩니다. 간절한 염원을 담은 어머니의 기도만큼 아름다운 모습은 세상 어디에도 없습니다.

반면 아름답지 못한 사람은 어떤 사람일까요? 제가 보기에는 아무 생각 없이 아무 바람 없이 그냥 생긴 대로 사는 사람이 아닐까 싶습니다. 버스를 타고 다니면서 또는 시장에서 스치는 사람들을 한 번 보세요. 염원을 갖지 않은 사람은 밖으로 나타나는 몸매나 태도도 뭔가 다릅니다. 아무렇게나 살아온 사람의 눈빛이 다르고 모습도 아름답지 못합니다.

우리가 염원을 갖고 간절하게 살아간다면 그 사람은 아름다운 모습으로 다른 사람들에게 비칠 것입니다. 그런데 또 너무 아름다워져서 사람들이 전부 달려들면 곤란합니다. 그래도 마음속으로 이 간절한 염원을 항상 챙기고 살면 그 사람의 모습과 그 사람의 행동, 처사 이런 것이 밖으로 아름답게 나타날 것입니다.

제가 말씀드리고자 하는 염원은 아주 간단합니다.

「일출동천日出東天 / 만리무운萬里無雲 / 인연결복因緣結福 / 무위정진無爲精進」.

동쪽 하늘에 해가 솟으니 만리 하늘에 구름 없게 하시고
인연을 맺어서 복록을 얻으매 한없이 정진하게 하소서.

동쪽 하늘에 해가 솟으니 우리 마음속에 구름이 없게 하소서. 마음속의 구름은 우리 인간들의 근심 걱정입니다. 뜻밖에 우리 주변에는 근심 걱정이 많습니다.

또 동쪽 하늘에 해가 솟으니 우리 교도님들의 가정에 구름이 없게 하소서. 가정에 구름이 있으면 근심 걱정이 생기는 법입니다. 더 나아가 동쪽 하늘에 해가 솟으니 원불교에 구름이 없게 하소서. 동쪽 하늘에 새해의 큰 태양이 솟으니 대한민국에 구름이 없게 하소서.

한 예로 노동계가 파업하는데 누가 잘했다고 똑 부러지게 말씀은 드릴 수 없어도 원리는 긴단합니다. 소태산 대종사님께서 말씀하신 상대불공으로 대립하는 마음 없이 상호 대화와 상대방을 부처님으로 모시는 마음을 가져야 합니다. 이렇게 될 때 우리 국가에 구름이 없어집니다.

'부처님의 자비광명이시여 내 마음을 밝게 비추어 주소서'하는 염원을 우리 교도님들이 가지고 살 때 하는 일 마다 그냥 되어 버리는 것입니다.

인연결복에 무위 정진하소서. 세상에서 제일 큰 복이 무엇인

가 하고 물어보면 '아, 다 아는 이야기 또 물어보는구나' 하고 생각할 것입니다. 물론 다 알고 있습니다. 바로 인연복입니다. 그런데 다 아는 사람들이 인연복을 짓는 것을 보면 전혀 모르는 것 같습니다. 우리 교도님들을 지켜보면 친한 사람만 계속 친하게 지내는 경우가 많습니다. 법당에 낯선 사람이 들어오면 저 사람이 누군가하고 아무도 쳐다보지 않습니다. 진정 인연복이 중요하다는 것을 아는 사람은 친한 사람하고만 친한 것이 아니라 나를 싫어하고 나를 멀리하는 사람과도 먼저 다가서서 좋은 인연으로 바꾸려고 노력하는 사람입니다.

세상에 제일 큰 복이 인연복임을 알았으니 우리는 새로운 인연을 찾아 나서는 염원을 선물로 알고 잘 연마하면서 살아가셨으면 합니다. 그런 염원으로 살아가실 때 우리 교도님들 가정도 아름다운 모습이 될 것입니다.

성지순례를 통해서 구도정신의 표본을 찾고,
세계사업의 정신을 체 받고,
사제 간의 정신을 체 받아야겠습니다.

성지순례를 가는 세 가지 이유

한 가정이 평화롭고 행복하기 위해서는 여러 가지 조건들이 필요합니다. 특히 저는 가문의 전통과 정신이 중요하다고 생각합니다. 가정과 마찬가지로 우리 교당이 잘 되기 위해서는 창립정신이 중요합니다.

창립정신은 원불교가 처음 시작할 때 선진님들이 하나씩 이뤄가면서 보여주신 이념이며 근본적이고 근원적인 정신입니다. 이 창립정신을 우리가 잘 계승해 나가야 합니다.

우리가 성지순례를 갑니다. 성지순례를 가는 데는 세 가지 이유가 있습니다.

첫째는 구도자들의 기본적인 정신을 체득해 보기 위함입니다.

구도하는 사람들에게는 기본 정신이 있습니다. 우리는 이 정신이 그대로 깃들어 있는 성지순례를 통해 체득해 봐야 합니다.

소태산 대종사님께서 어렸을 때 아주 비범했습니다. 소태산 대종사님 다섯 살 때 아버지하고 겸상했는데 식사가 모자랐던 모양입니다. 아버지 밥그릇에서 한 숟가락 푹 떠서 가져가니 아버지가 꾸중을 하셨습니다. 꾸중을 듣고 난 소태산 대종사님께서 아버지를 한 번 골려주고 싶다고 생각했습니다. 아버지가 식사를 마치고 낮잠을 주무시는데 소태산 대종사님이 노루목에 동학군이 몰려온다고 외쳤습니다. 그 소리를 듣고 아버지가 혼비백산해서 대밭으로 도망을 갔습니다. 보통의 다섯 살 아이가 꾸중을 들었다고 아버지 놀라게 할 생각을 합니까? 어렸을 때부터 대종사님은 참으로 비범한 분이셨습니다.

그런데 소태산 대종사님께서 구도를 정식으로 시작해서 기도하고 스승을 찾아 구도하는 과정을 거치면서 모든 것을 다 잃어버리셨습니다. 부모님과 모든 재산을 잃고 건강까지 잃었습니다. 하지만 이런 과정에서도 소태산 대종사님께서는 한 번도 구도의 일념에서 어긋나지 않았습니다.

두 번째는 세계사업 정신을 체 받아야 합니다.

영광군 백수면 길룡리는 세상에 둘도 없는 산골입니다. 그런가 하면 영광은 가난한 어촌입니다. 소태산 대종사님께서는 이 가난한 산골 어촌에서 하시는 모든 일을 세계사업으로 끌고 나가셨습니다.

제일 처음에 대종사님께서 대각하셔서 제자 몇 사람을 모아서 시작한 일이 저축조합입니다. 조합을 만들려고 보니 돈이 필요했습니다. 그래서 소태산 대종사님께서는 한 달에 세 번씩 공동출역을 하셨습니다. 공동으로 남의 집 일을 해주면 돈을 받는데 그 돈을 조합금으로 저축하는 것입니다. 인류를 위한 도덕사업의 기반을 다지는 세계사업을 위해서 공동출역을 하신 것입니다.

자기 개인을 위해서가 아니라 세계와 인류를 위한 일로 승화시켰다는 것은 우리의 상상을 초월하는 일입니다. 이런 정신들을 우리는 이번 순례를 통해서 체 받아야 하겠습니다.

세 번째는 사제 간의 정신의 표본을 영산성지에서 구축하셨습니다. 소태산 대종사님께서는 도가에 살아가면서 사제 간에 서로 가져야 될 정신의 기본을 영산성지에서 세워 주셨습니다.

팔산 대봉도님은 소태산 대종사님과 한동네에 사셨는데 나이가 열두 살이나 많았습니다. 그런데 소태산 대종사님께서 대각하시고 사제 간이 되었습니다. 팔산님이 소태산 대종사님을 스승으로 받들어 모셨는데 한번은 소태산 대종사님께서 배탈이 나서 옷을 조금 버리셨습니다. 그런데 빨래를 하겠다는 사람들을 다 쫓아 보내고는 팔산님께 시켰습니다. 사제 간에 주고받아야 될 기본적인 정신을 영산성지에서 우리 소태산 대종사님과 구인선진님들께서 형성하신 것입니다.

오늘 세 가지 말씀을 드렸습니다. 성지순례를 통해서 구도정신의 표본을 찾고, 세계사업의 정신을 체 받고, 사제 간의 정신을 체 받아야겠습니다.

성지순례는 교당 교도님들 전체가 다 같이 한마음이 되어서 대종사님 정신을 다시 체 받는 계기가 되길 바라며, 신심날 수 있는 주위 사람들을 모아서 재미있고 뜻깊게 다녀올 수 있도록 준비해야 겠습니다.

선진이 가꾼 교당, 이어받는 후진들

우리 교당을 가꾸어 오신 선진님들의 정신은 무엇일까요.

우리 선진님들은 교당을 복전삼아 오셨습니다. 복전은 복 밭입니다. 복을 심는 밭입니다. 사람들은 살면서 복을 원합니다. 사람들이 절에 가서 기도하는 것도 복을 받기 위함입니다. 우리 선진님들은 교당을 복 밭으로 삼고 복을 심는 역할을 하셨습니다. 그리고 교당을 통해서 복을 이루어 오셨습니다.

우리가 복을 짓고 싶어도 막상 복을 어디에 지어야 할지 생각해보면 막연합니다. 복을 짓기 위해 희사를 하고 좋은 일을 하는데 간혹 복이 되지 않고 죄악의 씨앗이 될 때가 있기 때문입니다.

사실 복을 짓는다는 것도 돈이 있어야 하는데 이 돈도 잘 쓰면 복전이 되지만 잘못 쓰면 죄악의 씨앗이 됩니다. 같은 물인데도 소가 마시면 우유가 되고, 뱀이 마시면 독이 된다고 했습니다. 돈이 있다고 해서 다 복을 지을 수 있는 것은 아닙니다. 똑같은 돈이지만 복전이 될 수도 있고 죄복의 씨앗이 될 수도 있습니다.

소태산 대종사님께서는 구도 끝에 대각하셨습니다. 그런데 본인의 대각으로 끝내지 않고 원불교라는 회상을 열었습니다. 당신 혼자만의 극락세계에 안주하지 않고 일체 중생들에게 복을 지을 수 있는 복전을 마련해 주기 위해 이 회상을 열었던 것입니다.

교당도 마찬가지입니다. 우리 선진님들께서 교당의 복전마련을 위해 많은 역할을 해주셨는데 이제는 후진들이 잘 이어나가야 하겠습니다. 그리고 선진님들은 교당을 복전으로만 삼아오신 것이 아니라 마음을 키우고 넓히는 곳으로 생각해오셨습니다. 바로 마음공부입니다. 마음을 키우기 위해서는 우리들의 마음을 비워야 합니다.

요즘 아침 좌선이 참 좋습니다. 저는 지금까지 좌선을 한 번도 안 빠지고 계속하고 있는데 뜨거운 여름에는 힘이 듭니다. 그런데 가을로 들어서면서 생기가 돕니다. 아침마다 우리 교도님들 좌선하시는 그 모습을 보면 참으로 정성스럽습니다. 세상의 세파에서 떨어져서 한 단계 올라서 있는 모습입니다. 그 분들이 평소 생활하는 모습을 보면 편안해 보입니다. 이것은 좌선하면서 일체 모든 근심 걱정들이 다 사라졌기 때문입니다.

사람들의 마음이 좁아지는 이유는 마음에 집착하기 때문입니다. 마음을 비우지 못하면 마음이 좁아지고 마음이 좁아지면 급해집니다. 그런데 세상 사람들을 보면 근심 걱정이 참으로 많습니다. 가지 많은 나무에 바람 잘 날 없다고 근심 걱정이 쉴 날이 없습니다.

예전에 태평가에 보면 우산을 파는 아들과 짚신을 파는 아들을 가진 노부부가 있었습니다. 어머니는 비가 오면 짚신 파는 아들 걱정, 날이 좋으면 우산 파는 아들 걱정으로 근심 걱정이 끊이지 않았습니다. 그런데 아버지는 비가 오면 우산 파는 아들이 좋고, 날이 좋으면 짚신 파는 아들이 좋다고 생각했습니다. 이건 마음의 여유입니다.

근심 걱정이 쌓이면 고민과 고뇌가 되는데 이게 또 쌓이면 업장이 됩니다. 그런데 그 근심 걱정은 왜 오느냐 하면 마음공부를 잘못해서 마음이 좁아졌기 때문입니다. 근심 걱정을 물리치고 업장을 녹여내는 것이 바로 이 마음을 키우고 마음을 넓히는 것이며 업장을 소멸시키는 길입니다.

〈금강경〉을 보면 "여래설 인신장대는 즉위비대신일세 시명대신이다."라는 법문이 있습니다. 이 말씀은 육신의 몸이 큰 것이 아니라 마음이 크다는 것을 이르는 말입니다. 마음이 크다는 것은 국량이 넓다는 말입니다. 도량이 넓어서 많은 것들을 수용하고 포용할 수 있는 능력을 갖춘 사람이 국량이 크다고 할 수 있습니다. 우리도 마음공부를 통해서 국량을 키우는 것입니다. 이 도량이 넓을 때 천하의 모든 사람을 다 포용할 힘이 생깁니다.

제가 대구에 있을 때 항타원 이경순 종사님을 모시고 시내에 나갔습니다. 택시를 타고 수성못을 지나가는데 항타원님이 저에게 이런 법문을 하셨습니다.

"물이 깊으니까 사람이 모인다."

"대구 사람들은 놀러 갈 데가 마땅치 않으니 수성못에 갑니다. 물이 있으니 그곳에 모여서 노는 겁니다."

"못이 깊어 사람이 모이는데 너의 마음도 넓혀봐라. 얼마나 많은 사람들이 너의 마음에서 살겠느냐."

제가 수성못에서 항타원님의 법문을 받들고 '사람이 지도자가 되려면 국량이 넓어야 한다.'는 깨달음을 얻었습니다.

우리 선진님들은 교당을 복전으로 삼으셨고 마음을 키우는 곳으로 삼으셨습니다. 마음을 키우고 넓히면서 지혜가 솟아납니다. 우리 교도님께서는 선진님들의 이 두 가지 마음을 닮아 복과 지혜가 넉넉하고 마음이 넓은 교당을 만들어가길 기원합니다.

교도 자녀 신앙 이어가기

"도가에는 기쁨 두 가지가 있나니 하나는 위로 자기 심신을 온통 바칠 스승을 만나는 것이 첫째 기쁨이요, 다른 하나는 아래로 자기의 법을 전할 제자를 만나는 것이 두 번째 기쁨이다."

총부에서 대산 종사님을 모시고 생활할 때 자주 받들었던 법문 말씀입니다. 이 말씀에 의하면 종교가에서 가지는 기쁨은 세상 사람들의 기쁨과 차이가 있습니다. 그리고 요즘은 사람을 믿고 살아간다는 것이 대단히 어렵습니다. 우리가 인간 대 인간으로 만나면 서로 믿고 보호해주며 살아야 하는데 서로 속고 속이기 바쁩니다.

제가 서울에서 교무를 할 때 응접하는데 어려움을 겪었습니다. 도둑을 맞아서 열쇠를 전부 점검하며 지내던 어느 저녁에 여자 분이 찾아왔습니다. 서울 봉은사에 다니는데 우리 교당에서 참선하고 싶다고 부탁을 해왔습니다. 새벽 5시에 있는 참선에 함께하기로 하고 돌아갔는데 교당 식구들이 하는 말이 절대 불교신자가 아닌 것 같다는 것입니다. 그러면서 참선 올 때 우유를 가지고 올지도 모른다며 조심해야 한답니다. 이유를 물었더니 우유에 약을 타서 먹이고는 잠이 들면 물건들을 싹 훔쳐간다는 것입니다.

그 다음 날 여자 분이 왔는데 하필 우유를 한 통 가지고 왔습니다. 하지만 전날 나눈 이야기가 있으니 아무도 그 우유를 먹지 않으려고 하는 것입니다. 버릴 수 없어서 제가 다 마셨는데 잠이 오지 않았습니다. 하필 그 여인이 우유를 갖고 왔으니 안타깝게도 훈훈한 인정도 이렇게 믿을 수 없게 된 것입니다.

부처님이나 하나님이나 절대자나 성현들을 믿기는 쉬운데 인간관계 속에서 서로서로 믿어주고, 받아 주는 것은 얼마나 어려운지 모릅니다. 이러한 것을 생각할 때에 우리 교도들은 참으로 행복한 분들입니다.

왜냐하면, 영생을 통해서 우리가 세세생생 거래 간에 항상 모시고 받들고 살아갈 수 있는 소태산 대종사님과 같은 주세성자를 모셨고, 주세성자의 법을 전해주는 스승들을 지금 모시고 살고 있기 때문입니다. 그런데 이것은 반쪽 기쁨입니다. 온전한 기쁨을 받기 위해서는 자기의 신앙을 밑으로 전할 수 있는 제자를 만나야 한다는 것이 대산 종사님의 법문 말씀입니다.

소태산 대종사님께서는 제자를 찾으시고 8인 단원을 짜시고 중앙자리를 비워놓으셨습니다. 그 자리는 올 사람이 있다고 하시고는 8인 단원보다 제일 나이가 어린 18세의 정산 종사님을 중앙으로 맞이하시면서 나의 일은 이것으로 끝났다고 하셨습니다.

소태산 대종사님께서 18세의 정산 종사님을 딱 보시고 당신의 일대사가 끝났다고 말씀하신 것은 아래로 법을 전하는 것이 이처럼 소중한 일이라는 뜻입니다.

교화 일선에서 교화중점사항으로 '교도자녀 신앙 이어가기'로 정한 적이 있습니다. 종교생활을 하면서 진정한 기쁨은 가정에서 자녀들이 부모의 신앙을 이어가는 것입니다. 특히 교도자녀 신앙 이어가기는 한국 사회에서 더 필요합니다. 왜냐하면, 우리나라는 현재 세계종교의 백화점이나 다름없기 때문입니다. 세계의 모든 종교가 우리나라에 들어와 있습니다. 이런 현상은 우리나라에서만 볼 수 있습니다. 그렇다 보니 우리 가정도 세계종교의 백화점이나 다름없습니다.

예전에 부산진교당에 종재가 있어 다녀왔을 때 일입니다. 원불교를 착실하게 믿으셨던 교도님이 돌아가셔서 교당에서 종재를 모셨는데, 부인은 절에 다녔고 아들은 기독교를 신앙하는 집안이었습니다.

재주 분향을 하는데 부인은 불교식으로 절을 올리고 자녀들은 선 채로 기도하는 것입니다. 그런가 하면 종재에 참여한 일가친척들은 대부분 절에 다니신 분들로 〈일원상 서원문〉은 입도 뻥끗하지 않더니 〈반야심경〉을 독경할 때는 법당이 떠들썩해지는 것입니다. 또 제가 단상에 올라가서 설교를 하는 데도 보살님들은 듣는 둥 마는 둥 하는 것입니다.

그러니 이 재가 제대로 진행됐겠습니까. 이 종재를 지내면서 '가족교화를 못하고 가는 양반은 천도도 온전히 못 받겠구나'하는 생각을 했습니다. 이런 실정이 우리가 살아가는 한국 종교의 현실이고, 우리 가정의 모습입니다.

우리에게는 종교가 필요합니다. 사회에서는 사회의 화합과 평화를 주고, 가정에서는 가정의 화합과 평화를 주며, 우리에게는 마음의 안정과 평화를 줍니다. 그런데 각각 다른 종교가 들어가면 갈등을 만들어버립니다.

우리 교도님들이 혼자 법당에 나오셔서 법회를 보시는데 마음의 안정과 평화는 개인의 것으로만 남겨두면 안됩니다. 가족 전체가 함께 안정과 평화를 나누어야 합니다. 나는 기쁘다 하더라도 상대방이 기쁘지 않으면 그 기쁨은 오지 않는 것입니다. 그러므로 가정에서 자녀들이 신앙을 이어가는 것은 그 가정의 화합과 평화의 근본입니다. 이런 이치가 있어서 우리는 자녀들에게 신앙을 이어가게 하는 노력을 해나가야 합니다.

또 다른 측면으로 볼 때 자녀들이 신앙을 이어가는 것은 효의 근본이고 효의 핵심입니다.

강타원 이진주 교도가 계시는데 아들 하나에 딸이 7명입니다. 딸들은 다른 종교들을 다니는데 아들은 어머니의 말씀을 따라 원불교에 다닌다고 합니다. 아들이 하는 말이 원불교에 나가는 이유가 가정의 평화를 위해서라고 합니다. 지금 만덕교당에 아들 부부가 함께 다니는데 강타원님은 소원을 성취하셨습니다.

그리고 선타원 이명진화 교도가 백세상수를 하시면서 항상 하시는 말씀이 효타원 김재형 교도님이 만고에 효자 효부라고 하셨다고 합니다. 당신이 백세상수하시면서 뒷바라지도 참 잘했지만 효타원님이 선타원님의 신앙을 그대로 이어받으셨기 때문입니다. 선타원님의 손자 손부도 지금 교당에 다니며 4대가 원불교 신앙으로 이어져 있습니다. 참으로 대단합니다.

이처럼 '교도자녀 신앙 이어가기'는 효의 실천입니다. 우리는 자녀들에게 다른 효를 강요할 것이 아니라 효의 근본이 되는 신앙 이어가기를 통해서 가정의 평화와 행복, 그리고 근본적인 효의 실천을 이루어 갈 수 있도록 노력해야겠습니다.

우리가 가정에서 자녀에게 신앙을 이어가게 하는 것은 가정의 법맥을 이어가는 것입니다. 도가에서는 가장 중요한 것이 바로 이 법맥입니다. 이런 법맥을 우리는 가정에서 신앙을 통해서 이어가야겠습니다.

도가의 두 가지 기쁨인 위로 온통 스승에게 바치는 기쁨과 밑으로 전해지는 기쁨을 우리 교도님들은 모두 누리시길 바랍니다.

나무토막이 되라

소태산 대종사께서는 〈대종경〉 신성품 18장에 "내가 송규 형제를 만난 후 그들로 인하여 크게 걱정하여 본 일이 없었고, 무슨 일이나 내가 시켜서 아니 한 일과 두 번 시켜 본 일이 없었노라. 그러므로, 나의 마음이 그들의 마음이 되고 그들의 마음이 곧 나의 마음이 되었나니라."라고 말씀하셨습니다.

가끔 이 법문을 봉독하면서 회상을 펴나가는데 대종사님께서는 '참 행복한 어른이셨겠다.'는 생각을 합니다.

원불교 2대 종법사인 정산 종사는 1900년 음력 8월 4일에 경북 성주군 소성면 초전리에서 태어났습니다. 교단에서는 탄생 100주년을 기념하기 위해서 정산종사탄생100주년 기념사업회를 결성하였고, 부산에서는 '2000년 부산 대법회'를 준비한 적이 있습니다.

당시 저는 부산교구장으로서 우리가 준비할 것은 무엇인지 '정산종사탄생100주년과 우리의 보은'이라는 제목으로 그 의의를 찾아보고 교도들을 독려했습니다. 물론 물질과 성금으로 기념사업에 동참하는 것도 매우 중요했지만 정신적으로 어떤 방향에서 우리가 보은할 것인지 생각해 보았습니다.

첫째, 스승님을 잘 모시고 받들어 보은 실천하는 생활을 해야 합니다. 정산종사탄생100주년을 우리는 스승 삼는 공부로 알고 잘해야겠습니다. 물론 총부 스승님과 교당 교무님을 잘 모시는 것도 중요합니다.

그러니 스승으로 삼는다는 말은 총부에 계시는 원로님들을 잘 모시는 것도 아니고 교당의 교무님을 잘 모시는 것도 아닙니다. 스승으로 삼는 공부는 교도 상호 간에 나보다 능력과 지혜가 나은 사람을 스승으로 삼는 공부를 하자는 것입니다.

정산 종사님의 행적을 보면 정읍 화해리에서 대종사님을 처음 뵙게 됩니다. 소태산 대종사님을 뵙고 그 자리에서 사제의 의義를 맺고 두 달 후 영산에 찾아가서는 사제의 의를 부자의 의로 바꾸셨습니다. 그때부터 소태산 대종사님께서 시키시는 대로 따랐습니다.

소태산 대종사님께서는 8인 선진들과 방언공사가 한창일 때 정산 종사님을 토굴 속에 계시게 했습니다. 8인 선진님은 낮에 방언공사를 하고 저녁에는 도실에 모여 공부를 하셨습니다. 대종사님께서는 저녁 공부시간에 정산 종사님을 토굴에서 나오게 하셨습니다. 그때 소태산 대종사님께서는 정산 종사님께 "송 규는 토굴에 가만히 있었고, 형님들은 열심히 일하고 오셨으니 '형님들 수고하셨다'고 한 분 한 분 앞에 가서 절을 올려라."고 하였답니다. 그 말씀이 떨어지기 무섭게 정산 종사님은 8인 선진님 앞에 가서 '형님들 수고하셨습니다. 형님들 수고하셨습니다.' 하면서 8인 선진님께 8번 절을 올렸습니다.

정산 종사님은 전라도에 오셔서 대종사님을 만나기 전에 처음으로 차경석(일명 차천자)을 만났습니다. 차천자의 제자들이 정산 종사님에게 먼저 절을 올리라고 하더랍니다. 그때 나이 18세였던 정산 종사님은 "내가 저 분과 문답을 해보고 스승으로 모실 만하면 절을 하겠다."고 하셨답니다. 차천자 앞에 서서 도에 대해 문답을 하였는데 당신 마음에 흡족하지 않았는지 그 자리에서 절을 하지 않고 나오셨다고 합니다. 그런데 이 어른이 소태산 대종사님을 한 번 뵙고 그 자리에서 사제 간의 의를 맺고, 이어 부자 간의 의까지 맺고 평생 신심을 바친 것입니다.

소태산 대종사님과 정산 종사님은 평생을 이렇게 사신 어른입니다. 원불교 교단에서 소태산 대종사님을 가장 잘 받든 어른이 바로 정산 종사님이십니다. 정산 종사님의 이러한 정신을 탄생 100주년을 당해서 우리는 닮아가기 운동을 전개했습니다.

제가 처음 총부에 가서 출가 생활을 할 때 대산 종사님이 "너희들은 나무토막이 되라."는 말씀을 하셨습니다. 사람이 어떻게 나무토막이 됩니까? 그 뜻을 대산 종사님은 "나무토막은 목수가 깎고자 하는 대로 깎이는 것이다."라고 설명하시면서 "스승과 제자는 창자를 이어야 한다."고 강조하셨습니다. 그러면서 우리에게 "나무토막이 되라."고 거듭 강조하셨습니다.

창자를 이어야 한다는 것은 생각이 똑같다는 것입니다. 곧 하나가 된다는 것입니다. 창자를 이으면 하나가 되어 저 사람이 배가 부르면 나도 배가 부르게 되고 저 사람이 배가 고프면 나도 배가 고프게 되는 것입니다. 교단에 기쁜 일이 있을 때는 함께 기뻐하고 교단이 슬플 때는 함께 슬퍼하는 '이신동체二身同體' 바로 이 경지를 스승님께서는 "창자를 이어야 한다."고 말씀하신 것입니다.

둘째, 자비와 사랑으로 사람을 키워내는 보은생활을 실천해야 합니다. 우리 교단의 자산은 여러 가지가 있겠지만, 무엇보다 진정한 자산은 바로 사람이어야 합니다. 교단의 자산은 건물, 대지도 있지만, 그보다 우리 교도님들을 소중한 자산으로 알아야 합니다.

 정산 종사님이 초창기 우리 교단에서 하신 역할이 바로 사람을 키워낸 일이었습니다. 정산 종사님은 어떻게 사람을 키우신 역할을 하셨을까요?

 교단적으로 소태산 대종사님은 해와 같은 어른이고 정산 종사님은 달과 같은 어른이라고 말합니다. 소태산 대종사님은 하늘 같은 어른이시고 정산 종사님은 땅과 같은 어른이고, 소태산 대종사님이 아버지라면 정산 종사님은 어머니라고 생각합니다.

 우리 가정에서 아버지는 위엄으로 자녀를 지도하면 어머니는 사랑으로 아이를 감싸고 '아버지가 너를 사랑해서 그러는 것'이라고 아버지의 체면을 세워주어야 훌륭한 아버지가 되는 것입니다. 그런데 자녀에게 '너의 아버지는 맨날 저렇게 혼만 낸다'고 하면 시시한 아버지가 되는 것입니다. 가정에서 자녀를 자비와 사랑으로 키워내듯 우리 교단에서는 법모의 역할을 정산 종사님이 하셨습니다.

 대중들이 아침에 좌선하고 있으면 꾸벅꾸벅 졸고 있는 사람들이 있습니다. 소태산 대종사님께서 문을 열고 들어오셔서 좌선하는 제자들을 바라보기도 하고, 각 숙소를 돌아다니면서 잠자리 정리정돈을 살피다 보면 꾸중할 일이 생깁니다. 당시 소태산 대종사님의 가장 큰 꾸지람은 짐보따리를 싸서 이리역으로 보내는 것이었습니다. 그때마다 정산 종사님은 혼이 난 제자를 부르셔서 "얼른 가서 잘못했다고 빌어라."라고 달래십니다. 꾸중 받은 제자가 고집을 부리고 빌지 않으면 정산 종사님은 그 제자를 데리고 가서 직접 빌었다고 합니다. 그러면 소태산 대종사님께서는 정산 종사님을 보고 용서해준다며 그 제자도 용서하셨다고 합니다.

소태산 대종사님께서 열반하신 후에 종법사에 오른 정산 종사님께 항타원 이경순 종사가 "대중을 이끌어 나가는 데 어려움이 있을 때는 소태산 대종사님처럼 도량도 돌아다니시고, 꾸중도 하시라."고 말씀을 드렸더니, 정산 종사님께서는 "물론 그렇지만 내가 혼을 내면 그 뒷마무리를 해줄 사람이 없다."라고 한탄을 하셨다고 합니다.

가끔 저도 혼을 내고 싶은 사람이 있는데, 내가 혼을 내면 누군가 그 사람을 달래줘야 하는데 '과연 누가 달래주겠는가'라는 생각을 해 봅니다. 그러다 보면 혼을 내지도 못합니다. 이런 것을 생각할 때에 우리 교도 한 사람, 한 사람 모두가 정산 종사님과 같이 스승을 모시는 심법을 닮아가기를 염원합니다.

나보다 나은 사람을 스승으로 모시고, 새로운 교도들을 사랑과 자비로 감싸서 교단의 알뜰한 기둥으로 키워내는 역할을 하여 스승님께 대보은자가 되어주기를 간절히 바랍니다.

〈부록〉 삶의 도량에서

성직자의 길을 선택하고 살아온 세월은
그리 녹록한 자취만은 아니다.
때론 좌절과 실망, 주변의 분위기와
주위 환경을 원망하기도 하였다.
그러나 언제나 나는 살아있는 싱싱한 풀잎처럼
내가 할 일들을 묵묵히 수행해 왔다.
내 능력이 부족하여 미치지 못하면
진리에 매달리면서 진리의 뜻으로 이 일을 처리해 달라고
기도하면서 말이다.

인터뷰 / 도덕적 심성을 가르치는 원광대학교 이성택 이사장

"문화엑기스 '종교' 대국 한국, 정신 지도국·도덕 부모국 될 것"

이길상 기자 (천지일보)

전북 익산에 있는 원광대학교는 원불교의 종립대학교이다. 원광대학교의 첫 번째 건학이념은 도덕적인 인간교육이다. 그 이념에 발맞춰온 원광대학교는 '2010인문힌국지원사업'에 선정됐다. 이 사업의 예산은 총 112억 원이며 사업기간은 10년으로 인문학 분야에서는 초대형프로젝트다.

이 같은 사업에 선정되기 위해 그간 심혈을 기울여온 사람이 있다. 그는 다름 아닌 이성택 원광대학교 이사장이다. 그는 원광대학교 이사장 취임 전에는 원불교의 행정수반으로서 대외 업무까지 총괄하는 중책인 원불교 교정원장직을 3년간 수행했다. 그를 만나 원불교와 원광대학교의 비전 그리고 그의 철학을 들어봤다.

종교는 문화의 엑기스

이성택 이사장을 만나기 위해 경기도 용인시 원삼면에 위치한 원불교 경인교구 소유의 둥지골청소년수련원을 찾았다. 한적한 시골 수련원은 고요하고 평온했다. 때마침 내린 눈은 세상의 번뇌를 잠시 잊게 했다.

이 이사장은 수련원에 먼저 도착해 있었다. 눈이 내려 시간이 많이 걸릴 것을 예상했는지 그는 전북 익산에서 일찌감치 출발한 것 같다.

이사장을 처음 보는 순간 기자는 눈을 의심했다. 수도자의 모습이 그런 것일까. 익히 나이를 알고 가서일까. 고희를 앞두고 있는 이사장의 모습은 청년과 다름없었다. 그의 얼굴에서 주름살은 찾기 힘들었고 인자한 모습과 안정된 음성은 상대를 편안하게 해주기에 충분했다.

"세계적으로 청자를 만들 수 있는 나라는 한국과 중국뿐입니다. 그 중에 상감청자를 만들 수 있는 나라는 한국 밖에 없습니다." 이 이사장은 뜻밖에 도자기 이야기로 말문을 열었다. 도자기 세계에 빠져들수록 엄청난 묘미가 있다는 것이 그의 이야기다. 이 이사장은 도자기 이야기를 하려고 했던 것이 아니다. 우리 민족의 우수성과 저력을 말하고 싶었던 것이다.

"우리 민족은 세계의 모든 종교를 받아들인 대단한 민족입니다." '종교는 문화의 엑기스'라고 정의를 내린 이 이사장은 "우리나라는 불교를 받아들여 신라에서 찬란한 꽃을 피웠습니다. 일본은 토속신앙과 불교가 접목되면서 변질된 면이 많지만 우리나라 불교는 세계에서 유일할 정도로 대승불교의 원형이 잘 보존·발전해 왔습니다. 유교는 중국에서 하지 못한 성리학 이론을 만들었습니다."

또한 "우리 민족은 기독교도 받아들여 놀라운 발전을 일궈냈습니다"며 "세계의 모든 종교를 받아들였다는 것은 세계 문화의 모든 엑기스를 받아들인 것이나 마찬가지입니다. 그런 바탕 위에서 우리 한국문화의 전통을 다시 잘 살려낸 것입니다. 이것이 바로 우리 한류 바람의 근원이라는 것이 제 생각입니다. 그렇기 때문에 한류 열풍은 아시아뿐만 아니라 전 세계로 뻗어나가게 될 것입니다"고 말했다.

아울러 "소태산 대종사(원불교 창시자, 1891-1943)께서는 '우리나라가 정신의 지도국이요, 도덕의 부모국이 된다'고 예언했습니다"며 "세계의 예언가·학자들이 한국을 주목하고 있습니다. 그들이 예의주시하고 있는 것과 같이 우리나라는 세계를 이끌어 나가게 될 것입니다"라며 "사상이 아무리 좋아도 시대 조류를 따라가지 못하면 종교의 발전은 기대할 수 없습니다"면서 원불교 교조(소태산 대종사)께서는 3가지 사회사업 방향을 교단 창립 때부터 제시해줬다고 밝혔다.

교화 · 교육 · 복지–원불교 3대 사회방향

원불교의 사회사업의 3가지 방향은 교화 교육 복지사업이다. 교화사업은 법회를 통해 정신적인 양식을 공급해주는 것을 말한다. 교육사업으로는 원광대학교를 설립했다.

원불교가 교육의 선구자 역할을 하고 있다고 자부하는 이 이사장은 "원광대는 도덕대학이다. 세상의 기준을 볼 때 서열은 떨어질 수 있겠지만 도덕적인 심성교육을 하는 곳은 원광대뿐"이라며 "뿐만 아니라 학교에 적응하지 못하고 일탈하는 중 · 고등학생을 위해 '대안학교'를 먼저 설립한 곳이 원불교입니다. '하드 트레이닝'이라는 교육 프로그램으로 학생들을 변화시킨 것을 교육부장관이 와서 보고 '이것이 대안이다'하여 대안학교 이름도 생긴 것입니다. 이것이 대안학교의 효시입니다"라면서 원불교의 교육사업에 대해 이야기했다.

이 이사장은 일반 제도권에서 잘하지 못하는 사업을 원불교에서는 잘하고 있다며 탈북자학교도 운영하고 있다고 귀띔했다. 원불교는 15곳의 복지법인을 운영하고 있으며 시설은 120여 곳에 이른다. 고아원부터 요양원까지 폭 넓고 다양한 시설을 운영 중이다. 사회에 직접 뛰어든 것이 타종교와의 차별성이라는 이 이사장은 "일찍이 교조께서 이런 사업을 시작한 것은 선견지명이었다"며 "그 선경지명을 잘 실천해서 지금의 원불교가 발전할 수 있었다"고 설명했다.

출가, 사감, 교구장, 교정원장

이 이사장의 원불교와의 인연은 경북대 수의과대학 3학년 때로 거슬러 올라간다. 그의 외가댁은 원불교 2대 교조인 정산 종사(1900-1962)의 집안이다. 이모를 통해 대구 원불교 교당을 자연스럽게 접했다.

그때 이 이사장은 학업에 대한 회의가 들기 시작했다. 여느 의대와 마찬가지로 공부를 많이 시켰다고 한다. 지금도 대학 다닐 때의 분위기는 잊을 수 없다고 했다. 2학년 때까지는 장학금도 받고 그런대로 적응해 나갔지만 3학년이 되면서 고민이 깊어진 것이다.

시험성적을 공개하기도 하고 과락을 시키는 등 경쟁을 유발하고 자존심을 상하게 해서라도 교수들은 공부를 시켰다. 교수가 학생을 열심히 공부하도록 하는 것은 좋은 일인데 그는 그런 현실을 슬퍼하기 시작했다. 이 이사장은 수의사로서의 인생을 곰곰이 생각했다. 그런 인생은 바람직하지 않다는 생각이 들면서 그는 원불교에 더 관심을 기울이기 시작했다.

당시 원불교 다니는 학생이 많았는데 뜻이 있는 학생은 성직자의 길로 들어갔고 그런 길을 부러워하는 분위기였다고 한다. 이 이사장도 그런 길에 동참해야겠다는 생각을 하게 됐다. 그 후 학교를 졸업하고 수의사 자격증도 땄다. 군대생활을 통해 한 번 더 인생의 회의를 느꼈던 그는 대학 때의 마음을 굳혔다. 집안의 반대가 심했지만 그는 원광대 3학년에 편입해 지금의 교무(원불교 교역자 직분)가 된 것이다.

원광대를 졸업한 그는 원불교 예비교역자 숙소인 '서원관' 부사감을 지냈으며 이후 18년 동안 사감을 했다. 사감은 예비교역자를 가르친다. 그는 예비교역자를 가르치기 위해 공부하면서 새로운 것을 깨달을 때 엄청난 희열을 느꼈다고 한다. 이 이사장은 "사감 생활 18년, 그 시절은 저를 성숙하게 해주고 종교인으로 키워준 소중한 시간이었습니다. 그래서 감사하게 생각하고 있습니다"라며 사감을 지냈을 때의 추억을 잊지 못하는 듯했다.

이 이사장은 52살이라는 나이로 최연소 교구장이 됐던 부산교구장 8년 시절은 그 전까지 쌓았던 지식 경륜 지혜를 유감없이 베푼 인생의 황금기였다고 한다. 그 시절 그는 부산교구의 내실을 다지는 동시에 대외적으로 부산교구를 알리는 일에도 충실했다. 2002년 부산 아시안게임의 성공개최를 위해 부산종교인들이 연합해 활발하게 활동하는 일에 일조할 수 있었던 것도 보람됐던 일로 기억하고 있다.

또한 그는 서울교구장 시절에 교구장이 직접 교도들을 관리하며 많은 사람들을 교화하는 일에 힘을 쏟았다. 원불교 교인들의 4대 의무 중 하나는 일생동안 9명을 원불교에 입교시키는 것인데 '그것을 1년 안에 하자'라는 서원을 하고 교도들을 교육시켜 많은 교도를 입교시킨 일 역시 보람된 일로 그는 기억하고 있다.

교정원장으로서 3년간 활동하면서 보람됐던 일은 국가의 종교의식에 원불교를 포함시킨 것으로 원불교의 종교의식이 진행되는 시간에 원불교가 포털사이트 검색순위 1위를 차지한 것이다. 원불교를 많은 국민이 접할 수 있는 계기가 됐다는 것이 뜻깊은 일이었다고 했다. 아울러 지난 2009년 원불교 군종이 탄생하는 일에 조그마한 보탬이 됐다는 것에도 감사할 따름이라고 했다. 이를 계기로 원불교는 올해 두 번째 군종을 배출한다고 한다.

40여 년 가까이 원불교에 몸담고 있으면서 가장 안타깝고 힘들었던 일에 대해 이 이사장은 "사감은 보람이 있기도 하지만 한편으로는 힘이 들기도 합니다. 원불교에서 교역자가 되려면 6년간의 과정을 공부해야 하는데 적응을 못하고 헤매는 학생들을 볼 때 가장 힘이 들었습니다. 그들에게 그 어려움을 극복할 수 있도록 지도를 해줘야 하는데 그렇지 못할 때는 몹시 안타까웠습니다"며 힘들었던 기억을 떠올렸다.

이사장은 사감생활이 끝나갈 무렵 교무양성 제도의 문제점을 제기하면서 숫자보다는 수준 높은 교역자를 양성하는 방법을 건의했다고 한다. 당시 그는 교무총회에서 연판장을 돌려 '교육발전위원회'를 만들어 어떻게 하면 이상적인 교무를 양성할 수 있을까하는 방법을 객관적으로 연구해 보자고 건의 했다. 현재의 교무양성 교육체계는 그 일을 계기로 정착된 것이다. 대학원 석사과정을 만들어 현재의 교무양성 체재를 만들었다.

종교지도자, 물질 욕망 벗고 도덕적 권위 있어야

종교지도자가 갖춰야 할 덕목에 대해 묻자 이 이사장은 "무엇보다도 종교지도자는 수행을 통해 마음을 닦아 그 모습이 겉으로 표출돼야 합니다. 또한 종교를 병들게 하는 것은 물질의 욕망과 집착입니다. 돈이 없어야 종교의 본질에 충실할 수 있다는 것이 제 생각입니다. 돈 때문에 종교의 본질을 잃어버릴 수 있기 때문입니다. 종교가 대형화·세습화되고 싸움을 하는 것은 전부 돈 때문입니다"며 가난하고 소박하며 종교의 본질에 충실한 지도자가 많아졌으면 좋겠다는 바람을 이야기했다.

이어 "조직을 운영하는 주체는 직위로 다스리면 안 되며 '도덕적 권위'를 가지고 운영해야 합니다. 직위를 이용해 강압적으로 다스리려는 지도자는 앞으로 외면당하고 설 자리가 없어집니다.

과거에는 위에 있는 사람이 언제든지 이겼지만 미래의 시대는 달라집니다. 지도자는 조직원의 장점을 잘 파악해 그것을 살려주는 일을 잘해야 할 것"이라고 강조했다. 이어 "21세기는 '엑셀런스(Excellence)형' 인간시대라고 합니다. '엑셀런스 형' 인간이란 자기 자신만이 가지고 있는 가치와 재능을 스스로 발견하고 계발하며 사회적 환경에 적응하여 21세기 지식문화를 주도하는 사람을 말합니다. 미래사회는 개인의 장점을 잘 살려 그 장점을 최대한 활용하도록 이끌어 주는 지도자를 요구할 것입니다. 21세기는 인권시대입니다. 인간이 중심이 되는 사회라는 것입니다. 원불교는 그런 사회를 만들기 위해 노력을 다 할 것"이라면서 미래사회는 횡적구조의 사회라는 것을 지도자들이 잊지 말아야 한다고 당부했다.

덧붙여 "지나친 기복중심의 신앙이나 물질을 강요하는 종교는 미래사회에서 살아남기 어려울 것입니다. 보편적 상식에 충실해야 한다고 생각합니다. 종교의 특성과 제도를 빙자해 보편적 상식을 외면하는 종교는 존재하기 힘들 것"이라며 종교는 재정 등 모든 면에서 투명해야 함을 강조했다.

원불교, 마음중심대학 웅비

이 이사장은 원광대학교에서 앞으로 10년간 추진할 '마음인문학' 프로젝트는 인류문명의 새로운 희망이라며 흥분과 기대를 숨기지 않았다. 명문대를 다니던 한 여학생이 대학을 거부하고 학교를 떠난 일이 있었다.

이 이사장은 "그 학생은 '대학교육이 기업에 줄서기식 교육이다. 취업을 많이 시켜야 좋은 대학이라고 평가한다. 윤리와 마음 쓰는 것을 가르치지 않는다. 나는 이런 교육을 거부한다'는 표현을 했다"면서 "'마음인문학' 프로젝트는 동서고금의 마음에 대한 담론을 종합해 사상·치유·도야·공유 4분야의 융합연구를 통해서 마음인문학의 토대를 구축하며 이론과 패러다임을 정립하는 등 정신문화 비전 제시를 수행함으로써 세계적인 마음인문학 연구소, 도덕교육센터를 만들고 마음중심대학으로 웅비한다는 목적을 갖고 출발했다"고 밝혔다.

연구기간 중 시범학교를 선정해 '마음인문학' 시리즈 'STAR (Stop Think Action Review)' 교육을 계획 중이라고 한다. Stop-마음을 멈춘다, Think-생각한다, Action-행동한다, Review-다시 되돌아본다는 이런 공식으로 실제 현장에서 교육시킨다는 생각이다.

"이 사업은 원불교의 방향과 흐름을 같이 하고 있기 때문에 성공적인 사업이 될 것입니다"라며 이 이사장은 자신감을 내비쳤다. 모쪼록 이 사업이 성공하길 기대해 본다.

원불교는 비교적 짧은 역사에도 불구하고 우리나라 4대 종교로 자리매김했다. 그만큼 원불교의 책임은 더 막중하다고 볼 수 있다. 따라서 이성택 이사장의 어깨도 무거울 것이다. 그러나 그의 강렬한 눈빛은 원불교의 희망을 이야기하고 있었다.

에필로그

은혜와 감사가 넘치는
세상을 위해서

내가 살아온 길은 보통 사람들이 세상을 살아온 것과는 조금 다르다. 스스로 선택한 성직자의 길이다. 혼탁한 사회와는 거리를 두면서도 그 속에서 바른길을 찾아가려고 노력했고, 낙원 세상을 만들어 보려고 하루하루 애쓰며 살아왔다.

보통 사람들은 더 나은 삶을 살기 위해 사회와 가정을 위해서 봉사하며 살아간다. 그러나 우리가 사는 사회는 그렇게 비옥한 토양이 아니다. 거친 세상을 살다 보면 자기도 모르게 물들어 버리고 마는 것이 다반사이다.

나의 성직 생활도 마찬가지였다. 처음은 거창하게 '가정의 작은 울타리를 벗어나 세상의 등불이 되고 생령을 위한다'는 서원으로 출가를 결심했다. 그러나 살면서 경계를 당할 때마다 그 초심을 잃지 않고 산다는 것은 말처럼 쉬운 일이 아니었다.

가끔 나에게 사람들은 "왜 가정을 꾸리지 않고 혼자 사느냐?"라고 묻는다. 그때마다 나의 대답은 "가정생활과 성직생활의 두 길을 모두 잘할 수 있는 능력이 없기 때문이다."라고 일관했다. 둘 다 잘할 자신이 없다면 하나는 포기해야 하는데 나의 경우는 성직의 길을 선택했을 뿐이다. 거듭 생각해도 이 결정에 후회는 없다.

한편 결혼한 성직자를 보면 존경심이 절로 일어난다. 그것은 내가 못한 일을 거뜬하게 해 나가기 때문이다. 나는 성직의 길만 가는 것도 이렇게 힘이 드는데 두루 원만하게 살아가는 모습이 존경스럽기까지 하다.

세상을 위해 산다는 사람이 개인적인 선행을 통해서 세상에 말하는 것보다는 나의 노력을 언론이라는 이 책을 통하여 말을 하려고 한다. 즉 글자 매체를 통해서 성직자가 하고자 하는 목표를 어떻게 달성하려고 노력하였는지는 알려야 할 것 같아서 이 책을 편집하기로 마음먹은 것이다. 이런 일련의 노력은 나의 개인적인 노력보다는 오히려 더 효율적일 수 있었기 때문이다.

결코, 내가 잘 살았다는 것을 내세우기 위함도 아니다. 다만 한 성직자가 자기 길을 가기 위해서 노력한 모습을 보여줌으로써 '사람 사는 길에 이런 길도 있구나'라는 것을 알리기 위함이다.

책을 엮을 생각으로 글을 모으다 보니 여전히 마음이 무거웠다. 주변에 하고많은 책이 있는데 또 하나의 책을 만들어 세상을 오염시키는 것은 아닌지 걱정스럽다. 그런데도 '왜 책을 내느냐'고 묻는다면 딱히 할 변명은 없다.

그동안 내가 종교에 몸을 담고 살아온 세월은 제법 긴 여정이었다. 일찍이 《새벽을 여는 여명》이라는 제목으로 내가 태어나서 종교의 문에 들어서기까지 나의 인생과정을 진솔하게 책으로 펴낸 바 있다. 어린 시절부터 입문할 때까지 야무지고 단단한 마음을 다지고 입문한 출가 수도의 길이었으나 막상 내가 경험한 성직 생활은 호락호락하지 않았다. 무엇보다 학창시절 이과 공부를 하다가 종교철학과 인문학을 공부한다는 것은 여간 어려운 일이 아니었다. 출가 전 나는 육안적 소견, 현미경적 소견, 실험적 소견을 중심으로 진단하고 처방을 내고 치료를 하는 공부를 주로 했다. 하지만 인문학 공부는 마치 허공의 뜬구름 잡는 듯 적응하기가 쉽지 않았다. 다행히 나의 사고에서 오는 혼란은 그리 오래 가지 않았다. 한 학기가 지나고 나니 조금씩 종교 교리며 철학적 논리에 적응하게 되었고 이러한 이념을 공부하게 된 것이 나의 인생에 새로운 전환점이 되었다는 사실을 차츰 인식하게 되었다.

2년간의 학부 과정을 마치고 석사 과정에 입학하였다. 좀 더 심도 있고 깊은 인문학적 소양을 가지기 위한 나의 새로운 출발이었다. 학계 명사들로부터 해당 과목을 공부하면서 '대가들의 모습은 이렇구나' 하고 확인하기도 하였다. 불교의 세계적인 흐름을 몇 시간의 강의로 해결해 버리는 능력을 보고 또 다른 세계를 알게 되었다. 수의학 공부를 할 때 교수가 시험을 가지고 학생들을 골탕 먹이는 모습에 익숙해 있던 때와는 달리 나에게 신선한 충격이 아닐 수 없었다.

이후 내가 대학원에서 쓴 논문은 「불교 훈련법 연구」라는 주제였다. 나는 이 논문을 완성하기 위해서 교육학, 심리학 등을 강의가 아닌 독서를 통해서 섭렵할 수밖에 없었다. 이런 학문의 영역을 접하면서 차츰 나의 사고는 인문학에 바탕을 둔 철학이론 체계에 익숙하게 되었다. 이 학위 논문을 쓰고 난 후 나는 계속 〈원불교 사상〉이라는 논문집에 원불교 관련 논문을 게재하였다. 하나하나의 논문을 끝내면서 느끼는 희열감은 나의 학문적 세계를 넓혀가는 계기로 이어졌다. 그래서 내가 처음 출판한 책의 이름이 《강자 약자 어떻게 진화할 것인가》라는 것이었다. 이 책은 그 당시 대학가에서 일어나는 질풍노도와 같은 이념 투쟁에 내가 무관할 수 없었기 때문에 나온 결과물이었다.

대학원을 마치고 교단으로부터 발령받은 근무지가 원불교학과 학생들의 생활관인 '학림사'라는 곳이었다. 학림사는 남학생들만 거주하는 곳이고 여학생들은 '정화원'이라는 곳에서 생활하였다. 원불교 성직자가 되려면 원불교학과에 입학하며 입학과 동시에 무조건 생활관인 학림사에 입사해야 했다. 나는 그곳에서 출가의 서원을 세우고 처음 들어온 학생들을 위해서 생활지도하는 사감의 임무를 수행하였다. 학생들과 똑같이 하루의 일과를 진행하면서 원불교 교무로서의 품격과 자질을 함양하는 지도를 수행하는 것이었다.

내가 학림사에 사감으로 재직한 기간은 무려 18년이었다. 때마침 이 시기는 대학생이면 누구나 사회과학을 공부해야 했고 국가의 민주화를 위해서 이념으로 무장하지 않으면 행세를 못 하는 그런 시기였다. 대학의 캠퍼스는 민주화를 외치는 시위가 계속되었고 이를 제지하는 경찰과 대치하며 최루탄이 발사되고 학생들이 경찰서로 끌려가기 일쑤였던 그런 사회적 분위기였다. 이런 환경에서 자연히 내 마음가짐과 과제는 '현실에서 지도자가 무슨 해답을 어떻게 주어야 할 것인가'라는 것에 집중될 수밖에 없었다. 시위하고 학림사에 들어오면 자연히 일과가 깨지고 일과가 깨지면 학생들의 분위기가 들뜨는 것은 당연한 현상이었다. 그래서 그때 시작한 연구는 이런 사회 현실을 어떻게 극복할 것인가에 집중하여 《강자 약자 어떻게 진화할 것인가》라는 저술로 이어졌다.

내가 학생들과 생활한 18년은 아주 역동적인 순간의 연속이었다. 매년 2월이면 신입생이 입사하고 또 졸업생을 배출한다. 해마다 구성원들이 물갈이되는 셈이다. 조금 익숙하여 생활에 적응할 만하면 졸업을 하고 사회에서 일반인으로 살던 사람들이 대거 몰려온다. 학림사는 출가 수도인이 서원을 세우고 첫발을 들여놓는 기관이다. 그러다 보니 언제나 새로운 사람들이요, 언제나 다시 시작하는 일들이다. 이런 반복되는 생활이 지칠 법도 한데 젊은 사람들과 몸을 부딪치고 산다는 것이 여간 신명나는 일이 아닐 수 없었다. 덕분에 나의 의식 세계도 언제나 싱싱한 마음을 유지할 수 있었다. 학생들을 가르치기 위해서 늘 새 마음으로 교리 공부를 하였고, 그 가르침의 과정이 내가 사상적으로 무장하고 정신의 정체성을 기르는 데 중요한 역할을 한 것이다.

나는 이 시절에 훈련법을 중심으로 네 권의 책을 출간하였다. 《원불교 훈련법의 연구》,《자기완성의 실삽이》,《교리도를 통해 본 원불교의 교리이해》,《새 시대의 종교 원불교》가 그것이다. 이들은 앞에서도 밝힌 바와 같이 내가 학생들을 가르치기 위해서 공부를 하다가 처음 입문한 학생들에게 조금이라도 교리와 정신을 체 받는 데 도움을 주고자 하는 뜻에서 발간한 것이다.

사감 생활을 마무리하면서 잊지 못할 일이 있었다. 그것은 '교육발전위원회'를 출범시키고 교무의 질적 향상을 위한 나의 의지를 불태운 일이다. 뜻을 함께한 교무들로부터 연명 동의를 얻고 교정위원회에 상정하여 자정이 넘는 시간까지 교정위원회를 거쳐 교육발전위원회를 발족시킨 일은 교단 교육 체계 형성에 새로운 출발점이 되었다는 것에 의미가 크다. 그 자리에서 나는 교무님들의 마음을 움직였고 결국 동의를 이끌어 내어 교육 체계를 정리할 수 있는 계기를 만들었다. 그러나 제도가 아닌 교육의 질적인 면에서 발전이 담보되지 못한 점은 못내 아쉽다. 그것은 교육과정의 문제였다. 과정이란 내가 공부한 바에는 초월이나 파괴가 없어야 하는 데 그런 안목의 과정이 형성되지 못했고, 또 사실 그 과정이 계발되지 못해서 가르칠 사람이 없는 것이 더 근본적인 문제였다. 초월은 건너뛰어서 연결되지 않는 것이요, 파괴는 전에 배운 것을 다시 반복하는 과정을 말한다. 지금도 대학원에서 실천 교학을 해야 하지만 실천 교학의 전공교수가 될 자격을 갖춘 후진이 부족한 점은 못내 아쉽다.

긴 사감 생활을 마치고 1년간 교화부 순교무로 재직했다. 전국 교당을 돌아다니면서 법회를 보았다. 교당마다 초롱초롱한 눈빛으로 나를 반기는 교도들의 정열을 내 가슴에 담으면서 신명난 교화를 펼쳤다. 사람은 이런 마음의 영양소를 먹고 자라는가 보다. 나는 이때 그동안 내가 학림사에서 공부한 것을 많은 대중에게 나누어 주며 비로소 출가 성직자의 보람을 느꼈다. 사실 순교무 1년은 다음 인사를 위한 대기형태의 근무기간이었으나 오히려 전국 교당들의 실태를 파악하고 다음 교정과 연결하는 고리 역할을 하는 중요한 시간이었다. 돌이켜보니 1년 동안 매주 일요일 법회를 지방에서 보지 않은 날이 없었던 것 같다.

 순교무 1년을 마치고 교정원 부장으로 임명됐다. 처음 1년은 교화부장과 국제부장을 겸직한 발령이었다. 나는 우리 교단 교화의 방침을 '터 잡기, 씨 뿌리기, 가꾸기'라는 세 가지 방향으로 잡고 지방 교무들과 소통하고 공유하려고 노력하였다. 1년이 지난 총회에서 내가 발표한 교화의 방침에 대해 지방 교무들이 폭발적인 지지를 해주었다는 점은 고무적이었다. 이 세 가지를 액자로 만들어 각 교당에 배포하고 누구나 보면 금방 알 수 있는 내용을 홍보한 결과라고 생각된다.
 그러니 교화부장은 내가 맡을 직책이 아니었다. 교정원 지제 개편이 1년간 진행되면서 교화부가 수석 부서가 되고 그 수석 부서에 적합한 인사를 해야 한다는 명제에 밀려서 나는 문화부장으로 자리를 옮겼다. 국제부장은 겸직이었지만 본의 아니게 3년의 교정원 근무기간동안 3개 부서의 부장을 역임했다. 개인적으로 교화부장의 자리는 지방의 호응을 얻고 막 시작하려는 때에 떠나와서 마음 한편에 아쉬움은 남았지만, 교단의 명을 받아 어느 자리에서든 나의 정성을 들여 몰입하기로 했다.

문화부장을 맡아 원불교 방송국의 서류를 정식으로 문화관광부에 제출하기 위해 불교 방송국을 방문한 일은 교단 방송국을 실제로 추진시킨 계기가 되었다.

국제부장을 하면서는 인도에 세계종교의회 백주년 기념대회 관계로 두 번 참석하였고 그 후 우리 교단이 최초로 'IARF'라는 국제종교기구 행사를 유치하였다. 미국을 세 차례 방문하여 미주 교화 현장을 돌아보고 모스크바, 알마타, 유럽 등 우리 교당이 있는 곳을 두루 방문하면서 세계 교화의 현황을 파악하고 살펴보는 기회도 있었다.

교정원 3년은 교단의 변화에 따라서 자연히 막을 내렸다. 대산 종사님이 좌산 종법사님께 종법사 위를 양위하시고 상사에 오르는 대사식이 거행됐다. 당시 나는 수위단원으로서 그 일을 순조롭게 진행하는데 일조했다. 그리고 근무지를 부산으로 옮겨서 최연소 교구장으로 8년을 근무했다. 인생의 황금기라 할 수 있는 52살에 부산교구에 부임하여 60살에 부산을 떠나왔다. 8년간의 부산교구장 시절은 참으로 값진 기간으로 각인되어있다.

부산은 동·서부교구로 나뉘어있다가 통합교구가 되었다. 처음에는 동부교구가 없어졌다는 상실감이 나의 교구 행정을 조금은 힘들게 하였다. 그러나 그것도 잠시 부산이라는 영남 지역의 특성이 나의 정서에 잘 맞았고 내가 영남 출신이라는 것이 교도들에게 호감을 주었다. 나는 지금도 교구 교의회 의장을 선임하는 자리에서 어느 교도가 한 말을 잊지 않고 있다.

"교구장님! 부산 교화 잘하시려면 교의회 의장을 잘 뽑아야 합니다."

그 충고를 듣고 통합교구 의장으로는 변호사인 관산 이춘일 교도를 선임했다. 학생회부터 착실하게 교도 생활을 해온 분으로 교단 정서를 누구보다 잘 알고 있었다. 관산님과 함께한 세월은 많은 것을 배우는 시간이었다. 또한 관산님은 부산에 원불교를 대외적으로 알리는 데 큰 역할을 하였다. 대표적인 일 가운데 법조인 모임을 결성하여 부산의 저명인사들을 초대하여 원불교를 알리는 일이었다. 부산시장을 비롯하여 2002년 아시안 게임과 월드컵을 치르면서 부산교구 교익회가 부산 지역에 원불교를 각인시킨 이미지는 신선한 것이었다.

좌산 종법사께서는 대위에 오르신 후 처음으로 부산을 방문하셨다. 부산 교도들로서는 영광스런 일이 아닐 수 없었다. 좌산 종법사님께서 교당을 방문하고 대법회를 보면서 부산의 분위기를 고조시켰다. 그리고 수고했다고 위로의 자리를 마련해 주셨다. 그 자리에서 대법회에 사회를 본 그 당시 부산고등법원 부장판사로 있던 명산 김성대 교도가 제안을 하나 하였다.

"5년 후 우리가 1만 명을 모아 놓을 터이니 종법사님께서 부산을 다시 찾아 주시기를 요청합니다."

종법사님께서는 이를 흔쾌히 승낙하셨다. 이것이 인연의 종자가 되어서 2000년 부산대법회 추진위원회를 만들고 꼬박 4년간 대법회 준비에 매진하였다. 그때 추진위원장은 원산 김우성 전 부산교구 교의회 의장이었다. 이렇게 시작된 2000년 부산대법회는 여러 가지 의미있는 값진 교훈을 교단에 던져 주었다.

부산에서 내가 한 일 중 기억에 남는 것은 금곡청소년수련관 수탁, 부산 원음방송국 설립 개국, 사회복지법인을 영남지역에 처음으로 설립한 일, 매년 6월, 7월 두 달 동안 교구 교무들 역량 강화를 위한 강좌 개설 등이다. 부산교구 원봉공회는 부산에서 제일가는 봉공 단체로 자리매김하였고 지역에서 원불교의 위상을 높였다.

그때 교화를 하면서 교단 기관지인 월간〈원광〉에 교화하는 이야기를 게재한 것이 이 책의 일부분으로 실려 있다. 나는 나의 이념과 사상 그리고 생각들을 사회에 효율적으로 전하기 위해 교단 내외의 언론 매체를 이용하기를 즐겼다. 물론 부산에서도 지역 언론에 부산교구의 활동 상황을 상세히 보도하는데 게을리 하지 않았다. 이렇게 하는 데는 부산종교인평화회의를 만들어 같이 활동하는 것이 크게 도움이 되었다. 처음에는 종교인평화회의를 운영하는데 일부 전통종교들이 소극적이었으나 이 단체의 활동이 활발해지면서 적극적으로 참석하는 방향으로 선회하였다. 이 시절에 같이 활동한 종교인들 중에는 이미 고인이 된 분도 있다.

내가 교정원장을 할 때 이분들이 총부를 방문한 것도 바로 그 당시 이분들과 내가 얼마나 돈독한 인연관계인지 말해 주는 것이다.

부산교구에 이어 나의 다음 발령지는 서울교구였다. 수도 서울을 책임지는 교화의 수장으로 무거운 짐을 지고 내가 내건 슬로건은 '열린 신앙공동체'라는 것이었다. 닫힌 신앙공동체가 아니라 열린 신앙공동체를 만들기 위해서 나의 온 정성을 쏟아 부었다. 9인 연원 실천단을 모집하여 집중 교화를 시도하였고, 그 후 교보문고에 〈원불교 전서〉를 비치하여 교보문고 홈페이지에서 불교 관련 서적 판매 1위를 하기도 했다. 이것 또한 우리 교법을 불특정 다수에게 교당이 아닌 다른 곳에서도 접할 수 있는 열린 신앙공동체를 만들기 위한 일환이었다.

서울의 교화 인력은 부산보다 훨씬 다양하였다. 이 다양한 교도들의 성향과 분야별 전공에 따라서 단체를 구성하여 결속력을 다지고 교단 발전에 참여할 길을 열어주는 것이 교구장의 중요한 역할이라고 생각했다. 당시 서울교구에는 '대원회'가 둘이어서 사람들은 '큰 대원회'와 '작은 대원회'라고 구분하여 불렀다.

큰 대원회는 '대원 디지털'이라는 회사를 설립하여 삼성전자 휴대폰 사업의 자회사로 성장했다. 구미에 공장을 세우고 그 후 경산에도 공장을 만들어 사업 규모를 넓혀 나갔다. 이 대원 디지털은 대산 종사의 대공장 법문을 실현하기 위해서 뜻있는 교도들이 출자하여 만든 회사이다. 약관에 본인이 투자하였어도 본인 지분은 40%고 60%는 교단 몫이라는 것이 명시되어 있다. 참으로 큰 공심의 소유자가 아니면 참여할 수 없는 회사였다. 나는 대원회 모임을 매달 주선하면서 교리 공부와 사업 계획을 논의하며 이 단체를 이끌어 갔다.

또 작은 대원회는 서울대학교 원불교 동아리인 서원회 모임이다. 이 모임은 격월제로 교구에 모여 법회를 보고 식사를 하면서 미래 교단을 위한 인재로 성장하는데 정성을 쏟았다. 여기에도 이미 코스닥에 상장된 회사를 경영하는 사장이 있을 정도로 사회적 기반을 탄탄히 쌓은 분들이 있었다. 앞으로 작은 대원회 회원들도 우리 교단에 큰 역할을 할 사람들로 성장할 것이라 기대한다.

부산에서와 같이 법조인 모임, 교수회 모임 등 기존 모임들은 물론 각자 전공을 살리는 방향으로 삼삼회, 서울 보은회 등도 교단사업에 이미 깊숙이 자리 잡아 온 단체들이다. 그리고 봉공회가 주최하는 서울 바자는 나름대로 고객을 확보한 장터가 되었다. 그리고 합창단은 우여곡절의 과정을 거치면서 〈대종경〉 전품을 작곡 발표하여 우리 교단 성가 문화의 새로운 지평을 열기도 하였다. 내가 서울에서 활동하는 기간 망우청소년수련관 수탁, 서울유스호스텔 수탁을 서울시로부터 받아낸 것 또한 잊을 수 없는 일이다.

부산에서 2000년 부산 대법회를 보았다면 서울에서는 2005년 한국 인구 총조사에 대비하여 조직적으로 움직인 일을 하였다. 내가 서울 근무하던 시절에 10년 마다 실시하는 인구 총조사가 있었다. 인구조사 요원으로 우리 교도들이 많이 참석하도록 독려하고 지자체와 협력하여 도움 주는 이 일을 위해서 요원으로 신청한 교도들을 직접 교육하고 지자체에 등록하여 일하도록 홍보하는 일에 적극적으로 나섰다. 아쉽게도 200명이 신청을 하였으나 실제로 지자체에서 채용한 교도는 40여 명이었다. 인구 총조사가 끝난 후, 감사의 자리를 마련하여 참여한 교도들로부터 다양한 경험담을 들을 수 있었는데 이는 후일에 큰 도움이 되었다.

서울에서 나는 한울안 신문에 글을 발표하여 내가 하고자 하는 일들을 많은 사람에게 알리는 데 노력하였다. 일주일에 한 번씩 칼럼을 쓴다는 것은 쉬운 일이 아니었다. 그러나 내가 하고자 하는 일들을 알리고 넓혀 나가는 데는 언론 매체를 활용해야 하므로 그 일을 계속하였다. 이 또한 책 일부에 그 내용이 실려 있다.

이런 과정을 거쳐서 나는 교단의 행정 수반인 교정원장으로 자리를 옮겼다. 경산 종법사님이 법위에 오른 후 교정원장 제안을 뿌리치지 못했다. 부장들의 인사를 구성하고 다시 교단 전체 인사를 한다는 것은 쉬운 일이 아니었다. 그래도 주위 인연들의 협력에 힘입어 무사히 넘기고 교정 일을 시작하였다. 교정원장은 교단 내적인 일도 많았지만, 대외적인 일도 많았다.

우선 한국종교인지도자연합회가 사단법인으로 등록된 단체라 그 일을 수행하여야 했고, 한국종교인평화회의 일원으로 참여하였다. 이런 종교계 수장들의 모임은 한국이 다종교 사회임에도 불구하고 종교간 협력과 대화를 계속해 올 수 있는 견인차 역할이라 말할 수 있다. 여러 활동 가운데 특히 종지협에서 경북 도내에 있는 6대 종단의 성적지를 순례하며 기념식수를 한 일은 사회적으로 서로 타종교를 이해하는데 큰 도움을 주었다. 원불교는 경북 성주 성지를 순례하였는데 반송 한그루를 종교 수장들의 이름으로 기념식수 한 것이 지금도 생생한 기억으로 남아 있다.

교정원장의 대외적 활동 중에는 대통령 직속의 통일 고문이 되어 통일에 대한 의견을 개진하고 남북 관계를 정상화하는 데 도움 주는 일이었다. 나는 故 노무현 대통령과 이명박 대통령으로부터 통일 고문 위촉장을 받았다. 특히 노무현 대통령 통일 고문 시절 2007년에 거행된 10·4 남북정상회담 때에는 특별수행원으로 평양을 방북하기도 했다. 48명의 특별 수행원은 대통령과 함께 평양을 방문하며 분과별 정상회의도 참석했다. 나는 종교

분과에 해당하여 조불련 회장인 유영선을 단장으로 하는 기독교, 가톨릭 인사 등과 남측은 조계종 총무원장인 지관 스님, 기독교 권오성 목사, 가톨릭 장익 주교, 그리고 내가 원불교 대표로서 한 조가 되어 90분간 대화를 하였다. 2박 3일의 정상회담 일정은 쉴 사이 없이 진행되었다. 김정일 국방위원장의 4·15 광장에서의 영접으로 시작되어 김영남 최고인민회의 위원장 초청 만찬, 아리랑 공연 관람, 평양의 전자 도서관 참관, 노무현 대통령의 만찬, 해주공단 부지방문, 김정일 국방위원장의 오찬을 끝으로 개성공단을 둘러 보고 도라산역에 도착할 때까지 밤낮이 따로 없는 일정이었다.

평양을 방문한 일은 북측에 대한 이해를 하는 데 많은 도움이 되었다. 나름대로 통일을 위한 그림이 머릿속에 그려지기도 하였다. 지구 상에 남아있는 마지막 사회주의 체제 그것이 왜 우리나라에 존재하게 되었으며 우리 한국이 금세기에 해야 할 사명이 무엇인가를 조금이나마 이해하게 되었다.

지난 세기 지속된 이념의 갈등을 마지막으로 '한민족 너희가 풀라'는 세계가 준 과제라고 이해한 것이다. 우리 특별 수행원이 묵은 호텔이 보통강 호텔이었으므로 그 이름을 따서 '보통회'를 만들었지만, 그 모임도 서울에서 한번 만나고 남북 관계가 경색되면서 끊어지고 말았다. 언젠가는 남북 간에 화해와 협력의 기운이 감돌 날을 기대해 본다.

교정원장 시절 또 하나 기억나는 일이 노무현 대통령의 갑작스런 열반 당시 봉화 마을을 방문하고 국민장에 원불교 의식을 넣은 일이었다. 이 일은 당시 문화사회부장인 김대선 교무가 사전에 많은 역할을 하였고 그 결과 내가 직접 방문하여 조문한 일이었다. 그 후 김대중 대통령 서거 때도 같은 방법으로 추진하여 국장에도 원불교 의식이 진행되었다.

나는 교정원장 시절 매스컴을 통해서 교단의 이념과 사상 그리고 하는 일들을 알리는데 많은 노력을 기울였다. 교단이 제생의세의 사업을 진행하는 상황을 언론 매체를 통해서 알리는 일은 교화, 교육, 자선 사업과 마찬가지로 사회와 인류의 문제 해결을 위해 힘쓰는 효과라 생각하였기 때문이다. 사실 이런 내용을 중심으로 이 책을 내고자 한 것도 이때 많은 언론 매체에서 그 내용을 다루어 주었기 때문에 가능했다.

교정원장 임기를 마치고 나는 원광학원 이사장으로 자리를 옮겼다. 원광학원은 원광대학교, 원광디지털대학교, 원광보건대학교와 12개의 부속 병원을 운영하는 법인이다. 법인 이사장을 하면서 우여곡절의 사건도 많았다.

성직자의 길을 선택하고 살아온 세월은 그리 녹록한 자취만은 아니다. 때론 좌절과 실망, 주변의 분위기와 주위 환경을 원망하기도 하였다. 그러나 언제나 나는 살아있는 싱싱한 풀잎처럼 내가 할 일들을 묵묵히 수행해 왔다. 내 능력이 부족하여 미치지 못하면 진리에 매달리면서 진리의 뜻으로 이 일을 처리해 달라고 기도하면서 말이다. 지금까지 나를 중심으로 주위의 많은 분께 이 지면을 통해 감사의 말씀을 전한다.

이 책은 나의 자서전이 아니라 내가 성직자의 길을 걸어오면서 쌓은 노력서이고, 진리의 응답서이며, 또 매스컴에 비친 나의 자화상이기도 하다. 혼자서 실천하지 못할 일들을 '같이하자'는 나의 열정을 담은 글들이기도 하다. '한 성직자가 이런 생각들을 실천하기 위해 이런 노력을 하였구나'하는 감상만으로 나는 만족한다. 《새벽을 여는 여명》이라는 제하의 글을 발표한 지 몇십 년이 지난 오늘에야 그 노력의 일단을 정리하였다.

나는 지금까지 은혜와 감사가 넘치는 세상을 위해서 살았다고 자부한다. 그런 세상이 오길 염원한 내용으로 독자 여러분을 찾아가려 한다. 따뜻한 조언을 감히 부탁하며 이 글을 마친다.